dtv

Verlöbnisse zwischen noch nicht Geborenen, Stellvertreterhochzeiten, raffiniert eingefädelte Erbfolgen, skrupellose Scheidungen: Fürstliche Heiratspolitik gehört zu den buntesten und menschlich interessantesten Themen der Geschichte. Dynastische Ehen haben die europäische Landkarte stärker geformt als dynastische Kriege. Reinhard Lebe beleuchtet die heiratspolitischen Schachzüge von den Karolingern zu den Staufern und Plantagenets, von den Luxemburgern, Wittelsbachern und Jagiellonen zu den Habsburgern, Hohenzollern und Romanows. Amüsant erzählt er von den oft kuriosen Wechselspielen der Ehediplomatie und spürt den ausgeklügelten Weichenstellungen nach, die die europäische Geschichte wesentlich mitbestimmten.
»Ein übersichtlich gegliedertes, materialreiches und üppig illustriertes Buch, das auch als Nachschlagewerk geeignet ist.« *Das Parlament*
»Das Buch soll unterhalten und tut dies ... durch die ironische Distanz des Autors zu seinem Gegenstand auch auf eine angenehme Weise.« *Frankfurter Allgemeine Zeitung*

Dr. phil. Reinhard Lebe, geboren 1935 in Berlin, studierte Geschichte, Germanistik und Theaterwissenschaft. Von 1962 bis 1995 war er Lektor, Verlagsleiter und Cheflektor, heute ist er freier Publizist. Zahlreiche Veröffentlichungen, u. a.: »Ein deutsches Hoftheater in Romantik und Biedermeier. Geschichte der Kasseler Bühne im 19. Jahrhundert«; seit 30 Jahren auf dem Markt: »War Karl der Kahle wirklich kahl? Über historische Beinamen« (dtv 30076); »Als Markus nach Venedig kam. Venezianische Geschichte im Zeichen des Markuslöwen«; »Wo und wann ist das passiert? Geschichtsrätsel«.

Reinhard Lebe

Ein Königreich als Mitgift

Heiratspolitik in der Geschichte

Deutscher Taschenbuch Verlag

Von Reinhard Lebe
ist im Deutschen Taschenbuch Verlag erschienen:
War Karl der Kahle wirklich kahl? (30076)

Dezember 2000
Deutscher Taschenbuch Verlag GmbH & Co. KG,
München
www.dtv.de

Umschlagkonzept: Balk & Brumshagen
Umschlagbild: Ausschnitt aus dem Gemälde
›Vermählung von Kaiser Friedrich Barbarossa mit Beatrix
von Burgund‹ (1751) von Giambattista Tiepolo
Druck und Bindung: C. H. Beck'sche Buchdruckerei, Nördlingen
Gedruckt auf säurefreiem, chlorfrei gebleichtem Papier
Printed in Germany · ISBN 3-423-30792-7

Inhalt

6
Das welthistorische Heiratsglück des Hauses Habsburg
Seite 123

7
Durch Ehen erben und erwerben: Die Verdoppelung der Hohenzollernländer 1614 / 1618
Seite 165

8
Eheliche Großunionen in »Grenzeuropa«: Der vereinigte Norden und der Osten
Seite 183

9
In Dresden keine Doppelhochzeit: Die Chancen des Hauses Wettin

10
Romanow und Romanowscher Heiratsverschnitt

Anhang

I

Heiraten als Erwerbsstrategie der Dynastien

»Durch die werden die Land gemehret«

Was bringt sie mit, die Braut, was wird sie erben? Die Heirat – verliebte Jungvermählte mögen den Kopf schütteln – ist vor allem die Urform der Zugewinnpartnerschaft. Nein, nicht an unsere moderne »Zugewinngemeinschaft«, die ja schon schnöde auf eine Scheidung vorausblickt, ist hier zu denken, und nicht in juristischen Kategorien bewegen wir uns, sondern in historischen. Um materiellen Zugewinn jedenfalls ging es beim Ehelichen in fernen Zeitaltern um so unverstellter, als sich unsere sublime und verwirrende »romantische Liebe« erst in der Neuzeit ganz entfaltet hat. Nicht Liebe also, sondern praktisches Abwägen führte zur Heirat, und erst die Heirat sollte die Liebe oder doch zumindest eine gewisse Zuneigung der Partner dann begründen.

Aus einem Mindestmaß, oft einem bloßen Pflichtmaß von Zuwendung erfüllte sich die erste Aufgabe der Ehe: die Reproduktion, die Bewahrung des Status eines Hauses von einer Generation zur nächsten. Erben waren zu zeugen, und ein angestammtes Erbe mußte ungeschmälert weitergegeben, möglichst aber vermehrt werden. Ein Hof und eine Herde, ein Kastell und ein Kanton – ein Königreich als Mitgift. Bei der Wahl der Ehefrau, so ein Ehetraktat des 12. Jahrhunderts, bewegen vier Dinge den Mann beziehungsweise den für den Knaben sichtenden Vater: ihre Schönheit, ihre Abstammung, ihr guter Lebenswandel und, wahrlich nicht zum letzten, ihr Reichtum.

»Die Ehe ist ein nützes, heilsames Ding«, so lesen wir in Albrecht von Eybs Nürnberger Ehebüchlein von 1472, »durch die werden die Land, Feld und Häuser gebauet, gemehret und in Frische gehalten, manich Streit... und Feindschaft hintergelegt und gestillet, gut Freundschaft und Sippe unter fremden Personen gemacht und das ganze menschliche Geschlecht geewigt.«

Es ist eine weltfreudige Definition der Ehe: Was in der Welt des gelehrten Humanisten aus Franken galt, das hat, alles in allem, so schon in weit zurückliegenden Epochen der Geschichte nicht nur unseres Kontinents gegolten. Es galt im bäuerlich-bürgerlichen Normalfall, und es galt lange auch für die Lebenssphäre des Adels. Aber es galt dann mit seinem positiven Vorzeichen immer eingeschränkter für die höhere, die höchste Ebene: für die Heirats- und Ehepraxis der Fürsten. Oben in der Hierarchie war angesichts der enormen Vermögensgrößen ein rigoroser Regelungsbedarf am stärksten. Für diesen schillernden Sektor der Heiratswelt hätte Albrecht von Eyb sein Ehelob ziemlich relativieren und auf die Formel zuspitzen müssen: »... durch die werden die Land gemehret«.

Für Liebe blieb da kein Platz, höchstens eine verborgene Nische. In seinem wirkungsreichen Traktat »Über die Liebe«, verfaßt im späten 12. Jahrhundert, hat der französische Hofkaplan Andreas Capellanus die Unvereinbarkeit von Liebe und Ehe vertreten: Nur Liebende, so seine These, gäben sich einander freiwillig hin, während Ehepaare, ohne den Reiz der Heimlichkeit und den Stimulus der Eifersucht, unter dem Gebot gegenseitiger Pflichtleistung stünden.

Wahrlich, im Zeichen dynastischer Hauspolitik ging es oft um ein Pflichtprogramm ohne einen Hauch von Kür – denkt man sich etwa das erste »Beilager« noch halb kindlicher oder altersmäßig stark divergierender Paare, die ein-

Das ideale fürstliche Paar: Mit Anmut und Würde sind um 1260 die Stifter des Naumburger Doms, Markgraf Ekkehard II. von Meißen (gestorben 1046) und seine Frau Uta, »porträtiert« worden, obwohl sie für den Bildhauer nur Namen waren.

ander am Tag der Hochzeit zum erstenmal gesehen und über keine gemeinsame Sprache verfügt haben. Oft halfen allenfalls ein paar Brocken Latein.

Die jungen Eheleute Maximilian von Habsburg und Maria von Burgund unterrichten einander »yedes in des andern sein sprach«. Holzschnitt aus Maximilians zeitgenössischem »Weißkunig«.

Ehediplomatie des Mittelalters

Dieses Buch befaßt sich mit der Heiratspolitik der bedeutendsten Hochadelsfamilien der europäischen Geschichte, der herrschenden Häuser seit dem frühen Mittelalter in ihrem politisch-konnubischen Hin und Her. Es zeigt Heiratsdiplomatie als Außenpolitik der Dynastien. Es spürt heiratsstrategischen Schachzügen nach, die so ausgeklügelt wie die »sizilianische Verteidigung« zur »sizilianischen Erbschaft« führten, und erzählt von den oft frappanten Ehearrangements, die wichtige historische Weichen stellten.

Fürstliche Heiratsdiplomatie gehört ja zu den merkwürdigsten und buntesten Themenkomplexen der Geschichte. Und, freilich eher aus der Distanz, zu den unterhaltsamsten und amüsantesten: Anreiz für eine Darstellung, die oft natürlich nur streifen und niemals erschöpfen kann, die diese weite historische Flur nicht pflügen, sondern nur besichtigen will; nicht zuletzt auch ein Augenmerk haben möchte für heiratspolitische Kuriosa und Abstrusitäten. Erstaunlich immerhin, daß es ein zusammenfassendes Buch über dynastische Heiratspolitik bisher noch nicht gegeben hat. Trotz einschlägiger Kapitel in Monographien und trotz mancher kleiner Fallstudien und Doktorarbeiten zum Umkreis des Themas »erweisen sich die europäischen Fürstenhochzeiten als ein fruchtbares, aber noch kaum beackertes Forschungsfeld«, resümiert 1997 der Mittelalterhistoriker Karl-Heinz Spieß. Sie bieten, um es gleich zu betonen, für uns hier freilich kein Forschungs-, sondern ein Erzählfeld.

Es versteht sich, daß Heiratspolitik keine Erfindung des Mittelalters ist. Wo immer man in die Alte Geschichte eintaucht, werden auch massive politische Gründe für Eheschließungen erkennbar, und zweifellos gilt ähnliches für die Dynastienhistorie asiatischer und afrikanischer Länder. Aber es ist dann das abendländische Mittelalter, das die Motive und Formen der Heiratspolitik, synchron zum Aufstieg so zahlreicher Dynastien, zu einer besonderen Blüte gelangen läßt – einer irisierenden und mitunter giftigen. Der Heiratsmarkt des hohen Adels hat sich seit dem frühen Mittelalter opulent entfaltet, vergleichbar dem Wandel eines Naturalienmarkts zu einer Warenbörse, an der nur der gewiefteste, im rechten Moment zupackende Kaufherr Erfolg hat. Vor allem das Spekulieren auf materiellen Zugewinn, auf reiche Erb- und Anwartschaften, die sich dann in der Folgegeneration realisieren, prägt diese Szene.

Daß fürstliche Heiraten fast ausnahmslos mit Standeskalkül und Berechnung eingegangene pragmatische Verbindungen gewesen sind, ist geläufig und normal. So normal übrigens wie beispielsweise das Freien des Schustergesellen in Hans Sachsens Nürnberg um des Meisters Töchterlein (auch wenn es schielt oder lahmt), um zunftfähig zu werden und einmal die Werkstatt des Alten zu übernehmen. Doch wenn mit unserem Gesellen immerhin noch *einem* der Partner die Chance zur persönlichen Eheanbahnung blieb, so sind im Hochadel Heiraten in der Regel von den Elternparteien eingefädelt und ausgehandelt worden, ohne daß Braut und Bräutigam ein Auswahl- oder Mitspracherecht blieb; es sei denn, ein junger, schon verantwortlicher oder ein verwitweter Fürst wählte für sich selbst.

Nach der Verlobung, die meist schon einen förmlichen Vertrag darstellte, folgten die Trauung – die Übergabe der Braut an den Bräutigam im Kreis der Familie, begleitet von diversen, später vor allem kirchlichen Zeremonien –, die »Heimführung« der Braut, das »Beschreiten« des Ehebetts und das »Beilager«; nach der Hochzeitsnacht dann vollendete der Ehemann durch die Überreichung der »Morgengabe« an die Neuvermählte das Hochzeitsritual.

Brauchtum und Moral erlaubten es, ein zwölfjähriges Prinzeßchen aus der von Frauen umhegten sicheren Welt des Hauses herauszureißen, um es, so der Ehehistoriker Georges Duby, »mit großem Gepränge in ein Bett zu führen und in die Arme eines schon ergrauten Mannes zu legen, den es nie zuvor gesehen hatte«. Oder aber an die Seite eines wenig älteren Jünglings, der »um sein siebtes Lebensjahr aus den Händen der Frauen entlassen worden war und nur dafür gelebt hatte, sich durch körperliche Übungen und in Übersteigerung männlicher Roheit auf den Kampf vorzubereiten«. Eben dieser prinzliche Knabe aber konnte von der Heiratsräson auch dazu ausersehen werden, als »Lehnsherr« – so im Prinzip die Rolle des Ehemanns – das Nutzungsrecht am Körper einer fünfzigjährigen Witwe wahrzunehmen.

Öffentliches »Beilager« bei einer Adelshochzeit des 15. Jahrhunderts, die so als vollzogen galt. Der Priester erflehte reichen Kindersegen.
Rechts eine Hochzeitsillustration aus dem 12. Jahrhundert: Die Eltern präsentieren dem Bräutigam die Braut.

Was hat sich wohl, so fragten sich nicht nur die Zeitgenossen, in der hochpolitischen Ehe von 1089 zwischen der damals dreiundvierzigjährigen Mathilde von Tuszien, der berühmten und mächtigen Papstfreundin zu Canossa, mit dem picklig-pummeligen Teenager Herzog Welf dem Dicken aus der Welfen-Dynastie abgespielt? Oder (nach Abzug der obligaten Zeugen, die das Paar vereint unter der Bettdecke sehen mußten) im Beilager des Jünglings Ottokar von Böhmen mit der sechsundvierzigjährigen Babenbergerin Margarete? Egal, Prag erwarb durch diese *copula carnalis* 1253 für ein paar Jahrzehnte die schönen österreichischen Erblande der Babenberger-Dynastie.

Hochzeiten für Prestige und Allianzen

Die Ebenbürtigkeit des Ehepartners, den die hochadligen Eltern aussuchen, ist Grundlage und Anfang aller Heiratspolitik. Da es vorwiegend um die »Einheirat« der Frau in die Familie des Mannes ging, faßte besonders der Vater, mitunter die Sippe des Bräutigams die Vorteile ins Auge, die sowohl das Familienprestige der einheiratenden Braut als auch ihr Heiratsgut darstellten. Es konnte eine entscheidende Etappe des Aufstiegs sein, wenn es gelang, beispielsweise eine Königstochter in die landgräfliche Familie zu holen; natürlich auch umgekehrt ein großer Einflußgewinn, wenn man es schaffte, die eigene Tochter dem Königssohn ins Bett zu legen. Daß die gewonnene Braut möglichst viele Erben zu gebären hatte, verstand sich von selbst, und daß sie, früher oder später, womöglich für einen Erbanspruch stehen würde, war im Hinterkopf die gängige Spekulation.

Es war also zuvörderst die Rolle der dynastischen Damen, hochwohlgeborene, treue und sittenreine Mutter der folgenden Generation zu sein. Zum zweiten hatten sie oft als leibhaftiges Unterpfand der Gleichgewichtspolitik oder als Garanten militärischer Allianzen zu dienen: »Manich Streit und Feindschaft«, wir erinnern uns an Albrecht von Eyb, sind durch fürstliche Heiratskontrakte »gestillet« worden, und Eheversprechen gehören über ein Jahrtausend abendländischer Politik zu den gängigsten Paragraphen von Bündnis- und Friedensverträgen: Die Prinzessin hüben für den Prinzen drüben und – denn Doppelhochzeiten *vice versa* waren sehr beliebt – möglichst noch umgekehrt dazu. Karl der Große und einige seiner herrscherlichen Nachfolger ventilierten beispielsweise Pläne, die eigene Familie ehelich mit dem Kaiserhof von Byzanz zu verbinden, um so die rivalisierenden römischen Imperien des Ostens und des Westens wieder zueinanderzuführen und einem Prestigedefizit des aus griechischer Sicht fast noch barbarischen Westreichs

Das Reich und Byzanz ehelich verbunden: Christus krönt Otto II. und die griechische Prinzessin Theophano. Lateinisch und griechisch beschriftetes Elfenbeinrelief aus dem 10. Jahrhundert.

abzuhelfen. Prominentester Brautimport aus Konstantinopel ist dann ja die berühmte Theophano als Gemahlin und De-facto-Nachfolgerin Kaiser Ottos II. gewesen: eine der insgesamt seltenen Frauen des Mittelalters, die nicht durch Mitgift, sondern als Mitkaiserin und als Vormund-Regentin zu großer politischer Bedeutung gelangten.

Kritische, wenn nicht gar bedrohliche Situationen konnten für fürstliche Ehefrauen entstehen, wenn die pflichtgemäßen Geburten ausblieben, insbesondere der Stammhalter – oder aber die Allianz, die sie persönlich besiegelt hatten, nicht länger standhielt. Da wurde dann mitunter bitter deutlich, daß die an den gegnerischen Hof gelieferte Prinzessin mehr Geisel als Gefährtin war. Eine prominente Frauengestalt des Spätmittelalters zum Beispiel, die niederländische Statthalterin Margarete von Österreich, als Kleinkind dynastisch nach Frankreich verkuppelt und dort dann zynisch verstoßen, konnte ein Lied davon singen.

Hauptgestalt der Heiratspolitik: die Erbtochter

Was bringt sie mit, die Braut, was wird sie erben? Erbtöchter waren es natürlich, auf die sich im Mittelalter und noch in der frühen Neuzeit das Hauptinteresse aller Heiratspolitik konzentrierte. Hier betreten wir das fruchtbarste Feld dynastischer Hausmachtpolitik, hier blühte der reichste Weizen der Heiratsdiplomatie. In diesem Revier ließen sich mit guter Strategie verheißungsvolle Anwartschaften einfädeln. Hier konnte man Schlingen legen und Jagd auf Erbinnen machen, denen alsbald oder perspektivisch ein territoriales Besitztum in den Schoß fallen würde.

Hier ließen sich Schätze gewinnen und ohne Kosten-, Kauf- oder Kriegsaufwand Grafschaften, Herzogtümer und Königreiche arrondieren, ausweiten, verdoppeln. Hier entschieden sich oft das Glück und der Aufstieg – oder das Verkümmern – eines Geschlechts, und hier sind die großen dynastischen Reiche geschmiedet worden. »Auf den einfachsten Nenner« bringt das Phänomen der Sachsenhistoriker Thietmar von Merseburg, »wenn er berichtet, der spätere König Heinrich I. habe um die Erbtochter eines Grafen ›wegen ihrer Schönheit und der Nützlichkeit der Erbschaft und des Reichtums‹ geworben; später habe er weniger Liebe zur Gattin als zu Mathilde gefühlt, wegen deren ›Schönheit und Besitz‹, worauf er sich von seiner Frau trennte« – so der Mediävist Heinrich Fichtenau.

Schnörkellose Heiratspolitik also des dann romantisch verklärten »Herrn Heinrich«, des »Voglers«, der sich entgegen der hübschen Legende keineswegs auf die Vogelkunde und die Reize der Natur konzentrierte. Prominente Protagonisten der Heiratspolitik sind später, unter manchen anderen, die Kaiser Friedrich I. Barbarossa und Karl IV. gewesen. Historischer Paradefall des Metiers aber wird dann das überragende Heiratsgeschick des Hauses Habsburg, die maximale maximilianische Fortüne am Traualtar: *Tu felix Austria nube* – Du, glückliches Österreich, heirate!

Basis all dessen, Voraussetzung des Erheiratens war die besonders im frühen und hohen Mittelalter so außerordentlich günstige Stellung der Töchter im dynastischen Erbrecht. Dieses Recht und damit der Zugriff der »Tochtermänner« auf das Erbe ihrer Frauen hat sich im Verlauf der Jahrhunderte zwar mehr und mehr, auch mit regionalen Unterschieden, gewandelt und dann verflüchtigt. Lange wirksam aber – und ganz besonders geschichtsmächtig – blieb das »kognatische«, das blutsverwandtschaftliche Prinzip, nach dem Töchter beim Fehlen brüderlicher Prinzen vor anderen männlichen Verwandten des Vaters erbberechtigt waren. Wir haben es hier freilich mit einem furchenreichen Terrain und einer Vielzahl von Varianten zu tun, die historisch wirksam werden konnten – und hüten uns, allzu kognatisch kompliziert zu werden, fächern fachlich im Interesse unseres Publikums vielmehr nur das Wichtigste auf.

Die Munt des glücklichen Ehemanns

Prinzessinnen konnten wahrhaft »glänzende Partien« sein. Sie konnten die Güter ihres Hauses an die Familie des Ehegatten bringen, auch wenn beim Eintreten des Erbfalls noch Onkel und Vettern der väterlichen Seite lebten, Brüder und Neffen des Vaters also. Ein Onkel beispielsweise im Status eines »Schwertmagen« – »mage« ist mittelhochdeutsch ein

Blutsverwandter in der Seitenlinie – konnte zwar in der Regel eine Vormundschaft über die weibliche Waise ausüben. Er vermochte aber nicht das Abwandern ihrer ererbten Besitzungen in die Gewalt, in die »Munt« des Ehemanns zu verhindern, der die Kleine dann als »Mündige«, die sie mit zwölf oder vierzehn Jahren wurde, glücklich heimführte.

Es versteht sich, daß hier oft nicht nur Zähneknirschen die verwandtschaftliche Reaktion war, sondern ein starkes Konfliktpotential bestand (selbst wenn in aller Regel die prinzeßliche Partei den Heiratskontrakt mit aushandelte). Ach, und sogar wenn die Fürstentochter noch leibhaftige Brüder hatte, konnte in bestimmten Rechtskonstellationen ihre Einheirat in ein anderes Geschlecht einer beträchtlichen territorialen Transaktion gleichkommen.

Eine so starke Stellung der Fürstentöchter im Erbrecht war übrigens nicht auf das römisch-deutsche Reich beschränkt, und einmal, im 12. Jahrhundert, wäre dadurch beinahe ein gigantisches Heiratsimperium entstanden: Mathilde, die Tochter des normannischen Königs Heinrich I. von England, der als Erbe die Insel und beträchtliche Teile Frankreich ins Haus standen, wurde vom deutsch-römischen Kaiser Heinrich V. heimgeführt, und der erste Sohn aus dieser Ehe hätte womöglich halb Europa (mehr oder weniger übrigens mit Italien) in seiner Hand vereinigen und quasi unsere EU vorwegnehmen können. Beinahe, denn leider wurde er nicht geboren.

Ein Schlaglicht, das begreiflich macht, wie Heiratspolitik die mittelalterliche, die frühneuzeitliche Geschichte und die Landkarte Europas weit stärker prägen konnte – und tatsächlich geprägt hat – als dynastische Kriege. Noch die große Neugestaltung unseres Kontinents im 16. Jahrhundert ist ganz wesentlich von ihr ausgegangen: Habsburgs habsüchtige Heiraten werden unser längstes Kapitel sein. Erst in der weiteren Neuzeit setzte sich dann das »agnatische« Erbfolgeprinzip in den Dynastien weitgehend durch, kraft dessen noch der entfernteste Agnat, also unbedingt ein männlicher, ein Verwandter der »Schwertseite«, den Vorzug vor den Töchtern und ihren Nachkommen genoß.

Natürlich auch Scheidungspolitik

Nahezu eine weitere Hauptkategorie der fürstlichen Heiratspolitik ist die Scheidungspolitik, die dann, es versteht sich, stets unverzüglich wieder in neue Heiratsstrategien einmündet. Man ließ sich ja nicht scheiden, bloß um eine – lästig, runzlig oder fremd gewordene – Gemahlin loszuwerden, sondern um eine andere freien zu können: eine jüngere oder gesündere, die endlich den in erster Ehe ausgebliebenen Erben gebären würde. Ohne Zögern aber auch eine Matrone, wenn sie eine noch lukrativere Besitzanwartschaft ins neue Zweckbündnis mitbrachte.

»Die Auflösung einer Ehe war zunächst wohl eine relativ einfache Angelegenheit«, schreibt Hans-Werner Goetz, »die durch die christliche Theorie der Unauflöslichkeit der Ehe seit dem 9. Jahrhundert dann immer stärker eingeschränkt wurde ... Selbst Ehebruch galt bald nur noch bedingt als hinreichender Grund; anerkannt blieb regelmäßig allein der Nachweis, daß die Ehe von vornherein, etwa wegen zu naher Verwandtschaft, ungültig geschlossen war.«

Da kam es dann also darauf an, die rechten Alibis zu zimmern, sich die zwingenden kanonischen Gründe von klerikalen Gutachtern ausbaldowern zu lassen: den so erschütternd nahen Verwandtschaftsgrad auf der Urgroßmutterebene zum Beispiel, von dem man, ganz unverzeihlich, vorher natürlich nichts geahnt hatte; womöglich aber auch ein vergessenes Keuschheitsgelübde oder eine sakramentale Weihe aus Jünglingstagen. Unverletzte Jungfräulichkeit oder Impotenz des Ehemannes, also Nichtvollzug der Ehe, wurden in nicht wenigen Fällen von Quacksalbern durch peinliche

Eine Ehescheidung des 14. Jahrhunderts, dargestellt im Rechtsbuch »Sachsenspiegel«:
Der Priester trennt den Ehemann (links) von Frau und Kind.

»physiologische« Prüfungen nachgewiesen. Und Brutalitäten aus Staatsräson, man denke nur an Englands König Heinrich VIII., zerschlugen manche dynastisch unliebsam gewordene Ehe. Während die dieser oder jener »unzüchtigen« Verfehlung skrupellos »überführte« Ehefrau zum Schafott geleitet wird, stickt die nächste Gemahlin schon an ihrem Hochzeitskleid.

Der Ehebruch, wir folgen hier Joachim Bumkes Darstellung, ist in der weiteren mittelalterlichen Rechtsentwicklung bezeichnenderweise ein Delikt gewesen, das nur von Frauen begangen werden konnte und meist als todeswürdig begriffen wurde. Der Wittelsbacher-Herzog Ludwig II. von Bayern zum Beispiel hat 1256 seine Frau Maria von Brabant wegen des bloßen, unbewiesenen Verdachts auf Ehebruch köpfen lassen, was ihm männliche Chronisten mit dem nachsichtigen Beinamen »der Strenge« quittierten. Daß sich dagegen jeder Fürst außereheliche Liebschaften – Konkubinen, Mätressen – leisten konnte und sich beim Besuch einer reichen Stadt fast ohne Heimlichkeit ins Bordell geleiten ließ, tadelte nur die Kirche; folgenlos natürlich.

Wie skizziert und wie wir in unseren Erzählkapiteln noch sehen werden: Häufigster der in aller Regel vorgeschobenen

Eheauflösungsgründe war die zu nahe Blutsverwandtschaft der Partner. Sie bei Bedarf gemäß dem *Corpus iuris canonici* nachzuweisen, nicht selten auch durch im Sinne des scheidungswilligen Gatten manipulierte Stammbäume, verhalf manchen römischen Klerikern zu Karrieren und stattlichen Korruptionspräsenten. »Des Kaisers Name, bisher wohlriechend, begann stinkend zu werden in den Nasen der Fürsten«, kommentiert böse ein Chronist des 14. Jahrhunderts solch ein gekauftes Gutachten Ludwigs IV. des Bayern.

In summa: Wurden Scheidungen ausgesprochen, so handelte es sich aus der Sicht der Kirche, der hier seit dem Hochmittelalter unbestrittenen Entscheidungsinstanz, um Ungültigkeitserklärungen auf Grund nachträglich ermittelter beziehungsweise scholastisch spitzfindig ausgetüftelter Ehehindernisse. Andererseits ließen sich sehr wohl päpstliche Ehedispense, ja »Generaldispense« für fürstliche Verwandtenheiraten »erwirken«, wenn es der Kurie ins politische Konzept paßte oder der römischen Kasse guttat.

Die armen frouwen

Die armen *frouwen* und *frouwelin* des ritterlichen Mittelalters! So demutsvoll man in der Theorie (und in gewissem Zusammenhang mit der wachsenden Marienverehrung) den Frauen des Hochadels und gar der Königin als *consors regni*, als Teilhaberin der Herrschaft, formal huldigte, so schnöde bekannten sich nicht selten die Fürsten zu ihren Gemahlinnen nur so lange, wie es in ihr dynastisches Konzept paßte. Um sie dann beiseite zu schieben, wenn sich das änderte oder, falls Nachwuchs ausblieb, im allerhöchsten Familieninteresse einfach ändern mußte. Das Recht der weiblichen Lehenserbfolge wirkte sich hier zwiespältig aus: Es hob die erbenden Fürstentöchter und degradierte sie zugleich zu Objekten habsüchtiger, oft zynischer Hausmachtpolitik.

Ein höfisches Fräulein im Schutz der Ritterlichkeit: allegorische Miniatur aus einem Pariser Psalterium.

Für Frauen galt ganz allgemein das Prinzip der Unterwerfung unter vielgestaltige, doch stets männliche Macht. Die seit dem Hochmittelalter zunehmende Sakralisierung der Ehe änderte daran nichts. Priester umgaben Traualtar und Brautbett mit immer neuen Riten und symbolischen Gesten, aber mehr Feierlichkeit beim Hochzeiten bescherte der Braut keineswegs auch mehr Freiheit in der Ehe. Absurderweise sollte der priesterliche Formelkram übrigens nicht nur das Böse von den Vermählten fernhalten, sondern, man höre, auch die Keuschheit in der Ehe bewahren helfen.

Da freilich, so Georges Duby, »die Menschen sich leider nicht wie die Bienen reproduzieren und sich daher begatten müssen, und weil es unter den Lockmitteln des Satans kein schlimmeres gibt als den unmäßigen Gebrauch der Geschlechtsorgane, ließ die Kirche die Ehe als kleineres Übel zu ... Wenn die Eheleute sich vereinigten, sollten sie nichts anderes im Kopf haben als die Fortpflanzung.« Am liebsten, so könnte man fast meinen, wäre den sexscheuen Klerikern wohl Mariens Jungfrauengeburt als allgemeines Prinzip gewesen.

Es war die Daseinsform der adligen Frau des Mittelalters, abhängig zu sein und beherrscht zu werden: vom Vater und vom Ehemann, womöglich auch vom Bruder und im Alter vom erwachsenen Sohn. Der moralische und literarische Respekt vor der Frau des Hochadels ließ sich ohne weiteres mit der Geringschätzung ihrer Herrschaftsfähigkeit auf einen Nenner bringen. Während der Mann im Prinzip für *virtus*, für Tüchtigkeit und Tugend stand, verband sich mit der Frau der Grundbegriff der *mollitia*: die Schwäche, die Zärtlichkeit. Edle *frouwen* und *frouwelin* wurden von Troubadouren als entrückte Gestalten hoher Minne höfisch geehrt und gepriesen, und ihre grundsätzliche »Minderstellung«, so Hans-Werner Goetz, »bedeutete keineswegs Mißachtung«. De facto aber war die blaublütige Frau vor allem Objekt und Opfer, und ihr Wert bemaß sich in der Ehe nach dem Immobilienzuwachs, für den sie gut war, und nach ihren Kindbettergebnissen. Qualvolle Kindbet*tode* aber haben, schlimm zu registrieren, zahlreiche noch junge, erschöpfte Fürstinnen bei der vierten, fünften (oder fünfzehnten!) Schwangerschaft erleiden müssen.

Die verlobten Säuglinge

Beklemmende Menschenverachtung ist es oft, was uns besonders in der Behandlung kindlicher oder halberwachsener Prinzessinnen auf dem fürstlichen Heiratsmarkt begegnet. Ehen und Verlöbnisse werden da mit kalter Berechnung geplant und ausgehandelt, und ihre Realisierung geht nicht selten einher mit Bestechung und Erpressung, selbst mit Entführung. Oft angeprangert wurde ein bedenkenloser »Kinderschacher«: Kindliche Erbinnen werden mitunter aus Kemenaten und Wiegen geraubt oder müssen – wie die kleine Maria Stuart als leibhaftige Anwartschaft auf Schottland – in entlegenen Kastellen gehütet werden wie die königlichen Kronjuwelen. Säuglinge, ja sogar noch Ungeborene werden feierlich versprochen und verlobt, und Großväter knien mit verstörten Milchzahnprinzeßchen vor den Altären der Bischöfe, die das für gottwohlgefällig erklären.

Und wie oft wurde opportunistisch umdisponiert: Die 1332 geborene Isabella von England zum Beispiel sollte nach dem Willen ihres Vaters, König Eduards III., dreijährig mit Pedro von Kastilien verlobt werden, dann mit dem Sohn des Herzogs von Brabant, danach mit Ludwig von Flandern, dann mit Karl IV. von Luxemburg-Böhmen, dann mit dem Adelsherrn Berard d'Albret aus der Gascogne – und sie heiratete, nachdem sie europaweit »im Angebot« gewesen war, schließlich den in Frankreich sehr einflußreichen Fürsten Enguerrand de Coucy aus der Picardie.

Dubiose Züge trug mitunter auch die Brautschau, die Gesandte im Auftrag des werbenden Hofes vorzunehmen hatten. Da vorab übersandte Porträtgemälde oft als dilettantisch oder geschönt gelten konnten, hatten die angereisten Experten Gebärfähigkeit, Attraktivität und höfisches Benehmen der Braut zu begutachten, und suchten ihre Prüfung womöglich bis in die Intimsphäre auszudehnen. »Markgräfin Barbara von Mantua«, so referiert Karl-Heinz Spieß ein fürstliches Striptease-Begehren, »äußerte sich in einem Brief sehr ungehalten gegenüber ... der Forderung des Herzogs von Mailand, eine ihrer Töchter vor der Heirat seinen Ärzten ›quasi totam nudam‹ vorzuführen, und lehnte das Ansinnen als schändlich für ihr Haus ab.«

Auch die Renaissance und eine Belebung »humanistischer« Wertmaßstäbe seit dem 15. Jahrhundert haben an den Praktiken der Heiratspolitik wenig geändert. Der neue Geist lebte in Sonetten und erhabener Architektur, doch in fürstlichen Heiratsverträgen war kaum ein Hauch von ihm. Malerfürsten porträtierten nun schöne Frauen, regierende Herren aber hielten sich Favoritinnen und Mätressen und ehelichten unbeirrt aus Staatsräson unbefragte Mädchen aus der Hochadelsszene. Um genau zu sein, formal irgend-

Die kleinkindliche Margarete von Österreich wird 1482 von ihrem Vater Maximilian I. in die Ehe mit dem Dauphin von Frankreich gegeben. Neuzeitliches Historiengemälde von Job Onfroy de Breville.

wie einwilligen mußten die Prinzessinnen schon: Hatte das blaublütige Baby nicht zustimmend gegluckst, als eben vom elterlich auserwählten Bräutigam die Rede war?

Der große Humanist Erasmus von Rotterdam hat in seiner »Erziehung des christlichen Fürsten« die Zynismen gerade des internationalen Heiratens beklagt und betont, »wie unmenschlich man mit den Mädchen selbst verfährt, die manchmal in weit entfernte Länder wie in die Verbannung zu Menschen geschickt werden, die an Sprache, Aussehen, Charakter und Anlagen gänzlich verschieden leben«. Skeptisch hat Erasmus die angeblich friedenstiftende Rolle der internationalen Heiratspolitik beurteilt: Ach, wenn denn wirklich »die Verwandtschaft der Herrscher untereinander der Welt Ruhe schenken könnte«, so seufzt er, »würde ich wünschen, daß alle durch Hunderte von Verschwägerungen verbunden seien«.

Abschied vom Mittelalter

In der Epoche der voll ausgebildeten Nationalstaaten tritt die Ehediplomatie als Instrument der Politik zwangsläufig zurück. Mit Prinzessinnen konnte nun kein Monarch dem benachbarten Rivalen mehr eine Provinz wegheiraten. Neue Domänen, Stützpunkte und Steuerquellen gewann man jetzt nur noch sehr ausnahmsweise am Traualtar. Und wenn auch die neuere Geschichte noch zahlreiche hochpolitische Eheverbindungen zu bieten hat, die vor allem militärisch-dynastische Allianzen begleiten, beglaubigen oder gar einleiten – so bleibt die eigentliche, die strategisch, spekulativ und skrupellos auf Zugewinn und Erbschaft ausgerichtete Heiratspolitik ganz weitgehend eine Spezialität des Mittelalters: unseres faszinierenden, ebenso glänzenden wie elenden Mittelalters.

Republiken besitzen keine Prinzessinnen für das gewinnträchtige Kuppelgeschäft. Mit einer Ausnahme: Die einfallsreiche Signoria der Markusrepublik Venedig ernannte 1468 die patrizische Handelsherrentochter Caterina Cornaro offiziell zur »Tochter der Republik«, als sich durch deren angebahnte Heirat mit dem König von Zypern eine hochinteressante Anspruchsperspektive abzeichnete: Venedig gelobte, an der kleinen Blondine, »Caterina Veneta«, stets an Elternstelle zu handeln, während König Jakob von Zypern aus der französischen Dynastie Lusignan der Signoria schriftlich versicherte, seiner Gemahlin die bedeutende Insel zu vermachen, falls er ohne Erben bleiben würde. Es bedurfte mancher Umwege und venezianischer Nachhilfen, bis es eben dahin kam: 1489 jedenfalls konnte Venedigs passend zügig verwitwete Adoptivtochter Königin Caterina sanft gezwungen werden, ihr reiches Hochzeitserbe Zypern der »väterlichen« Markusrepublik feierlich zu übertragen. Hübsch übrigens der Einfall der Spötter, daß Venedigs Patron Sankt Markus, überlieferungsgemäß unverheiratet, eine legitime »Markustochter« ja gar nicht habe zeugen können. Jedenfalls handelt es sich um einen besonders aparten Kasus aus dem unerschöpflichen Reservoir der europäischen Heiratspolitik.

Unerschöpflich in der Tat. Auch nur einer Mehrzahl der historisch gewichtigen Eheverbindungen der Dynastien nachzugehen, würde unseren Versuch, einen Streifzug, unverträglich anschwellen lassen und den Reiz des Themas in genealogischer Häufung ersticken. Ja, nicht einmal die Mehrzahl der großen europäischen Dynastien kann hier eingehend behandelt werden: Wo bleiben sie denn, wird man womöglich fragen, die Kapitel über die Häuser Valois und Bourbon (deren konnubische Konnexe und Konzepte immerhin breit aus der Gegenperspektive vorkommen werden), wo die Dynastien Stuart, Tudor, Oldenburg, Braganza, Medici und Savoyen?

Und wäre, beispielsweise, nicht die heute in Deutschland vielleicht geläufigste Adelsheirat, die alle vier Jahre als Historienspektakel volksfestartig nachempfundene opulente »Landshuter Fürstenhochzeit« von 1475 zwischen dem Wittelsbacher-Herzog Georg dem Reichen von Bayern-Landshut und der polnischen Königstochter Hedwig, ein eigenes Kapitel wert? Schließlich haben die Gäste des Festes damals nicht nur 1133 Schafe und Lämmer, 323 Ochsen sowie 40000 Hühner und 11000 Gänse vertilgt, sondern viele fürstliche Besucher auch um den politischen Hintergrund dieser ostentativ aufwendigen Hochzeitsfeier gewußt: die Einbeziehung Polens in ein mitteleuropäisches Defensivbündnis gegen die Türken ... »So bedeutet die Fürstenhochzeit«, bewertet Ferdinand Seibt derartigen Heiratsglanz allgemein, »gewissermaßen auch eine feierliche Demonstra-

Caterina Cornaro, die »Tochter der Republik«, wird 1489 in Venedig triumphal empfangen, nachdem sie dem »väterlichen« Staat ihr Erbe Zypern abgetreten hat. Gemälde von Aliense um 1600.

tion jener Staatsordnung, die unsere ganze ältere Kultur ordnete und prägte.«

Es ist sehr gut möglich, nein: gewiß, daß wir den einen oder anderen »Riesenfall« der vielgestaltigen historischen Heiratspolitik übersehen und manche wichtige eheliche Weichenstellung vernachlässigt haben. Doch wenn Geschichte, nach einem Wort des Klassikers Edward Gibbon, dazu da ist, ihre Freunde »to instruct and to amuse«, zu informieren und zu unterhalten, womöglich zu ergötzen (wozu es natürlich einiger Scheuklappen bedarf), dann lautet unsere schlichte Antwort: Die Leserinnen und Leser, deren Geduld beim Aufdröseln genealogischer Zusammenhänge mitunter ohnehin gefordert ist, sollen von zusätzlich aufgetürmter dynastischer Heiratshistorie nicht über Gebühr in Anspruch genommen werden.

2

Dynastisches Heiraten im Frühmittelalter: Karls Karolinger und die ottonischen Optionen

Karl der Große und die Frauen

Sein Feld war das Feld, und seine Heereszüge, nicht Heiraten, schufen die mächtigen Ausmaße des Frankenreichs. Indessen, Karl der Große (742–814) heiratete viermal, und Frauen – nicht wenige Konkubinen neben und nach den Gemahlinnen und dann seine Töchter – spielten eine wichtige Rolle in seinem Leben. Heiratspolitik also verkam in Aachen nicht zu einer zweitrangigen Kategorie.

Der junge Herrscher hatte soeben mit seiner Konkubine Himiltrud einen ersten Sohn, den leider verwachsenen Pippin, beinamentlich »der Bucklige«, gezeugt, als seine Mutter Bertrada im Jahre 770 für Karl die Ehe mit einer Tochter des zeitweilig mächtigen Langobardenkönigs Desiderius einfädelte. Ganz unzimperlich aber setzte sich der Frankenkönig alsbald über den bündnispolitischen Zweck dieser Verbindung hinweg und schob die unglückliche Prinzessin in Klosterhaft ab: Das norditalienische Langobardenreich sollte nicht heiratsdiplomatisch umworben, sondern militärisch unterworfen werden, und an die Seite Karls rückte schon 771 die dreizehnjährige Hildegard aus dem alemannischen Herzogshaus. Eine politisch zwar konstruktive, doch keine berechnende Ehe.

Die hübsche Kleine nämlich, die sich dem hünenhaften, fast 1,90 großen Karl zunächst wohl eher an die Knie als an die Brust schmiegte, gilt als Karls große Liebe und gebar ihm bis zu ihrem frühen Tod im Alter von fünfundzwanzig Jahren nicht weniger als neun Kinder. Manche Historiker betonen, daß Hildegard als erste Gefährtin des Frankenherrschers in den Quellen ehrenvoll als »Königin« genannt wird und gelegentlich gemeinsam mit Karl urkunden durfte: Ach, welch schale Kompensation für permanente Schwangerschaft und tödliche Erschöpfung nach gerade einem Dutzend Ehejahren!

Ein Jahrzehnt später, im Jahre 794, verlor Karl mit der Sächsin Fastrada bereits seine dritte Hauptfrau, und seit dem Tod auch der vierten Gemahlin, der einheimisch-unpolitisch gefreiten Alemannin Liutgard, im Jahre 800 verharrte der Herrscher, nun ein Fünfziger, im Witwerstand. Danach waren es dann allerdings hochpolitische Erwägungen, die zu dem quellenmäßig nur schwer faßbaren Projekt einer Ehe des weströmischen Kaisers Karl mit der oströmischen Herrscherin, der Kaiserinwitwe Irene, führten. Hätte Karl womöglich auch den byzantinischen Thron bestiegen, wenn Irene nicht 802 plötzlich gestürzt worden wäre? Früher Gipfel aller Heiratspolitik: Carolus Magnus als neuer Augustus, als Imperator des wiedervereinten Großreichs von Rom? Weltgeschichtliche Unwägbarkeiten, über die sich »kontrafaktisch« – was wäre wenn? – reizvoll und unterhaltsam spekulieren läßt.

Auf gleicher Ost-West-Achse übrigens schon zuvor die schließlich versandeten Verhandlungen mit Irene über eine Verlobung von Karls Tochter Rotrud mit dem jungen byzantinischen Kaiser Konstantin. Auch eine solche Eheverbindung mit Konstantinopel, der überragenden christlichen Metropole, hätte für Aachen zweifellos einen Prestigegewinn bedeutet, scheiterte aber nicht zuletzt an Karls eigenwilligem (und unstrategischem) Zögern, eine seiner geliebten Töchter so weit übers Meer ziehen zu lassen. Vergebliche Liebes- und Reisemüh, daß das östliche Kaiserhaus be-

Karl der Große, ein eigenwilliger Heiratspolitiker, vermählte sich viermal und unterhielt zahlreiche Konkubinen. Kopf einer Reiterstatuette (um 850) sowie Signum des Kaisers.

reits einen gelehrten Eunuchen entsandt hatte, der die Frankenprinzessin in der griechischen Sprache unterrichten sollte.

Da sie, des Kaisers Töchter, »ungemein schön waren und von ihm aufs zärtlichste geliebt wurden«, berichtet Karls Biograph Einhard, »so ist es erstaunlich, daß er keine von ihnen einem der Seinen oder einem Fremden zur Ehe geben wollte. Er behielt sie alle bis zu seinem Tode im Hause«, in eigener »Munt«, und nahm in Kauf, daß sie als lockere »gekrönte Tauben durch die Stuben des Palastes flatterten« – so der Literat Alkuin – und ihm den einen oder anderen unehelichen Enkel bescherten (was damals noch kaum als unmoralisch galt und erst von Karls kirchenhörigem Nachfolger Ludwig dem Frommen sehr mißbilligt wurde).

Auch die Eheschließungen der Karlssöhne lassen ein spezifisch politisches Kalkül des Kaisers nicht erkennen. Nein, trotz des potentiell welthistorischen Politflirts aus der Ferne mit Irene: ein besonders aktiver und erfolgreicher Heiratspolitiker ist der große Karl nicht gewesen. Der kastrierte Griechischlehrer aus Konstantinopel durfte einem kaiserlichen Konnubium leider nicht dienen.

Die verhängnisvolle Zweitehe Ludwigs des Frommen

Das Fach Heiratspolitik hatte sich damals offensichtlich noch nicht voll entfaltet. Gewiß, schon die frühen Karolinger vor Karl heirateten, wie Silvia Konecny erforscht hat, überwiegend mit der Absicht, »den Grundbesitz zu vermehren und Streubesitz zu massieren«. »Besitzheiraten« und auch bündnisbekräftigende Hochzeiten waren die Regel, auch profitable »Witwenehen« sehr beliebt. Aber nur ausnahmsweise kam es in der Dynastie zu »Ausländerehen«, also zu grenzüberschreitenden und womöglich strategisch ausgreifenden Heiratsprojekten.

Karls des Großen Nachfolger Kaiser Ludwig I. mit dem (allzu berechtigten) Beinamen »der Fromme«, 814 auf den Thron gelangt, hat mit seiner zweiten Ehe das karolingische Haus in peinliche Verlegenheit, ja das Abendland in die größte Verwirrung gestürzt. Das war, es versteht sich, mitnichten seine Absicht: Als er im Jahre 818 Witwer wurde, hat er seine baldige Wiederverheiratung keineswegs unter politischen Gesichtspunkten betrieben. Vielmehr ließ der Anfangvierziger, dem die Geschichtsschreibung neben Frömmelei und mitunter bigotter Bußfertigkeit eine besonders starke Sinnlichkeit attestiert – keine sehr häufige Kombination –, eine Art Schönheitskonkurrenz veranstalten: Unter den vornehmsten Töchtern des fränkischen Adels, die Ludwig sich zum *inspicere* vorführen ließ, wollte er nicht die Begütertste, sondern die Reizvollste und Klügste ermitteln. Und er wählte bei dieser ungewöhnlichen Brautschau in der Tat gut, nein: zu gut. Die schöne und gebildete Judith, neunzehnjährige Tochter des Grafen Welf – hier beginnt die historische Rolle des Welfenhauses –, schmückte seit 819 zwar Thron und Bett aufs feinste, entwickelte als Kaiserin nach und nach aber ein fatales Übermaß an Ehrgeiz.

Der schwächliche Herrscher, der seinem großen Vater nur in der Statur nachschlug, geriet mehr und mehr unter ihren Einfluß und ließ sich insbesondere dazu drängen, Judiths und seinen 823 geborenen Sohn Karl nachträglich mit dem Erbanspruch auf einen Reichsteil auszustatten, was dramatisch zu Lasten seiner drei Söhne aus erster Ehe ging: Lothar als Mitkaiser sowie Pippin und Ludwig waren in den ihnen zugedachten Reichsteilen politisch bereits etabliert und sahen sich nun von der intriganten Stiefmutter herausgefordert und überspielt.

Für den Nachkömmling, den späteren Kaiser Karl den Kahlen, modifizierte Ludwig 829 willfährig die bis dahin verbindlich geltende *Ordinatio imperii* erheblich und beschwor mit dieser Entscheidung einen vieljährigen Bürger- und Bruderkrieg herauf: Erhebungen der Söhne, Schlachten und Skandale, seine eigene zeitweilige Absetzung und Demütigung. Die Reichseinheit zerbrach. Und der schönen Judith, auf deren Ambitionen dies alles zurückging, sagte ein zeitgenössischer Chronist überdies Ehebruch mit ihrem Günstling Bernhard von Barcelona nach: »Der Palast wurde zum Freudenhaus, in dem die Ehebrecherin herrscht und der Ehebrecher regiert, in dem sich Verbrechen häufen …«

Verleumdung oder Wahrheit? Die Historiker sind sich nicht einig. Sicher ist, daß die umtriebige Kaiserin auch in heiratspolitischen Kategorien dachte, als sie nämlich die strategische Ehe ihrer Schwester Hemma (alias Emma) mit dem ostfränkischen König Ludwig dem Deutschen zustande brachte, einem der Söhne und Erben ihres kaiserlichen Gemahls. Ludwig der Fromme sah sich so 827 mit seinem Sohn aus erster Ehe verschwägert, während Judith die Schwiegermutter ihrer Schwester wurde: all das zur vor-

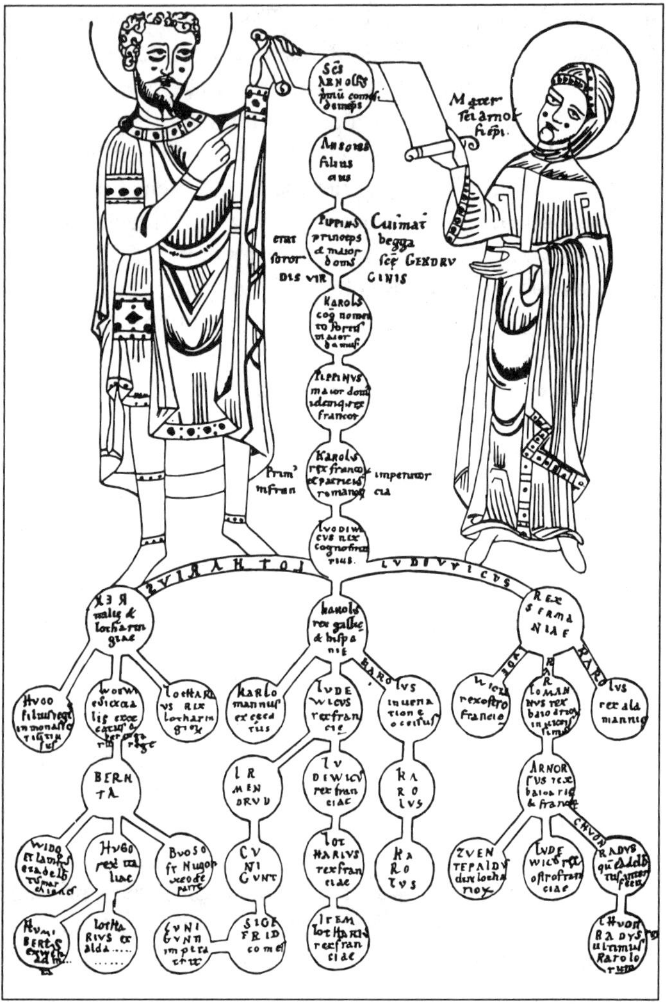

Der Stammbaum der Karolinger-Dynastie in mittelalterlicher Version, bezeichnenderweise nur in männlicher Abfolge. In der Mitte sechster und siebter von oben Karl der Große und Ludwig der Fromme, rechts unten die »deutschen« Karolinger.

sorglichen Abstützung der Ansprüche des nachgeborenen Karl, der zwar früh unter Haarausfall litt, als Erbe aber keineswegs kahl geblieben ist und als Herrscher später sehr erfolgreich war.

Ludwigs des Frommen Hochzeit mit Judith im Jahre 819 sowie die Geburt des Spätsprößlings Karl sind zunächst die ganz unpolitischen Folgen einer höfischen Schönheitsrevue gewesen – und haben dann doch verheerende Konsequenzen gehabt und einen dauerhaften Riß in das Gefüge des Frankenreichs getragen. Wir lernen, daß eine dynastische Heirat durchaus nicht politisch geplant sein muß, um später eminent politisch zu wirken.

Die Moral eines »Ehestreits«

Ein Politikum ersten Ranges ist einige Jahrzehnte später auch der langjährige und verzwickte »Ehestreit« des karolingischen Königs Lothar II. (ca. 825–869) gewesen. Der zweite Sohn Kaiser Lothars I. und Enkel Ludwigs des Frommen erhielt als Erbteil den nördlichen Part des fränkischen Mittelreichs, das *Regnum Lotharii* zwischen Friesland und dem Jura mit der Residenz Aachen. Er wurde zum Namenspatron Lotharingiens-Lothringens, und das ist auch schon das Beste, was man von ihm sagen kann. Um seine »Friedel«-Frau oder Konkubine Waldrada offiziell ehelichen und beider »Bastard«-Sohn Hugo legitimieren zu können, betrieb Lothar beharrlich die Scheidung von seiner kinderlos gebliebenen Gemahlin, der Königin Teutberga. Zur Begründung wurden der Armen natürlich diverse Verfehlungen bis hin zur Unzucht mit ihrem Bruder Hukbert angelastet, einem im oberen Rhonetal herrschenden übelbeleumdeten Abt und Straßenräuber.

Vielfältige »moralische« und kirchenrechtliche Bedenken gegen eine Scheidung machten auf der anderen Seite Lothars Onkel, der westfränkische Herrscher Karl der Kahle, weitere wohlmeinende Verwandte, der Papst sowie der Erzbischof von Reims mit einem spitzfindigen kanonischen Gutachten geltend. Die der ehrbaren Königin Teutberga angetane Scheidungsschmach raubte ihnen allen den Schlaf. In Wahrheit vereinten handfeste materielle Interessen die Teutberga-Parteigänger. Auch sie wußten propagandistisch Diffamierungen einzusetzen und schafften es nach längerem Auf und Ab, Lothars II. Scheidung definitiv für unrechtmäßig erklären zu lassen. Vergeblich reiste der König zum Papst nach Rom; Waldrada wurde exkommuniziert und blieb offiziell nur Konkubine, ihr Sohn ein erbunberechtigter Bastard.

Die politische Ernte der moralischen Bedenkenträger fuhr dann vor allem Kaiser Karl der Kahle ein, der 870, nach Lothars II. Tod, den Löwenanteil Lothringens als Erbe an sich brachte. Hätte freilich nicht Waldrada, sondern Teutberga Lothar einen potentiellen Erben geboren, so wäre der berechnende Glatzkopf mit seinem moralischen Empfinden wahrscheinlich auf seiten der armen Waldrada gewesen.

Zu den erbenden Nutznießern der offiziellen Erbenlosigkeit König Lothars II. von Lothringen gehörte auch sein östlicher Onkel, der schon erwähnte Ostfrankenherrscher Ludwig der Deutsche (König von 843 bis 876). Ihn haben – daher der völlig voreilige Beiname – patriotische Geschichtsschreiber einst zum ersten schon eigentlich »deutschen« König zu stilisieren versucht. Daß dieser Ostkarolinger das noch längst nicht und daß ein deutsches Reich – trotz der »Straßburger Eide« von 842, die nur eine *sprachliche* West-Ost-Trennung erkennen lassen – damals noch weit entfernt war, macht uns Ludwig, den Schwager seines Vaters Ludwig des Frommen, aber durchaus nicht fremd. Als ein tüchtiger Regent hat er nämlich auch heiratspolitisch überaus zielstrebig operiert: Ludwig verheiratete seine Söhne Ludwig den Jüngeren, Karlmann und Karl den Dicken mit sächsischen, bayerischen und alemannischen Adelstöchtern, um

Stammbaum der Liudolfinger-Ottonen (Ausschnitt) aus der Chronik Ekkehards von Aurach um 1100, präsentiert vom Stammherrn »Luitolfus, Dux Saxoniae«.

die Prinzen in eben den Provinzen seines Reiches herrscherlich zu verankern, die ihnen als Erbe zugewiesen waren.

Von Ludwigs Gemahlin Hemma übrigens, der jüngeren Schwester der umtriebig intriganten Kaiserin Judith, ist Nachteiliges nicht bekannt geworden: eine sozusagen unguelfische Welfin als redliche Stammutter der ostfränkischen Karolinger.

Herrn Heinrichs hilfreiche Heiraten

Als der Karolinger-Dynastie rechts und links des Rheins nach weiteren Generationen endgültig der historische Atem ausging, setzte sich im noch längst nicht einheitlichen ostfränkischen Reich das sächsische Herzoghaus, die Dynastie der Liudolfinger (so genannt nach einem Ahnherrn Liudolf), an die Spitze der Politik. Die später als »Ottonen« geläufigen Fürsten herrschten nicht an der heute sächsischen, damals noch slawischen Oberelbe, sondern in den westfälisch-niedersächsischen Gebieten zwischen Ems und Elbe, Holstein und Harz: So wie tausend Jahre später das deutsche Reich vom nordöstlichen Preußen her erneuert wurde, so verlagerte sich am Ende der Karolingerära der Machtschwerpunkt des großen Frankenreichs in den erst von Karl dem Großen eroberten Nordosten, das damalige Sachsen. Heinrich I. (mit dem abwegigen Beinamen »der Vogler«) wird im Jahre 919 der erste sächsische Ostfrankenkönig, »Rex Francorum«; in der Geschichtsschreibung gängigerweise, doch durchaus bestreitbar der erste richtig »deutsche« Herrscher.

Aber unser Thema ist ja nicht die deutsche, sondern die Heiratsgeschichte, und da sind wir, wie schon im ersten Kapitel gestreift, bei Heinrich sogleich an einer ergiebigen Adresse. Der von der Legende zum idyllischen Ornithologen verklärte und später germanenideologisch überhöhte König ist auch auf diesem Sektor ein erfolgreicher Realist gewesen – wie sonst als Herrscher, der das Ostfrankenreich zusammenfügte und nach außen stabilisierte und erweiterte. Seine erste Ehe schloß der junge Herzogssohn mit Hatheburg, einer Tochter des Grafen Erwin von Merseburg, die seinem Haus stattliche Besitzungen an der Saale und in Thüringen zuführte. Obwohl ihm Hatheburg den Sohn Thankmar gebar, trennte sich Heinrich dann von ihr, weil er, so Thietmar von Merseburg, für »Schönheit und Besitz einer Jungfrau namens Mathilde heimlich entbrannte«.

Heinrich berief sich bei der Eheauflösung kühl – um nicht zu sagen schnöde – auf den Umstand, daß Hatheburg, zuvor schon vermählt, als Witwe »den Schleier genommen« hatte, weshalb der Kirche diese Ehe als eigentlich unerlaubt, ja ungültig galt. Jahrelang hatte ihn (und ernstlich auch die Kleriker) das nicht weiter gestört. Nun aber, angesichts der

Der Sachsenherzog, später König Heinrich I. wirbt 909 um die reizende Erbtochter Mathilde. Historiengemälde von Ferdinand Leeke (um 1890).

sehr jungen, hübschen und noch reicheren Mathilde, fraßen sich kanonische Zweifel in die Seele des ansonsten eher unkirchlichen Fürsten. Im Jahre 909 führte der geschiedene Mittdreißiger Heinrich dann die etwa sechzehnjährige Mathilde heim, die Erbtochter des begüterten und durch seine Abkunft vom berühmten Sachsenherzog Widukind sehr angesehenen Grafen Dietrich. Mathilde verhieß dem Liudolfinger-Haus reiche westfälische Besitzungen. Das ostfälische Erbe der verstoßenen Hatheburg blieb natürlich auch bei der Stange.

Mathilde ist sicher ein Glücksfall für die sächsische Dynastie gewesen, wahrscheinlich auch genetisch. Die attraktive Herzogin, dann Königin trat stolz, gewinnend und gern in glanzvoller Garderobe auf, galt als gescheit, politisch einsichtig und fromm und gebar Heinrich I. fünf Kinder: im Jahre 912 den künftig überragenden Kaiser Otto den Großen, zudem den Bayernherzog Heinrich, den bedeutenden Erzbischof und kaiserlichen Erzkapellan Brun von Köln sowie die Töchter Gerberga und Hadwig, die später beide mit westfränkisch-französischen Herrschern verheiratet wurden.

Daß Mathilde als gottgefällige Witwe dann überaus freigebig und stiftungsgeneigt im Sinne der Kirche agierte, trug ihr am Ende ihres rund fünfundsiebzigjährigen Lebens den Ruf einer Heiligen ein, zwischenzeitlich aber auch den Zorn ihres Sohnes Otto: Ganz so opulent waren halt auch des Kaisers Kassetten nicht gefüllt.

Zwei Königstöchter zur Auswahl

Heinrich I. hat seinem Sohn und designierten Thronerben Otto (912 bis 973) schon im Jahre 929 eine englische Prinzessin als Braut bestimmt, und diese prestigebedachte Entscheidung, den künftigen Herrscher nicht mehr einheimisch-gräflich, sondern königlich zu verheiraten, hat im Reich auf lange Sicht vorbildhaft gewirkt. Mit dem englischen Königshaus standen die sächsischen Herrscher traditionell besonders gut, und so zögerte Englands König Athelstan nicht, den sächsischen Brautwerbern zuzusagen und ihnen gleich zwei seiner Schwestern zur gefälligen Auswahl über den Kanal zu schicken.

Athelstan war geschwisterlich bestens sortiert: Zwei ältere Schwestern, Edgifa und Edhilda, waren bereits mit den mächtigsten Herrschern Frankreichs, König Karl dem (nicht allzu) Einfältigen und Herzog Hugo von Franzien, verehelicht. Und zwei weitere aus der englischen E-Klasse, Edgitha und Ecgvina, reisten nun in der Obhut eines Bischofs übers Meer und dann den Rhein hinauf; bis nach Köln, wo sie samt ihrer reichen Schatzmitgift von Gesand-

Otto I. der Große und seine erste Gemahlin Edgitha (Edith) von England: Sitzstatuen des Paars in einer Kapelle des Doms zu Magdeburg; geschaffen im 13. Jahrhundert, sehr wahrscheinlich also ohne Porträtähnlichkeit.

ten König Heinrichs empfangen wurden. Den kleinen Engländerinnen wird's auf der langen Reise nicht leicht ums Herz gewesen sein, doch die bange Frage, für wen sich König und Kronprinz entscheiden würden, wurde dann zügig beantwortet: Dem siebzehnjährigen Otto ist im Herbst 929 in Quedlinburg die junge Ältere, Edgitha, vermählt worden, während zum Trost der Ecgvina ein verwandter sächsischer Adelsherr namens Liudolf als Ehegespons bereitstand.

Edgitha ist bei der Hochzeit durch eine äußerst großzügige »Morgengabe«, den Besitz der Stadt Magdeburg, ausgezeichnet und später besonders von der großen Hrotswit, der dichtenden Nonne Roswitha von Gandersheim, in ihrem Hexameter-Heldengedicht auf Otto den Großen (vollendet 967) hoch gepriesen worden. »Erglänzend im Strahle vollendeter Güte«, blieb Edgitha in der bescheidenen sächsischen Hofhaltung doch erst im Schatten der Königin Mathilde. Halberstadt, Wallhausen, Herford, so hießen unter anderen die kümmerlichen Residenzen.

Glanzvoll dann jedoch die Königskrönung vom August 936 in Karls Kaiserstadt Aachen: Nach ihrem Gemahl König Otto I. wurde auch Edgitha vom Mainzer Erzbischof feierlich gesalbt und gekrönt. Sie brachte zwei Kinder zur Welt, den späteren Schwabenherzog Liudolf und Liutgard, und sie hat Otto »unablässige Fürsorge« gewidmet, ihm manchmal aber auch ihre Wünsche »in die Ohren getrommelt« (wie es in einer Urkunde des Königs selbst heißt). Erst eine Anfangdreißigerin, ist Edgitha schon im Januar 946 gestorben. Legendäre Erzählungen wissen von vielen milden und sogar Wundertaten der Königin, die im Volk lange als »heilige Edith« weiterlebte und deren Sarkophag sich heute neben dem Ottos des Großen im Magdeburger Dom befindet.

Beider Sohn Liudolf, der natürliche und von Otto auch designierte Kronprinz, wurde nach vorpubertärer Verlobung im Jahre 947 sechzehnjährig mit Ida, einer Tochter Herzog Hermanns I. von Schwaben, verheiratet und brachte als achtzehnjähriger Nachfolger des Schwiegervaters erst einmal das schöne Herzogtum planmäßig ans königliche Haus. Derselben Strategie, die föderale Eigenständigkeit der Stammesherzogtümer zu unterlaufen, diente die Verheiratung von Ottos etwa fünfzehnjähriger Tochter Liutgard mit Herzog Konrad dem Roten von Lothringen. Zug um Zug, zeitweilig sehr militant und risikoreich, setzte der tatkräftige Herrscher die Königsmacht im ostfränkisch-deutschen Reich auf einen festeren Sockel. Sein heiratspolitisches Meisterstück aber stand noch aus.

Das Märchen von Adelheid und Otto

Es war einmal vor tausend Jahren – so ist man versucht, diese Geschichte zu erzählen, die einem Märchenstoff vordergründig so verwandt ist –, es war einmal eine schöne und kluge Königstochter, die im Alter von sechzehn Jahren dem jungen König des benachbarten Reiches vermählt wurde. Aber das Glück des jungen Paares währte nicht lange, weil ein machtgieriger Rivale nach der Herrschaft über das schöne Land südlich des großen Gebirges strebte und dann, wie man munkelte (aber nicht bewiesen hat), den rechtmäßigen König vergiften ließ. Mit neunzehn Jahren schon Witwe, war unsere holde Königin nun einer schmachvollen Behandlung ausgesetzt. Der Usurpator wollte sie seinem eigenen Sohn zur Frau geben, um so seine angemaßte Herrschaft über das Land zu legitimieren. Die junge Witwe weigerte sich jedoch standhaft, dem ihr widerwärtigen Prinzen, den sie der Beihilfe an der Ermordung ihres Mannes verdächtigte, die Hand zu reichen …

Ja, so geschah es: Adelheid (931–999), die reizende Tochter des Burgunderkönigs Rudolf II., wurde von ihrer in zweiter Ehe mit König Hugo von Italien verbundenen Mutter Bertha 947 mit Hugos Sohn und Mitkönig Lothar verheiratet. Als Hugo 948 und plötzlich auch ihr Gemahl Lothar 950 starben, verbanden sich große Erbansprüche mit der Gestalt der attraktiven Adelheid – und es war dann, nach verwickeltem Vorspiel, der Markgraf Berengar von Ivrea, der die Macht in Oberitalien rigoros an sich riß. In Pavia ließ er sich 950 unrechtmäßig zum König des Langobardenreichs, der Lombardei, krönen. Berengars Sohn Adalbert aber sollte mit Adelheid auch das Recht auf die norditalienische Krone erheiraten.

Als Adelheid sich beharrlich widersetzte und zu fliehen versuchte, wurde sie ergriffen, ihres Geschmeides beraubt, ja geschlagen und durch rabiates Scheren ihres Haars ent-

Otto der Große und seine zweite Gemahlin Adelheid (mit Otto II. als Kind) knien als Donatoren vor Christus. Elfenbeinarbeit des 10. Jahrhunderts.

würdigt. Der rachsüchtige Tyrann, so die Berichte unserer freilich parteiischen Roswitha und Liutprands von Cremona, hat Adelheid dann auf der Burg Garda am Ostufer des südlichen Gardasees interniert. Der couragierten Königinwitwe jedoch gelang im August 951 auf abenteuerliche Weise durch einen mit Hilfe eines vertrauten Priesters heimlich gegrabenen Gang die Flucht vom Rocco di Garda. Noch tagelang verfolgt und erschöpft, kam sie dann mit Freundeshilfe auf der Burg Canossa fürs erste in Sicherheit.

Wo aber bleibt der ritterliche Retter? Wo bleibt der von Adelheids Parteigängern zur Hilfe gerufene König Otto? Er zieht mit starker Heeresmacht bereits das Etschtal herab. Doch mit welchem Recht? Er hatte Adelheids burgundisches Erbe bereits früher unter sein Seniorat zu stellen versucht und reklamierte zudem als Nachfolger der deutschen Karolinger seinen Anspruch auf das Langobardenreich. War das zwingend? Zwingender war es, daß er Berengar nun militärisch aus der Macht vertrieb – doch entscheidend erst, daß er mit der Hand der legitimen Königin Adelheid die Langobardenkrone erwarb. Sie, die glücklich befreite, von ihm rehabilitierte schöne Erbin, und er, der nun neununddreißigjährige, verwitwete, von ihr herbeigesehnte mächtige König aus dem Norden, traten im Herbst 951 zu Pavia vor den Traualtar. Ihr feines Haar war wieder nachgewachsen, und ihre »Mitgift« war ein Königreich.

Mit dieser Heirat endet das »Märchen« von Adelheid und Otto. Und es beginnt das ernüchternde und doch auch idealistische, das lange und schwierige Realienkapitel des ottonisch-deutschen Ringens um die Kaisermacht über ganz Italien, das Herzstück des alten römischen Weltreichs.

Endlich eine Byzantinerin

König Ottos Wiederverheiratung verdroß naturgemäß den Kronprinzen Liudolf, der gegen den Vater rebellierte, sich dann aber unterwerfen mußte und nicht alt wurde. Ende 955 gebar Adelheid den Prinzen Otto, den einzigen ihrer drei Söhne, der übers Kindesalter hinausgelangte. Nachdem Otto I., als Festiger des Reichs und als Sieger über die räuberischen Ungarn inzwischen »der Große«, in Rom 962 gemeinsam mit Adelheid die Kaiserkrone empfangen hatte, wurde der neue Kronprinz bereits als Zwölfjähriger 967 zum Mit- und Nachfolgekaiser erhoben. Er war rotgesichtig und ein bißchen schmächtig geraten, hatte aber trotzdem

Die Kaiserin Theophano alias »Kaiser Theophanius«: Detail einer zeitgenössischen Darstellung aus S. Ambrogio in Mailand.

schon mit sechzehn ins Heiratsfeld zu ziehen. Nach langwierigen Verhandlungen mit dem hochmütigen Kaiserhaus von Byzanz war es der sächsisch-kaiserlichen Regierung endlich gelungen, eine Eheverbindung zwischen den beiden Dynastien einzufädeln. Gleichrangigkeit der beiden Imperien und die Behebung diverser Streitigkeiten, besonders um süditalienische Territorien, waren der hochpolitische Sinn dieses Arrangements.

Daß man der deutschen Gesandtschaft in Konstantinopel im Frühjahr 972 dann keine Kaisertochter, sondern nur eine Kaisernichte als Braut für den Juniorkaiser herausrückte, führte zu einigem Stirnrunzeln im Westen, irritierte Kaiser Otto I. aber nicht eigentlich: »Viel zu hoch schätzte er«, schreibt Robert Holtzmann, »die Bedeutung eines förmlichen Friedensschlusses mit Byzanz, der den Griechen zwar ihre Besitzungen in Unteritalien ließ, jedoch den Verzicht auf ihre Ansprüche auf Benevent, Capua und Salerno – um von Rom und Mittelitalien zu schweigen – enthielt und mit der Anerkennung des neuen deutschen Kaisertums zugleich eine feste Grundlage für die Beziehungen der beiden Kaiserreiche in der Zukunft bedeutete.«

Diese weltpolitische Fracht also transportierte das Schiff mit der zierlichen Gestalt der byzantinischen Prinzessin Theophano nun nach Tarent an der Küste Apuliens. Etwa sechzehn oder knapp siebzehn auch sie (wie der Bräutigam), hübsch, höfisch erzogen, gebildet und auch des Lateinischen mächtig – nein, diesen Schatz würde man nicht wegen des kleinen Geburtsdefizits übers Mittelmeer zurückschikken. Man hätte auch, was dann natürlich erst die Nachwelt wußte, einem stattlichen Kapitel deutscher Geschichte die Annahme verweigert.

Die vielgelesene fiktive Ich-Erzählung der Theophano, die der Schriftsteller Henry Benrath 1940 vorgelegt hat, fühlt sich geschickt ins Gemüt der Prinzessin ein, die jetzt unverzüglich – es war am 14. April 972 zu St. Peter in Rom – mit dem schüchternen Jüngling Otto vor den päpstlichen Traualtar zu treten hatte. An diesem Tag zugleich auch zur Kaiserin gesalbt und mit einem stattlichen Provinzenpaket als »Morgengabe« versehen, hat sich Theophano alsbald klug und couragiert in ihre Rolle gefunden. Was besonders dann nicht leichtfiel, wenn sie bei Kampfhandlungen zwischen Deutschen und Griechen in Italien vor Loyalitätskonflikte gestellt wurde.

Schon bald, achtzehnjährig im Mai 973, mußte der Juniorkaiser als Otto II. an die Stelle seines verstorbenen großen Vaters treten, und das junge Paar, er und Theophano, entzog sich nun auch der höfischen Dominanz der Kaiserinmutter. Es steht gleichwohl ein schwieriges Kapitel der Rivalität zwischen Adelheid und Theophano, den beiden bedeutenden Kaiserinnen, noch bevor. Kaiser Ottos II.

Regierungszeit ist prall gefüllt mit kämpferischen Aktivitäten im Reich, an dessen Grenzen und in Italien; mit Fortüne und manchen Rückschlägen. Im Juni 980 gebar Theophano unter schwierigen Umständen während einer Reise den Thronerben Otto, dem schon dreieinhalbjährig eine Königskrone übers Köpfchen gestülpt wurde. Niemand wußte bei dieser weihnachtlichen Zeremonie des Jahres 983 in Aachen, daß der gekrönte Knabe zu diesem Zeitpunkt nicht nur perspektivisch, sondern de facto bereits der Erbe seines Vaters war: Otto II. war am 7. Dezember 983 in Rom einer Malariaerkrankung erlegen – die Nachricht brauchte Wochen bis nach Aachen –, und trotz manchen Widerstands übernahm der Kleine als Otto III. jetzt formal die Regentschaft.

Seine Unmündigkeit stand dem nicht im Wege, und so folgt nun die streitbar bewegte Ära der Vormundschaft, die von der begabten und ehrgeizigen, in Deutschland natürlich auch umstrittenen Griechin bald maßgeblich ausgeübt wurde: Theophano, die Kaiserinmutter jun., setzte sich gegen Adelheid, die etwa 25 Jahre ältere Kaiserinmutter sen., durch und überwand auch die Dauerfronde des Bayernherzogs Heinrich, der ihren Sohn gekidnappt hatte und in den Chroniken mit höchstem Beinamenrecht als »der Zänker« geführt wird.

Theophano schwang sich selbst zur Herrscherin im Reich auf und stellte sich in Italien 989 urkundlich einmal sogar vermännlicht als »Theophanius von Gottes Gnaden Kaiser« dar: ein Unikum der deutschen Kaisergeschichte und ein frühes Fanal der Emanzipation, das die modernen Feministinnen noch gar nicht für ihre historische Ahnengalerie verwertet haben.

Theophanos Sohn Kaiser Otto III., von der Mutter und deren Beratern sorgfältig erzogen, hat sich als blutjunger Herrscher dann hochfahrend als eigentlicher Erbe beider Reichshälften begriffen: In der Ehe der Eltern hatten sie sich symbolisch neu verbunden. Es war konsequent, daß auch er eine Heiratsverbindung mit Byzanz anstrebte. Einen Griechischlehrer hätte der Sohn der Griechin zur Kommunikation mit einer Braut vom Bosporus wohl nicht einmal benötigt. Doch vergebens: Otto ist nicht nur mit seiner Werbung in Konstantinopel, sondern generell mit seinem grandiosen Erneuerungsprogramm, der *Renovatio imperii Romanorum*, durch tragisch frühen Tod im Alter von eben 21 Jahren gescheitert.

Mediziner heutigen Standards hätten die fatal vorzeitigen Kaisertode Ottos II. und Ottos III. mit großer Wahrscheinlichkeit verhindert – und dazu wohl auch den der Mittdreißigerin Theophano im Juni 991. So aber schlug die Geschichte noch einmal einen Haken und erlegte es unserer einstigen Märchenkönigin Adelheid auf, die Vormundschaftsaufgabe bis zur frühen Regierungsreife ihres Enkels Otto zu vollenden. Wenige Tage vor dem Beginn des ominösen Jahres 1000 ist die »Mutter der Königreiche«, nun eine hohe Sechzigerin, gestorben. Die Tragödie ihres Zöglings hat Adelheid nicht mehr erleben müssen.

Zu resümieren bleibt für unser Heiratsthema, daß Otto der Große mit der Engländerin Edgitha und dann besonders mit der Burgunderin Adelheid und der byzantinischen Schwiegertochter Theophano große Frauengestalten auf den römisch-deutschen Thron gebracht hat. Im Jahre 1991 ist in Deutschland erfreulich auffällig des tausendsten Todestags der Griechin gedacht worden, die hierzulande einst regelrecht regiert hat; »von Gottes Gnaden«, doch leider ohne Gottes Geduld.

Erbtöchter für die Kaiser: Die Heiratspolitik der Staufer

Kaiser Heinrichs Töchterlein

Das Fürstengeschlecht der Staufer ist seit der romantischen Wiederentdeckung des Mittelalters in allen literarischen Gattungen – von der Ballade zum Roman und Volksbuch, von schwäbischer Heimatkunde bis zur Geschichtsschreibung – immer wieder mit emotionaler Anteilnahme und Hochgestimmtheit behandelt worden: Größe, Glanz und Ausgreifen, Verhängnis und Untergang beschäftigten die Historiker, tragische Bühnenfähigkeit die Hoftheater. An Friedrich Barbarossa heftete sich der Mythos von deutscher Kaiserherrlichkeit, an Friedrich II. das »Staunen der Welt«, und neben den vielen bibliographisch registrierten Heinrich- oder Konradin-Tragödien verstaubten noch tausend weitere in Schubladen deutscher Studienprofessoren. Im Kyffhäuser harrte erst Friedrich II., später der alte Barbarossa einer Erneuerung des zerrissenen Reiches.

Bevor die Staufer die Geschichte des hohen Mittelalters prägten und sich ihre Frauen erfolgreich aus außerdeutschen Dynastien holten, haben sie im deutschen Südwesten sehr zielstrebig Erbheiratspolitik betrieben. Töchter landreicher Grafen brachten den frühen Friedrichen, die aus dem Riesgau kamen, am Ende des 10. und zu Beginn des 11. Jahrhunderts soliden und ausbaufähigen schwäbischen Besitz ein, darunter auch das eigentliche »Stauferland« um

Überrest einstiger Größe: Burg Hohenstaufen in einer Darstellung aus dem Jahre 1535, »ausgebrannt und verlassen, aber die Mauern noch ziemlich unversehrt« (Hans-Martin Maurer).

Kloster Lorch und Göppingen mit den stolzen drei »Kaiserbergen«. Einer von ihnen, der Hohenstaufen, trug etwa seit der Zeit um 1075 die künftige Stammburg des Geschlechts, die ihm später, erst in der sechsten bekannten Generation, den Staufer-Namen gab.

Es ist der Erbauer der Burg, Graf Friedrich (etwa 1047 bis 1105), dem sich Fortuna mit doppelter Huld zuwendet, politisch und familiär in einem. Als unerschütterlich treuer Mitstreiter des salischen Kaisers Heinrich IV. konnte er in der turbulenten Ära des Investiturstreits zwischen Kaiser und Papst, in der führende Fürstenhäuser des Südens ihre Herzogtümer einbüßten, vom dankbaren Kaiser mit dem vakanten Herzogtum Schwaben belehnt werden. Zum Herzog Friedrich I. avanciert der »tüchtigste der Männer« (so ein Zeitgenosse) am Osterfest des Jahres 1079 in Regensburg – und zugleich darf er in der Donaumetropole ein

Herzog Friedrich I. von Schwaben und seine Gemahlin, die Kaisertochter Agnes, als Gründer des Klosters Lorch; Darstellung um 1530.

knapp siebenjähriges Mädchen auf den Schoß nehmen und ihm übers Haar streichen. Kaiser Heinrich hat die Kleine mitgebracht, seine Tochter Agnes von Waiblingen. Sie stellt die zweite Dankesgabe des Herrschers dar, die sich der Staufer durch redlichste kriegerische und andere Gefolgschaft verdient hat. »Gürte dich mannhaft«, soll der Kaiser bei der Auszeichnung seinen »treuesten« Friedrich schwiegerväterlich ermahnt haben, aufs neue »die Feinde des Reiches niederzuwerfen.«

Es ist fraglich, ob Herzog Friedrich bei dieser erhebenden Osterfeier mit dem Kaisertöchterlein bereits regelrecht »vermählt« wurde, wie eine Quelle weiß, oder ob es sich zunächst, doch wahrscheinlicher, um eine Verlobung des Anfangdreißigers mit dem Kind handelte. Vollzogen wurde die Ehe vermutlich im Jahre 1087, als Agnes vierzehn war. Jedenfalls bringt sie etwa 1088 und 1089 zwei Töchter zur

Welt, denen dann 1090 der Sohn Friedrich und 1093 der Sohn Konrad folgen: Friedrich, der zweite Stauferherzog von Schwaben, später »der Einäugige« genannt, weil er einst sein zweites Auge einbüßte, wird ein Anwärter auf die römisch-deutsche Königskrone werden und Konrad III. im Jahre 1138 einer ihrer Träger, der erste Staufer-Herrscher.

Wahrhaft staunenswert übrigens, daß Agnes, die 1143 starb, wohl insgesamt 22 lebende Kinder geboren hat, je zur Hälfte wahrscheinlich als Gattin Friedrichs von Schwaben und dann, verwitwet, in zweiter Ehe seit 1106 mit dem österreichischen Markgrafen Leopold III. aus der Babenberger-Dynastie. Auch hier zwei prominente Sprößlinge: Herzog Heinrich (mit dem wunderlichen Redensart-Beinamen »Jasomirgott«) von Bayern und Österreich, der Protektor Wiens, sowie Bischof Otto von Freising, der große Geschichtsschreiber.

Aus den spärlichen Quellen läßt sich nicht rekonstruieren, in welcher Hinsicht die Ehe Herzog Friedrichs I. von Schwaben mit Agnes kalkuliert heiratspolitisch zustande gekommen ist: Hat sich der Staufer um diese Einheirat ins salische Kaiserhaus selbst aktiv bemüht – oder verdankt sich die Ehe eher der Absicht Heinrichs IV., den wichtigen Gefolgsmann in schwieriger Lage als Schwiegersohn um so fester an sich zu binden? Deutlich aber ist, daß die durch den großen Altersunterschied zunächst verblüffende Verbindung Herzog Friedrich und seinem staufischen Haus weit mehr als nur einen äußerlichen Prestigezuwachs beschert hat.

Agnes hat »den altsalischen Familiennamen ›von Waiblingen‹ zusammen mit der Pfalz und dem zugehörigen Ort auf die Staufer übertragen« (so Hansmartin Decker-Hauff) und dem Geschlecht den endgültigen Vorstoß in die erste Reihe der deutschen Häuser ermöglicht. Ohne diese Partnerschaft hätte sich Friedrich als Herzog im Südwesten gegen seine Rivalen schwerlich durchsetzen können. Ohne die

Verknüpfung mit der salisch-kaiserlichen Tradition und Macht hätte Agnes' Sohn Friedrich der Einäugige, Enkel und Neffe der beiden letzten Salier-Kaiser, 1125 nicht als Prätendent auf die Königskrone gelten können. Und ohne diesen salischen Hintergrund ist die Königswahl des zweiten Sohnes Konrad ebensowenig vorstellbar wie die Erlangung der königlich-kaiserlichen Macht durch Agnes' Enkel, den großen Friedrich Barbarossa, in der Mitte des Jahrhunderts.

Das altehrwürdige Castra Regina, unser Regensburg, römische Gründung, Bischofssitz seit Bonifatius, karolingische Königsresidenz und nun, im Hochmittelalter, Hauptstadt Bayerns, hat mithin an jenem Ostertag, dem 24. März des Jahres 1079, eine dem Genius loci gemäße heiratshistorische Sternstunde erlebt, als nämlich Kaiser Heinrich das Händchen seiner kleinen Agnes in die vom Schwertgebrauch schwielige Rechte des frischgekürten Schwabenherzogs Friedrich legte.

Friedrich Barbarossas Heiraten

Der älteste Sohn des ungleichen und doch so fruchtbaren Paars, Herzog Friedrich II. von Schwaben (1090–1147), verlor zwar ein Auge, nie aber den scharfen Blick für Chancen zum weiteren Ausbau der staufischen Territorien. Im Tausch gegen ein kostbares byzantinisches Reliquienkreuz, das seine erste Frau, die Welfin Judith, mit in die hochstrategische Ehe gebracht hatte, erwarb er, beispielsweise, zwei wichtige Burgen. Judith die Zweite (wenn wir uns denn an die erste wichtige welfische Judith, die Kaiserin Ludwig, erinnern) war die Tochter Herzog Heinrichs des Schwarzen von Bayern, des Chefs des mächtigen Welfenhauses, und ihr staufischer Sohn Friedrich, geboren etwa 1122, schien mit seiner Blutsymbiose prädestiniert, die jahrzehntelange, erbittert immer neu aufflammende Rivalität zwischen den beiden Fürstenhäusern »Welf und Waiblingen« zu überwinden: »wie ein Eckstein den klaffenden Riß der beiden Wände« – so eine zeitgenössische Stimme.

Der Hoffnungsträger nun, dem dies freilich nur für ein paar Jahrzehnte gelang, ist der später nächst Karl dem Großen populärste Herrscher des Mittelalters, Friedrich, von zeitgenössische Chronisten wegen seines leuchtend blondrötlichen Bartwuchses »der Rotbart« genannt. Seine italienische Beinamenversion »Barbarossa« aber hat sich so durchgesetzt, daß sie fast zum Hauptnamen des Staufers wurde. Als Herzog von Schwaben 1147 Friedrich III., ist er als Nachfolger seines Onkels Konrad III. im Jahre 1152 zum römisch-deutschen König gewählt und im Juni 1155 in Rom zum Kaiser Friedrich I. gekrönt worden.

Daß ihm im Unterschied zu so vielen anderen deutschen Herrschern eine lange Lebensspanne – bis zu seinem Kreuzzugstod 1190 – vergönnt war, gab Friedrich Barbarossa die Möglichkeit, trotz vieler Rückschläge und innerer Fehden das Reich zu Ausdehnung, Stabilität und einer unverkennbaren – nicht zuletzt kulturellen – Blüte zu führen. Unser schillerndes Mittelalter kommt hier auf eine seiner Höhen. Ins glänzende Bild des tatkräftigen und umsichtigen Mannes, das so wirkungsvoll von der vergoldeten Bronzebüste Friedrichs aus dem Jahre 1160, dem »Cappenberger Barbarossa-Kopf«, vermittelt wird, drängen sich freilich auch dunklere Züge: manche Schroffheit und nicht selten gnadenlose Grausamkeit.

Friedrich hat etwa im Jahre 1147, wohl auf Betreiben seines Onkels, König Konrads III., Adela (alias Adelheid) von Vohburg geheiratet, die Tochter des Markgrafen Diepold von Vohburg-Cham-Nabburg-Giengen. Es war fraglos eine pragmatische Mitgift-Heirat, denn Adela brachte dem jungen Schwabenherzog beträchtliche Güter ein. Nie aber trat Friedrich mit Adela offiziell auf, sie wurde nicht zur Königin gekrönt, und sie gebar ihm keine Kinder; ja, es ist »in

Kaiser Friedrich I. Barbarossa: Bronzebüste und Reliquiar, der wohl porträtähnliche »Cappenberger Kopf« von 1160.

neuerer Zeit schlüssig festgestellt« worden, daß »der Grund für die Scheidung«, die Friedrich schon nach wenigen Ehejahren betrieb, »in einem Ehebruch seiner Frau gelegen haben dürfte« (Helmut Hiller).

Als offizieller Grund für die vom Papst taktisch bereitwillig gebilligte Auflösung der Ehe wurde freilich zu nahe Blutsverwandtschaft mit Adela angegeben. Wir haben davon gesprochen: eine in solchen Fällen gängige Spitzfindigkeit, mit der das kanonische Recht ausgetrickst wurde, denn so »verwandt« miteinander wie Friedrich und Adela waren die Partner in sehr zahlreichen, ja fast den meisten dynastischen Ehen. Die überlieferte *Tabula consanguinita* aber bewies mit feiner Manipulation: allzu nah »verwandt«.

Später ist – fast so »schlüssig« wie ihr »Ehebruch« – auch Adelas Kinderlosigkeit als eigentlicher Scheidungsgrund genannt worden. Adelas Mitgiftbesitzungen jedenfalls behielt der Staufer, als er sich 1153 von ihr trennte – und wenn sie ihn denn wirklich schuldhaft betrogen haben sollte, mag's ihr recht geschehen sein. Nicht zu verschweigen übrigens, daß die Verstoßene in einer zweiten Ehe keineswegs kinderlos geblieben ist.

Alsbald nach der Lösung von der doch eher provinziellen Adela betrieb Friedrich Barbarossa ein sehr mondänes Heiratsprojekt. Wieder einmal war das byzantinische Kaiserhaus dabei im Blick des römischen Herrschers. Nachdem schon 1140 griechische Legaten ihrerseits eine neue »Vermählung des Abend- und des Morgenlandes« vorgeschlagen hatten, gingen nun Gesandtschaften mit dem Auftrag nach Konstantinopel, für Barbarossa um die als außergewöhnliche Schönheit geltende Prinzessin Maria Komnena zu werben. Die 1154 etwa fünfzehnjährige Maria war eine Nichte des jungen Kaisers Manuel Komnenos (auf dem Thron von 1143 bis 1180) und durch eine ungarisch-schwäbische Verbindung ihrer Vorfahren mütterlicherseits mit Barbarossa viel näher verwandt als dieser mit Adela. Obwohl man das in Waiblingen wie in Rom sehr wohl wußte, haben sich königliche und kuriale Bedenkenträger diesmal natürlich nicht zu Wort gemeldet.

Die Berichte von Marias Reizen mögen König Friedrich gelockt haben, maßgebend für seine Werbung waren sie natürlich nicht. Der gewandte und äußerst umtriebige Kaiser Manuel von Byzanz, den man einmal als einen »Hohenstaufen des Ostens« apostrophiert hat (und der übrigens mit einer halbstaufischen Schwägerin König Konrads III. verheiratet war), verfolgte nämlich im mediterranen Raum, besonders in Italien, neben gegenläufigen auch manche der Stauferpolitik parallele Interessen, und so drängten sich für Friedrich und Manuel bündnispolitische Erwägungen auf. Sie richteten sich besonders gegen das starke Normannenreich in Unteritalien, aber auch gegen die Handelsvormacht Venedig. Prestigeträchtig wäre eine eheliche Verbindung für beide Herrscherhäuser überdies gewesen – doch das eigentlich schon weit gediehene bedeutende Heirats- und Bündnisprojekt zerschlug sich am Ende aus heute nicht mehr ganz durchschaubaren politischen Gründen.

Der burgundische Glücksgriff

Kaiser Friedrich Barbarossa, immerhin schon 32 und noch erbenlos, mußte seine Freiersfüße nun in eine andere Richtung lenken. Vielleicht ist die neue Orientierung West-Südwest, die der Kaiser und seine Berater ins Visier nahmen, sogar bereits vor dem Scheitern des byzantinischen Projekts entwickelt und für noch attraktiver erachtet worden. Dieser Heiratsplan hatte einen glückverheißenden Namen, Beatrix, und galt dem schönen Burgund.

Die Gräfin Beatrix war die einzige Tochter des verstorbenen Grafen Rainald III. von Burgund und der Agathe von Lothringen und würde ihrem Gemahl die reiche Freigrafschaft Hochburgund mit der wichtigen Residenzstadt Besançon und dem Zugang zu strategisch wichtigen Alpenpässen direkt mit in die Ehe bringen; außerdem allerlei Schätze und nicht zuletzt eine regelrechte Armee in Gestalt von fünftausend Rittern. Beatrix war blutjung, geboren wohl um das Jahr 1143, und wird als eine überaus liebreizende Erscheinung beschrieben, zudem als sehr gebildet und gescheit. »Sie übertraf Venus an Schönheit, Minerva an Geist und Juno an Reichtum«, so bejubelt sie später ein italienischer Chronist.

War eine glänzendere Partie denkbar? Der dringlichen Werbung des Kaisers, vorgetragen vom Erzbischof von Besançon, öffnete sich Beatrix um so bereitwilliger, als sie sich unter der Vormundschaft, ja zeitweilig in der Gefangenschaft eines bösen, auf ihr Erbe erpichten Onkels befunden hatte: der kaiserliche Bewerber ein bißchen also auch im dankbaren Rollenbild eines Erlösers der Braut wie einst in der Story von Otto und Adelheid. Gerüstet gen Burgund marschieren mußte Friedrich freilich nicht. Nach Abschluß der ganz zivilen Eheverhandlungen in Straßburg konnte alsbald die Hochzeit für das Pfingstfest, den 10. Juni, des Jahres 1156 vorgesehen werden. Im Dom und in der Bischofsresidenz zu Würzburg wurde eine außerordentlich festliche, prominent besuchte Hochzeit veranstaltet, an die seit 1751 eine strahlende Apotheose erinnert: das Fresken-Bildprogramm des Venezianers Giambattista Tiepolo im Kaisersaal und Treppenhaus der grandiosen barocken Würzburger Residenz.

Indem Tiepolo Beatrix zur Hochzeit im leuchtenden Sonnenwagen des Gottes Apoll anreisen läßt, allegorisiert er heiter den historischen Rang, den die Brautfahrt der Beatrix für Friedrich Barbarossa und das staufische Kaiserhaus, am Rande natürlich auch für den Schauplatz Würzburg besessen hat. Die voll erblühte blonde Fresken-Schönheit freilich, die bei der Trauung neben Friedrich vor dem Erzbischof kniet, ist Beatrix im Jahre 1156 noch nicht gewesen, ja es ist sehr fraglich, ob Friedrichs Hochzeit mit dem burgundischen Teenager, dreizehn oder höchstens vierzehn Jahre alt, in Würzburg bereits eine richtige Hochzeitsnacht folgen konnte. Der Kaiser brauchte sicher ein bißchen Geduld, doch immerhin schon 1160 kam, wahrscheinlich, beider erstes Kind zur Welt.

Alles spricht dafür, daß die hausmachtpolitisch im Ringen mit den stärker begüterten Welfen für Barbarossa außerordentlich wichtige Heirat – »eine so enge Bindung Burgunds an das Reich war keinem seiner Vorgänger gelungen« (Helmut Hiller) – bald über ein zweckpolitisches Bündnis aufs schönste hinausgelangt ist. In der knapp 29 Jahre dauernden Ehe hat Beatrix dem Kaiser nicht weniger als elf oder sogar zwölf Kinder geboren, darunter die späteren Könige Heinrich VI. und Philipp von Schwaben, die schwäbischen Herzöge Friedrich V. und Konrad von Rothenburg sowie den Pfalzgrafen Otto von Burgund (man verzeihe die bevorzugte Nennung der dynastisch wichtigeren Knaben). Beatrix begleitete ihren Gemahl auf vielen beschwerlichen, oft gefährlichen Reisen und Heereszügen und hat, 1167 in Rom feierlichst zur Kaiserin gekrönt, an seiner Seite und auch ihn vertretend stets eine noble Rolle gespielt. Sehr couragiert hat sie sich einmal bei einem Überfall aufs kaiserliche Heer im Apennin selbst mit zwei Schilden gegen Pfeile schützen müssen. Und keineswegs zuletzt ist ihr ein befruchtender burgundisch-französischer Kultureinfluß auf den staufischen Königshof zu danken.

Die burgundische Erwerbsheirat ist zunächst ein politischer, dann ein persönlicher und kindbettlich-dynastischer Glücksfall für Friedrich Barbarossa gewesen. Und daß man ausgerechnet den ziemlich martialischen Kaiser wegen sanfter Rücksichtnahme auf seine Beatrix zeitgenössisch mitunter als »vir uxorius«, als »Weiberknecht« oder »Pantoffelheld« bespöttelte, können wir heute getrost als Kompliment für den Ehemann Friedrich Barbarossa werten.

Barbarossas spätere Heiratsstrategie

Es mag überraschen, daß wir aus den Quellen nur bruchstückhaft über die Geburtenzahl und -folge in dieser doch so prominenten herrscherlichen Ehe unterrichtet sind. Die Staufer-Genealogen hatten viel Mühe, Namen und Daten annähernd zu rekonstruieren; manches bleibt bis heute eher spekulativ. Und wenn wir von einem kindbettlich-dynastischen Glücksfall für Barbarossa gesprochen haben, so gilt das für seine seit etwa 1160 über anderthalb Jahrzehnte fast permanent schwangere Gemahlin Beatrix sicher stark eingeschränkt, denn zur Last und zum Risiko der vielen Geburten gesellte sich das Leid am frühen Tod mehrerer Kinder.

Der württembergische Landeshistoriker Hansmartin Decker-Hauff hat darauf aufmerksam gemacht, wie vielfältig der Kaiser mit seinem dynastischen Kapital, der stattlichen Kinderzahl, zu wuchern bemüht war. Nicht nur in den geläufigen, den handbuchfähigen Fällen waren heiratspolitische »Allianzen mit den Dynastien Europas für Kaiser Friedrich I. ein wesentliches Mittel ... Mindestens zehn Projekte sind genau, weitere wenigstens in Umrissen bekannt. Nur einige von ihnen wurden verwirklicht.« Erkennbar jedenfalls wird der Plan des Kaisers, ein ganzes Netz politischer Heiraten zu knüpfen. Stets schon als Minderjährige wurden Söhne und Töchter dafür auf das Eheanbahnungsfeld gerückt.

Nachdem wahrscheinlich die ersten beiden Söhne noch ganz klein gestorben waren, beeilte sich Barbarossa, den 1164 in Pavia geborenen Friedrich bereits im Krabbelalter mit dem wenig älteren Prinzeßchen Eleonore, einer Tochter König Heinrichs II. von England, zu verloben. Der dauernd kränkelnde Knabe mußte oder konnte freilich von der Thronfolge ausgeschlossen werden, nachdem Beatrix 1165 die Söhne Heinrich, den späteren Kaiser, und 1167 Konrad zur Welt gebracht hatte. Von Heinrich ist später mehr, von Konrad hier vor allem die doppelte Mutation zu berichten, die ihm als Nachrücker für seinen um das Jahr 1170 verstorbenen schwächlichen Bruder in einen Friedrich und einen kleinkindlichen Herzog von Schwaben verwandelte.

Barbarossa verlobte diesen Konrad-Friedrich 1181 zunächst mit einer dänischen Prinzessin, deren königlicher Bruder Knud aber die ausgemachte Mitgift schnöde schuldig blieb. Zum zweiten dann 1189, während des verhäng-

Kaiser Heinrich VI. erheiratete halb Italien und starb vor 800 Jahren nach nur einem halben Menschenalter; stilisiert in der Manessischen Handschrift aus dem 14. Jahrhundert.

nisvollen Dritten Kreuzzugs, mit Konstanze, einer Tochter des Königs von Ungarn. Die kleine Magyarenprinzessin aber harrte vergebens seiner Rückkehr, denn nach dem fatalen Tod des Vaters Friedrich Barbarossa im Juni 1190 durch Ertrinken im kleinasiatischen Fluß Saleph überlebte auch der Sohn Friedrich das Kreuzzugabenteuer nicht. Bei der Belagerung von Akkon in Palästina erlag er im Januar 1191 einer Seuche.

Ohne ehelichen Vollzug blieben ferner auch die Verlobungen der Barbarossa-Tochter Agnes, die der Kaiser erst mit Imre von Ungarn und dann mit dem berühmt-berüchtigten Richard Löwenherz von England versprach. Während der

Welfenrivale Heinrich der Löwe 1168 die englische Königstochter Mathilde heimführte, mißlang dem Staufer der Versuch einer Eheverbindung mit London erneut.

Ein späterer Sohn Konrad wurde vom Kaiser per Heiratsvertrag 1188 mit Berengaria, der Erbin des Königreichs Kastilien, verlobt, doch das spanische Heiratsgut sollte, erst Jahrhunderte später, den Habsburgern bestimmt sein. Mancherlei Fehlschläge also. Man sieht immerhin, der Heiratspolitiker Friedrich Barbarossa schaute in alle Himmelsrichtungen – historisch erfolgreich schließlich weit nach Süden.

Konstanze von Sizilien und ihr Erbe

Schon Mitte der siebziger Jahre hatte Friedrich Barbarossa eine familiäre Verbindung auch mit dem Normannenreich in Sizilien und Unteritalien – es umfaßte stattlich den ganzen unteren Stiefel bis in die Höhe von Rom – einzufädeln versucht, doch der Heiratsplan für seine etwa vierzehnjährige Tochter Beatrix scheiterte am Verzicht des späteren Königs Wilhelm; man nahm in Palermo behutsam Rücksicht auf Rom, auf den mächtigen und kaiserfeindlich orientierten Papst.

Ein Jahrzehnt später, im Oktober 1184, aber wendete sich das Blatt. In Augsburg wurden mit einer normannischen Gesandtschaft Friede und Allianz ausgehandelt, und das Vehikel dafür war ein Ehevertrag: Barbarossas designierter Nachfolger, sein Sohn Heinrich, damals neunzehn, bereits gekrönter (Mit-)König und in Augsburg selbst dabei, wurde mit der dreißigjährigen Konstanze von Sizilien verlobt, der Tochter Königs Rogers II. und Tante des regierenden Königs Wilhelm II. Dessen Erbin würde Konstanze unter Umständen sein, die sehr fern zu liegen schienen, da Wilhelm erst ein Dreißiger und nachwuchsträchtig verheiratet war, normannische Prinzen konnten hier eigentlich nur eine Frage der Zeit sein.

Bloßer Formelkram für einen entlegenen Fall der Fälle, so könnte man meinen, waren die Vertragsparagraphen über Konstanzes und Heinrichs Erbansprüche. Akut zählte das Augsburger Verlöbnis lediglich als Besiegelung des neuen, besonders gegen Byzanz gerichteten Bündnisses mit dem Normannenreich. Im Januar 1186 folgte dann in Mailand die Trauung von Heinrich und Konstanze, und die glanzvolle Inszenierung des Hochzeits- und Krönungsfestes – Konstanze wurde römisch-deutsche Königin, Heinrich König von Italien – entsprach der opulenten Mitgift der Normannin: Außer den vereinbarten 40000 Mark (nach heutiger Kaufkraft eine zweistellige Millionensumme) hatte man Konstanze einen Brautzug aus 150 Maultieren mitgegeben, die eine Fülle von Schätzen aus Gold und Edelsteinen sowie kostbare Gewänder aus Pelzen, Samt und Seide ins deutsch-italienische Regnum transportierten.

Der Hof von Palermo, damals eine Metropole mediterraner Hochkultur, ließ sich wahrlich nicht lumpen. Aber ach, hätte man in Sizilien geahnt, daß nach diesen Herrlichkeiten einige Jahre später auch der übrige mobile Reichtum des normannischen Herrscherhauses ohnehin für die staufischen Schatzkammern auf Burg Trifels, das pfälzische Fort Knox, reklamiert werden würde, hätte man die Mulis wohl im Stall gelassen.

Es waren womöglich gewisse literarische Interessen, die Heinrich und die nun zweiunddreißigjährige Konstanze miteinander teilten – wenn denn der Staufer wirklich die ihm zugeschriebenen Minnelieder verfaßt hat –, im ganzen aber hat in Mailand ein nicht nur altersmäßig ungleiches Paar vor dem Traualtar gestanden. Die Normannin war, wie berichtet wird, hochgewachen und blond, gediegen erzogen und ausgebildet, klug, reflektiert, voll fraulicher Würde und wohl nicht ohne Hochmut. Heinrich, von Gestalt nur knapp mittelgroß und hager, wird als herrisch, willensstark, beredt und kenntnisreich, doch eher finster und unliebenswürdig beschrieben; er war noch grausamer als sein Vater, dabei von außerordentlicher politischer Begabung.

Der Himmel weiß (und allerdings auch der Konstanze-Romancier Henry Benrath), wie's in dieser Zweckehe zuging. Zuneigung ist da kaum aufgeblüht. Konstanze litt unter dem dynastischen Erwartungsdruck, einen Erben gebären zu müssen, und erst nach sieben Jahren wurde sie endlich schwanger.

Wider normales Erwarten blieb die Ehe des Normannenkönigs Wilhelm mit einer englischen Prinzessin weiterhin kinderlos. Noch überraschender, ja sensationell dann, im November 1189, der Krankheitstod des erst sechsunddreißigjährigen Herrschers: Unversehens – wenngleich staufische Gedankenspiele dieser Chance zweifellos von vornherein gegolten haben – erhielt Heinrichs sizilische Heirat eine welthistorische Dimension. Konstanze war die legitime Erbin des großen Reichs im italienischen Süden, und ihren Anspruch auf die Krone galt es nun durchzusetzen. Kaiser Barbarossa und König Heinrich hielten hier »einen Rechtstitel in der Hand, der die Bahnen der staufischen Reichspolitik noch stärker als zuvor auf den in der damaligen Welt zentralen Mittelmeerraum lenkte«, resümiert Alfred Haverkamp.

In Sizilien freilich usurpierte ein illegitimer Enkel König Rogers II., Tankred von Lecce, die Macht, und allerlei innere Spannungen, nicht zuletzt zwischen Christen und Muslimen, komplizierten die Lage im Normannenreich. Heinrich VI., der im April 1191 in Rom zum Kaisernachfolger des großen Barbarossa gekrönt wurde, scheiterte beim ersten Vorstoß nach Süden, und die Kaiserin geriet in ihrer sizilischen Heimat sogar in Gefangenschaft. Erst 1194 triumphierte Heinrich, und zu Weihnachten, am 25. Dezember, dieses Jahres wurde er in Palermo zum Rex Siciliae gekrönt: Das staufische Kaiserhaus hatte sich durch den heiratspolitischen Glücksfall Konstanze auch auf die normannische

Die Kaiserin Konstanze zu Pferde mit dem neugeborenen Kronprinzen, dem späteren Kaiser Friedrich II. Zeitgenössische Federzeichnung aus dem »Liber ad honorem Augusti«.

Erbmonarchie ausgedehnt. Ein Königreich als Mitgift: Heinrich VI. entwickelte damals den kühnen Plan eines imperialen Erbreichs, durch den Deutschland mit den sizilischen Territorien dauerhaft verbunden werden sollte.

Konstanze selbst hatte bei diesem Italienzug des Kaisers in Jesi in der Mark Ancona zurückbleiben müssen. Die ersehnte Geburt des ersten Kindes, eines Sohnes, am 26. Dezember 1194 – einen Tag nach Heinrichs Krönung – hat die inzwischen Vierzigjährige vermutlich darüber hinweggetröstet, daß sie in Palermo nicht zusammen mit ihrem Gemahl die ererbte Krone des normannischen Hauses Hauteville empfangen konnte. Die extrem späte Geburt des staufischen Thronerben, der zunächst Konstantin und dann, nach beiden Großvätern, Friedrich Roger genannt wurde, ist damals und länger noch als mirakulös empfunden und von Gegnern und Lästerern als Kindesunterschiebung verdächtigt worden. Um solchen Unterstellungen vorzubeugen, habe Konstanze, so eine historisch nicht zweifelsfreie Erzählung, in Jesi quasi öffentlich in einem Zelt auf dem Marktplatz entbunden. Von einem gottgegeben realen »Wunder, durch das mich meine Mutter geboren«, hat später Kaiser Friedrich II. selbst gesprochen. Als Sprößling eines Metzgers aus Jesi, so die stauferfeindliche Agitation, wollte er sich nicht denunzieren lassen.

Als sich in Sizilien Unruhen ausbreiteten, obwohl mit Konstanze immerhin eine Eingeborene als königliche Statthalterin amtierte, und Kaiser Heinrich gegen Feinde der staufischen Fremdherrschaft gnadenlos durchgriff, ist allem Anschein nach sogar Konstanze mit den sizilischen Verschwörern im Komplott gewesen, die die Ermordung des Kaisers planten: nicht völlig unverständlich vielleicht, doch entsetzlich zu denken. Die damals entwickelten mediterranen Großreichpläne des auch in Deutschland taktisch erfolgreichen Staufers scheiterten dann freilich nicht an sizilisch-mafiosen Dolchen, sondern an der Malaria. Ihr erlag Heinrich VI., knapp 32 Jahre alt, am 28. September 1197 zu Messina, während schon einige der Kreuzfahrerschiffe Anker lichteten, die seinen imperialistischen Ausgriff in den byzantinischen Osten und die Levante tragen sollten.

Schon zeitgenössisch ist Heinrichs früher Tod als eine besondere Katastrophe für das Reich empfunden worden, und über das einstige Urteil des Mediävisten Gerd Tellenbach, daß er »die entscheidendste Wende in der Geschichte des deutschen Mittelalters« bedeutet, läßt sich auch heute noch diskutieren.

Stauferheiraten ohne Fortüne

Die Kaiserin Konstanze hat ihr sizilisches Erbreich danach nur noch ein Jahr lang, bis zu ihrem Tod im November 1198, halbwegs selbständig verwalten können. So abwegig nach modernen Begriffen die damals üblichen Kleinkindkrönungen auch stets erscheinen, so war es doch eine historisch wirksame Weichenstellung, daß sie ihren dreijährigen Sohn Friedrich im Mai 1198 zum König von Sizilien erheben ließ. Der machtpolitisch agierende Gottstellvertreter Papst Innozenz III. wurde testamentarisch zum Vormund des Knaben bestimmt. Daß dieser dann kein herkömmlich frommer Mensch werden konnte, liegt auf der Hand; Dante verwies ihn später sogar in die Feuersärge der Ketzer.

Derweil fand in Deutschland eine Königsdoppelwahl statt, die erneut im Zeichen des alten staufisch-welfischen Antagonismus stand: Gegen Herzog Philipp von Schwaben, Barbarossas jüngsten Sohn, den die staufische Partei zur Kandidatur drängen mußte, weil er selbst die deutsche Krone seinem sizilischen Neffen Friedrich bewahren wollte, trat Heinrichs des Löwen Sohn Otto an – und beide wurden von verschiedenen Gremien 1198 getrennt gekrönt und bestritten einander die Legitimation. Natürlich folgten lange, schlimme Bürgerkriegswirren.

Der etwa 1176 geborene Philipp, von vielen als Ritterideal und von Walther von der Vogelweide als der »junge süeze man« gefeiert, war von seinem älteren Bruder Kaiser Heinrich im Mai 1197 mit der byzantinischen Prinzessin Irene verheiratet worden, der damals wohl siebzehnjährigen, zuvor normannisch verlobten Tochter des Kaisers Isaak II. Angelos. Die in Deutschland auch Maria genannte

Das staufische »Kind von Apulien« als König:
Kaiserin Konstanze läßt ihren dreijährigen Sohn Friedrich Roger, den späteren Kaiser Friedrich II., 1198 in Palermo zum König von Sizilien krönen. Historiengemälde von Alexander Zick (um 1890).

Irene, liebreizende »ros ana dorn« (so wieder Walther), hatte in Palermo quasi zu Heinrichs Kriegsbeute gehört und war für den weit voraus planenden Kaiser ein hochwillkommenes Pfand: Angesichts der häufigen Thronwechsel im unruhigen Konstantinopel konnte Irene, früher oder später, für das staufische Haus einen Erbanspruch auf die byzantinische Krone verkörpern.

Heinrich selbst hat diese heiratspolitische Karte nicht mehr ausspielen können. Doch dann, als 1204 der pervertierte Vierte Kreuzzug (anstatt zur Stürmung muslimischer Bastionen) zur Eroberung des christlichen Konstantinopel durch das venezianisch dirigierte »lateinische« Kreuzfahrerheer führte – und als dabei Irenes kaiserlicher Vater Isaak und ihr Bruder Alexios zu Tode kamen, da stand die deutsche Königin plötzlich an der Spitze der legitimen Anwartschaften. Mit ihr oder für sie ihr Gemahl, der weströmische Herrscher Philipp.

Eine grandiose Aussicht? – Nein, in praxi leider keine, denn den vom Bosporus allzu fernen Philipp hielt der deutsche Thronstreit in Atem, und die Kreuzfahrerfürsten brauchten alsbald einen Herrscher für ihr neugeschaffenes lateinisches Kaiserreich von Byzanz. Sie entschieden sich gegen die irenisch-staufische Option für einen Grafen aus den eigenen Reihen. Wiedervereinigt wurden nach dem schrecklichen Fall von Byzanz (zum Entzücken des Papstes Innozenz) für kurze Zeit die beiden christlichen Kirchen, nicht aber die beiden Hälften des alten Imperium Romanum. Weder Kai ser Heinrich VI. noch König Philipp sind diesem Traumziel nahegekommen.

Unsere beiden staufischen Sympathieträger, die dornenlose Rose Irene und der anmutige Jungmann Philipp – ihn meint vielleicht das »Bamberger Reiter«-Standbild – hatten vier Töchter, und auch der edle Fürst fand nichts dabei, mit den Prinzessinnen schon im Kindesalter heiratspolitisch zu wuchern; so etwas war längst Tradition geworden. Prinzes-

Kaiser Friedrich II., das »Staunen der Welt«, als Falkenier; Titelblatt aus dem berühmten »Falkenbuch« des Herrschers.

sin Maria ist 1202 wohl als Sechsjährige strategisch mit einem italienischen Neffen des Papstes Innozenz III. verlobt worden, als sich König Philipp mit der Kurie zu arrangieren begann; später heiratete sie, nun nichts Weltbewegendes, einen Herzog von Brabant.

Der 1198 geborenen Tochter Beatrix war ein überaus trauriges Schicksal beschieden. Man verlobte sie zuerst, etwa fünfjährig, mit eben jenem Pfalzgrafen Otto von Wittelsbach, der später zum Mörder ihres Vater wurde. Und man verheiratete sie 1209 dann mit Kaiser Otto IV., dem welfischen Rivalen und Nachfolger ihres Vaters. Der war bedenklicherweise ein Onkel zweiten Grades, doch die Kurie erteilte gnädigen Dispens, um mit dieser Verbindung den überfälligen Ausgleich zwischen den beiden Dynastien zu besiegeln. Doch als die Ärmste im Sommer des Jahres 1212 mit vierzehn endlich zum Vollzug des Beilagers mit Otto fähig war (oder für fähig gehalten wurde), blieben der blutjungen Kaiserin gerade noch vierzehn Tage bis zum Sterben im August.

Philipps Ermordung: Es war eine weitere und besondere staufische Tragödie, daß der König zu einem Zeitpunkt, als seine Durchsetzung im Reich gelungen schien und seine römische Kaiserkrönung eine beschlossene Sache war, im Juni 1208 zu Bamberg von dem bayerischen Wüterich Otto mit dem Schwert erschlagen wurde. Der erste Königsmord in der deutschen Geschichte war ein Racheakt, weil Philipp den unbeherrschten Wittelsbacher heiratspolitisch als Bewerber für eine seiner Töchter nicht mehr auf der Rechnung hatte. Philipps Witwe Irene ist von dieser furchtbaren Tat auf den Tod erschüttert worden: »Unbegreiflich sind viele Gerichte Gottes«, hat sie verzweifelt in ihrem Testament geschrieben. Sie starb schon im August dieses Jahres 1208 auf der Burg Hohenstaufen im Kindbett bei einer Frühgeburt. Nie hat der berühmte Kaiserberg einen trostloseren Tag gesehen. Irenes Sarkophag in der Lorcher Klosterkirche, der staufischen Grablege, ist leider nicht erhalten.

Zwei weitere Töchter des unglücklichen Paars sind für die staufische Heiratspolitik noch anzuführen: Prinzessin Kunigunde wurde, dynastisch durchaus folgenreich, dic Gemahlin des Böhmenkönigs Wenzeslaus I., und eine zweite, jüngere Beatrix ist 1219 mit König Ferdinand III. von Kastilien vermählt worden. Sie wurde die Mutter jenes belesenen spanischen Herrschers Alfons, beinamentlich daher sogleich »der Weise«, der 1257 zu einem deutschen Gegenkönig gewählt wurde: mit viel stauferblütiger Ambition zwar, doch am Ende ohne Chance, sich in der mütterlichen Heimat durchzusetzen.

Zwei Isabellen und die anderen

Zurück zu Konstanzes sizilischem Nachfolger Friedrich, dem eigentlichen Haupterben der staufischen Kaisermacht. Der elternlos in Palermo aufgewachsene Jüngling, mehr Italiener als Deutscher, setzte sich schon mit vierzehn in Sizilien, mit siebzehn dann auch in Deutschland durch – der Welfenkaiser Otto IV. wurde vollständig überwunden – und ist 1220 in Rom zum Imperator gekrönt worden. Kaiser Friedrich II., in Italien *Federico Secondo il Svevo*, hat als genial veranlagter, ebenso intellektueller wie tatkräftiger und skrupelloser Herrscher die Bewunderung wie den Abscheu der Welt erregt, der damaligen wie der Nachwelt; den einen galt er als Messiaskaiser, den anderen, besonders in Rom, als der Antichrist. Er überragte seine Zeit – wegweisende Kapitel der Heiratspolitik zu schreiben aber war ihm nicht beschieden.

Friedrich ist vier Ehen eingegangen und hat als »ein außerordentlicher Liebhaber weiblicher Reize« (so ein italienischer Chronist) daneben zahlreiche freie Verbindungen unterhalten, zeitweilig sogar »Scharen schöner Frauen«. Und als Erzeuger von neunzehn quellenmäßig faßbaren Kindern, die von ihm mehrheitlich in Ehen gegeben wurden, hat der Kaiser viele Blätter in den dynastischen Heiratsannalen gefüllt, ohne dabei, es fehlte Fortüne, historisch sonderlich folgenreiche Verbindungen zu stiften. Nach seinem Tod legendär in den Ätna beziehungsweise den Kyffhäuser entrückt, hat er auf mythischen Felsenthronen dem viel zu frühen Verdorren der Staufer-Dynastie zuschauen müssen.

Friedrich II. heiratete 1209 fünfzehnjährig die Königstochter Konstanze von Aragon und gewann 1225 mit der Hand der erst vierzehnjährigen Isabella (alias Jolanthe) von Brienne den schmückenden Königstitel des transitorischen Kreuzfahrerreichs von Jerusalem. Die von ihm ungeliebte,

Im Juli 1235 begegnet Friedrich II. zum erstenmal seiner ihm bereits offiziell verbundenen dritten Gemahlin Isabella von England zur Hochzeitsfeier in Worms. Darstellung von Josef M. v. Trenkwald (um 1860).

vernachlässigte, zeitweilig nach orientalischer Sitte in bedrückender Abgeschiedenheit gehaltene und natürlich betrogene Isabella von Brienne hat dem Kaiser mit sechzehn den späteren Nachfolger Konrad IV. geboren und ist kurz nach der Niederkunft gestorben. Wieder so ein traurig-bezeichnendes Frauenlos: »... nur dem Namen nach eine Kaiserin. Zu jung, um auf ihren hochgeistigen Mann, der mehr als doppelt so alt war wie sie, Einfluß ausüben zu können, ist Isabella vielleicht die bemitleidenswerteste aller Gestalten gewesen, die ihn im Laufe seines Lebens umgaben« (Giorgina Masson).

Ein farbiges Beispiel für eine mittelalterliche Brautschau ist von der Werbung Friedrichs II. um eine andere Isabella (mitunter auch Elisabeth genannt), die Schwester König Heinrichs III. von England, im Jahre 1235 überliefert. Der Kaiser hatte Bevollmächtigte auf die Insel geschickt, die sich kritisch von der Attraktivität der Plantagenet-Prinzessin überzeugen sollten: »Als nun«, so berichtet Roger von Wendover, »die Gesandten um die Erlaubnis baten, die Prinzessin zu sehen, schickte der König vertrauenswürdige Boten in den Turm von London zu seiner Schwester ... Diese führten sie ehrfurchtsvoll nach Westminster und stellten in Gegenwart des Königs die schöne Prinzessin, die in blühender Jugend erstrahlte und mit königlichen Gewändern ... geschmückt war, den kaiserlichen Gesandten vor. Nachdem sich diese einige Zeit an ihrem Anblick erquickt und sie des kaiserlichen Bettes in allem für würdig erachtet hatten, bekräftigten sie im Namen des Kaisers den Ehebund durch einen Eid und boten ihr seitens des Kaisers den Trauring.«

Obwohl sich mithin, so kommentiert Karl-Heinz Spieß, beide Partner noch nie gesehen hatten, konnte von den kaiserlichen Gesandten im Einverständnis mit dem englischen König die Trauung stellvertretend, *per procurationem*, vollzogen werden: Mit dem Ausruf »Vivat imperatrix, vivat!« huldigten sie bereits in Westminster ihrer neuen Kaiserin. In Köln ist die hübsche Isabella von England dann von, wie es heißt, zehntausend Bürgern mit Musik und allerlei Schaugepränge festlich begrüßt worden. Der Kaiser freilich, dienstlich verhindert, ließ sie hier noch sechs Wochen warten. Schon 1241 ist auch Friedrichs II. zweite Isabella im Wochenbett gestorben.

Seinem vierzehnjährigen Sohn Heinrich aus erster Ehe verordnete Kaiser Friedrich 1225 die Heirat mit der sieben Jahre älteren Babenbergerin Margarete, der potentiellen Erbin Österreichs (die uns eingangs schon als reife Eroberung Ottokars von Böhmen begegnet ist). Der damit ins Auge gefaßte opulente staufische Hausmachtzugewinn aber blieb aus, weil Heinrich (VII.) gegen den Vater rebellierte und als der deutsche König mit der inoffiziellen Klammer-Sieben, abgesetzt und lebenslang eingekerkert, die Ehe nicht fortsetzen konnte; sie wurde annulliert.

Mit König Konrads IV. Sohn Konradin, dessen oft erzähltes tragisches Italienabenteuer 1268 in Neapel mit der Enthauptung des sechzehnjährigen Schwabenherzogs endete, ist die Staufer-Dynastie dann im Hauptmannesstamm erloschen. Geradezu rührend auf das Weiterfließen wenigstens staufischer Blutanteile in deutschen Königsadern konzentriert, hat der schwäbische Historiker Hansmartin Decker-Hauff genealogisch dingfest gemacht, daß mit Ruprecht von der Pfalz im Jahre 1400 endlich »wieder ein deutscher Herrscher aus dem Blute Friedrichs II. kam«. Besonders viel Charisma aber hat es nicht mehr gestiftet.

4

Hochzeiten für ein Großreich: Die Plantagenets in England und Frankreich

Das normannische Erbe

Normannenfürsten, Söhne der Wikinger, an Europas Küsten, im Frankenreich, in Unteritalien und Sizilien, am nachhaltigsten aber in England. Anders als im mediterran heiteren Palermo begegnet uns an der normannisch beherrschten Themse balladeske Düsternis, und auch die Beschäftigung mit der großen Folgedynastie, dem halbnormannischen Haus Plantagenet, führt nicht nur in sonnige Weinregionen Frankreichs, sondern in die turbulente und zynische Welt der englischen Königsdramen. Selbst der überragende frühe Plantagenet-König Heinrich II., ein Zeitgenosse Friedrich Barbarossas, lebt für die Nachwelt nicht zuletzt mit dem Stigma jenes vielbedichteten »Mords im Dom« an Erzbischof Thomas Becket.

Londons Nebel verschleiert nicht die politischen Motive zahlreicher dynastischer Ehen in dieser Ära; nicht wenige griffen über die Grenzen hinaus, über den Tweed nach Schottland oder über den Kanal. Zwei englisch-französische Heiraten des 12. Jahrhunderts aber machen wahrhaft Epoche.

Über den Ärmelkanal, aus der Normandie, war der erste britische Normannenherrscher, Wilhelm der Eroberer, 1066 nach England gekommen, und in diesem für das Inselreich

Spätere Ansicht des spätmittelalterlichen London.

ewig schicksalhaften Kanal ertrank 1120 sein siebzehnjähriger Enkel Wilhelm beim Untergang des »Weißen Schiffes«; mit ihm ein Großteil der normannischen Hochadelsjugend. Der frühvollendete Prinz war der einzige Sohn von Englands Normannenkönig Heinrich I. (1068–1135), dessen Beiname »Beauclerk«, etwa »der schöne Schreiber«, ehrenvoll zum Ausdruck bringen sollte, daß der rigorose Kriegsmann auch gefällig anzuschauen sowie – eine fürstliche Rarität – lese- und schreibkundig war; außer Französisch verstand er noch Latein und halbwegs das Englisch dieser Ära.

Und auch vom strategischen Heiraten hatte König Heinrich ganz entschieden einen Begriff: Um sich auf der vom Vater eroberten und vielumstrittenen Insel zusätzlich zu legitimieren, hatte er mit der schottischen Königstochter Edith, normannisch Mathilde alias Maud, die Urenkelin eines einheimischen Angelsachsenkönigs gefreit. In den Adern der nächsten Normannenherrscher-Generation würde, zur Beschwichtigung der insularen Opposition, also auch altbritisches Blut fließen. Als »good Queen Maud« bald populär, hat die Schottin nicht mit Wohltaten gegeizt und sich um die zögerlich beginnende Verschmelzung der angelsächsischen und normannischen Volksteile in England verdient gemacht.

Die Schiffskatastrophe mit dem Tod des designierten Thronfolgers machte Heinrichs Tochter Mathilde zum einzig überlebenden direkten Sproß der Normannen-Dynastie. Mühevoll und kostspielig setzte es der König bei den ewig renitenten englischen Baronen durch, daß ihr das künftige Thronrecht zuerkannt wurde. Heinrich I. hatte Mathilde früh schon ebenso prominent wie politisch verheiratet: Ihre Ehe mit dem deutsch-römischen Kaiser Heinrich V. aus dem salischen Haus sollte dem britischen Normannenreich imperialen Flankenschutz gegenüber Frankreich verschaffen. Unglücklicherweise aber blieb die Verbindung kinderlos und endete schon 1125 mit dem Tod des Kaisers. Englands König mußte – aber das bot ja auch wieder Chancen – heiratspolitisch neu disponieren.

Ginsterzweige für die Kaiserin

Als trauernde Witwe und stolze »Kaiserin« – dieses Titelprestige pflegte die ehrgeizige junge Frau noch länger – kehrte Mathilde im Jahre 1126 aus Deutschland nach London zurück. Natürlich hatte sie nun bald wieder zu heiraten, und natürlich war sie als Erbin Englands und des stattlichen Herzogtums Normandie jenseits des Kanals eine der glänzendsten Partien Europas. War da der noch nicht ganz auspubertierte Jüngling Gottfried von Anjou, der sich um sie bewarb, wirklich der Richtige? Der sechzehnjährige Graf für die bald dreißigjährige *Empress*? Mathildes mangelnde Begeisterung läßt sich wahrlich nachempfinden.

Die beiden Väter hatten diese Verbindung abgekartet: König Heinrich I., der in Gottfried einen vielversprechenden Schwiegersohn und Partner für seine Tochter, die *domina Angliae*, sah und zugleich Londons kontinentales Engagement gegen Paris abstützen wollte – und jenseits des Kanals Graf Fulko von Anjou, der spätere König von Jerusalem, der für sein Haus und seinen Nachfolger bei der englischen Erbheirat das große Los witterte.

Das Haus Anjou, dem eben mit dem jungen Gottfried-Geoffroi-Geoffroy der Dynastiename »Plantagenet« zuwuchs, hatte seit der Mitte des 10. Jahrhunderts die französischen Grafschaften Anjou (mit der Residenz Angers), Touraine und Maine zu einem bedeutenden und reichen Feudalstaat entwickelt, der nur formal der Lehnsherrschaft der Kapetinger-Könige in Paris unterstand. Dabei genossen die »Fulkonen« von Anjou einen ziemlich durchwachsenen Ruf. Frühere gräfliche Beinamen wie »der Streitsüchtige« und »der Schwarze« deuten auf finstere Taten und Typen, und zu den Legenden, die den offenbar durchgängigen Charakterzug unbeherrschten Temperaments mit »Anfällen von schwarzer Galle« erklären sollten, gehört die Story von jener liebreizenden Anjou-Ahnherrin Melusine, die sich eines Tages dann als leibhaftige Tochter Satans entpuppte. Doch auch Charme, Statur und musische Neigungen hat man den Fulkonen von Anjou attestiert.

»Plantagenet« nun nannte man den strammen jungen Ritter Gottfried V. von Anjou, weil er entweder sein Turnierfeld mit Ginsterbüschen – lateinisch *planta genista* –, markiert hat oder sich Ginsterzweige an Hut und Helm zu stecken pflegte. Der leuchtend gelbe Ginster korrespondierte wohl mit dem Rotblond seines Haarschopfes, und schon zeitgenössisch erhielt er den Beinamen »de Bel«. Gottfried der Schöne also, Plantagenet von Anjou, war der Glückliche, der im Jahre 1128 die Hand der englischen Königstochter, der »Kaiserin«-Witwe Mathilde gewann.

Ein wahrhaft historischer Bund war damit gestiftet, ein nach der normannischen Invasion nun friedlich-strategischer Brückenschlag vom französischen Festland zur Insel. Würden sanfte Lüfte von der Loire jetzt den Themse-Nebel lichten? Doch die politische Ehe des Burschen mit der *grande dame* ging zunächst nicht gut, vermutlich überhaupt nicht. Die hochmütige Mathilde reiste für länger in die Normandie ab, und erst nach Jahren, 1133, erbrachte die Dreißigerin – es war dynastisch nun höchste Zeit – den Nachweis vollzogener Ehe, indem sie ihren Sohn Heinrich gebar. Sein Erzeuger Gottfried Plantagenet hatte dem normannischen Stamm einen Ginsterzweig oktroyiert.

Heinrich Plantagenet auf dem Thron

Der Ginster von der Loire aber schlug lange Zeit keine Wurzeln auf der Insel. Nach dem Tod König Heinrichs I. 1135 vermochten sich seine Erbin Mathilde und ihr Gemahl Gottfried in England nicht durchzusetzen: Die ungebärdigen und wortbrüchigen Barone akzeptierten beider Anspruch auf die Regentschaft für den erst zweijährigen Thronfolger Heinrich (II.) nicht. Vielmehr gelang es Stephan von Blois, einem Enkel Wilhelms des Eroberers in weiblicher Linie, die Krone zu okkupieren und eine »Regierungszeit« in die englischen Königsannalen einzutragen, für die sich mit traurigem Recht der Epochenname »Anarchy« eingebürgert hat. Erst als sich der anmaßende, unfähige und gottlob erbenlose Cousin Stephan nach fast zwei Jahrzehnten der Wirren und Bürgerkriege 1154 zu seinen wikin-

Der große Plantagenet-König und Herr des »Angevin Empire«: Heinrich II. von England in einer zeitgenössischen Darstellung, wohl ohne Porträtähnlichkeit.

gischen Ahnen versammelt hatte, gelangte Mathilde für ihren Plantagenet-Sohn Heinrich endgültig ans Ziel; ihr Plantagenet-Gemahl Gottfried freilich hatte sie schon 1151 erneut zur Witwe werden lassen, als er sich spontan, wie eben die Plantagenets waren, und sommerlich erhitzt in die Loire stürzte und sich dabei ein todbringendes »Fieber« zuzog.

Nun endlich also Heinrich II. Der im März 1133 geborene zweite Plantagenet in der englischen Geschichte bestieg als erster des Geschlechts im Jahre 1154 den Thron und gilt den Historikern als Englands bedeutendster König des Mittelalters. Er wird als sportlich gewandter, gebildeter und nicht übel aussehender mittelgroßer Mann mit den rotblonden Anjou-Haaren und etwas hervortretenden grauen – bei den traditionellen Anjou-Zornausbrüchen blutunterlaufenen – Augen geschildert. Da er wohl öfter in einem knappen

Umhang auftrat, kam ihm der wenig charakteristische Beiname »Kurzmantel« zu. Fast so lange im Herrscheramt wie sein staufischer Zeitgenosse Kaiser Friedrich Barbarossa – Heinrich starb 1189 –, blieb auch ihm die große Zeitspanne für ein erfolgreiches diplomatisches, organisatorisches und militärisches Lebenswerk. Nicht zuletzt (denn sonst dürften wir von ihm hier gar nicht soviel reden) für zielstrebige Heiratspolitik.

Nein, nicht »nicht zuletzt«, sondern eigentlich ganz zuerst, denn schon vor seiner englischen Thronbesteigung, als Herzog der Normandie und Graf von Anjou, Maine und Touraine, hat Heinrich im Frühling des Jahres 1152 zu Poitiers die epochale Hochzeit gefeiert, die ihn dann zum Herrn des mächtigen angevinischen Reiches machen sollte. Das *Angevin Empire* – so die von »Anjou« abgeleitete üblich gewordene Bezeichnung für Britanniens erste Empire-Einübung der Geschichte – reichte entlang dem Nullmeridian von London bis Lourdes, weiter noch: vom schottischen Grenzfluß Tweed bis zu den Pyrenäen. Es wurde in diesen Riesendimensionen möglich durch eine der faszinierendsten Frauen des Mittelalters: Eleonore von Aquitanien. Deren Geschichte müssen wir nun zunächst ein bißchen auffächern.

Die aquitanische Erbschaft

Frankreichs korpulenter Kapetingerkönig Ludwig VI. (1108 bis 1137 im Amt) war im Kontrast zu seinen Pfunden und seinem Beinamen »der Dicke« ein durchaus aktiver Herrscher. Den von ihm hartnäckig betriebenen Ausbau der königlichen Domänen krönte er noch in seinem Todesjahr mit einem bedeutenden Heiratsarrangement: Sein sechzehnjähriger Sohn Kronprinz Ludwig konnte im Juli 1137 mit Eleonore von Aquitanien vermählt werden, der Tochter und

Vielgeliebte »Königin der Troubadoure«: Das feine Porträt der Eleonore von Aquitanien auf ihrem Grabmal in Fontrevault (Dép. Maine-et-Loire).

Erbin des soeben plötzlich, erst achtunddreißigjährig, verstorbenen Herzogs Wilhelm X. von Aquitanien-Poitou, der theoretisch ein Vasall des Königs war, de facto jedoch ein reicherer Territorialfürst als der Herr der Ile-de-France. Für Paris war's ein Idealfall: Der junge Hochzeiter, der dann schon bald, im August 1137, als Ludwig VII. auf den Thron mußte, sah nun die Grenzen der kapetingischen Königsdomäne bis zu den fernen Pyrenäen hinausgeschoben.

Das erheiratete Herzogtum Aquitanien nämlich umfaßte neunzehn der heutigen Départements Frankreichs und erstreckte sich von der Grafschaft Poitou bis hinunter zur Gascogne mit der Pyrenäengrenze sowie vom Atlantik bis zur Auvergne. Es war, mit den Zentren Bordeaux und Poitiers, ein so großes, reiches, durch seine Häfen auch weltoffenes Land, daß seine Herzöge königsgleich sogar von ihrem »Reich« Aquitanien sprechen konnten. »Süßes Aquitanien«, so damals der Mönch Hériger de Lobbes, »du bist reich an saftigen Weiden und prächtigen Wäldern, quillst über von Früchten und wirst durch deine Weinberge süß wie Nektar.« Nachdem der Dauerrivale der Kapetinger, der englische König, 1128 heiratspolitisch seine Hand auf die Anjou-Provinzen gelegt hatte, war der Gegenschachzug aus Paris nun, in diesem Sommer 1137, um so wirkungsvoller ausgefallen.

Das alles, diese ungeheure Erbschaft also, brachte die etwa fünfzehnjährige Eleonore (als deren Geburtsjahr nicht zweifelsfrei 1122 gilt) auf ihren zarten Schultern mit nach Paris. Die Aquitanierin – wir folgen jetzt öfter der Biographie von Régine Pernoud – ist jedoch schon bei der prächtigen Hochzeit in Bordeaux kein schüchternes Waisenkind, sondern eine lebhafte, selbstbewußte und bildhübsche, überdies wohlunterrichtete Prinzessin gewesen, die sich ihrem stillen und studiosen, sehr frommen und wohl noch etwas anämischen Gemahl Ludwig sogleich überlegen fühlte. Eher einer Mönchszelle als dem Thronsaal schien der Jünglingskönig bestimmt. Frankreichs stolze Krone hin oder her – ob die temperamentvolle Eleonore diese Ehe wohl auf Dauer aushalten würde?

Eleonores fliegender Wechsel

Die Frage hier stellen heißt, man ahnt es, sie verneinen. Ein hohes Exempel der *l'amour conjugal*, der Fidelio-Gattenliebe, statuierte *diese* Leonore nicht. Das königliche Paar blieb jahrelang kinderlos und, nach der Geburt immerhin zweier Töchter, bis zum Ende ohne einen männlichen Erben. Dem Naturell des Königs scheinen Choräle mehr entsprochen zu haben als die damals gerade in Aquitanien gepflegten und von Eleonore geliebten Troubadourlieder. Die phantasievolle Königin fühlte sich öfter vernachlässigt, und als dann ein neuer Kreuzzug ins Heilige Land vorbereitet wurde, »nahm sie das Kreuz« zweifellos mehr aus Abenteuerlust als mit christlichem Pilgerverlangen.

Ungewöhnlich genug, daß Eleonore König Ludwig 1147 auf dem militärischen Zweiten Kreuzzug zu Lande über Konstantinopel nach Antiochia begleitete; zudem führte sie, herausfordernd sinnwidrig, nicht nur einen opulenten Hofstaat mit sich, sondern hat unterwegs auch durch allerlei Kapriolen von sich reden gemacht. Sie tafelte am mondänen byzantinischen Kaiserhof schwelgerisch mit eleganten Adelsherren, machte eigenwillig und anmaßend Front gegen politisch-militärische Pläne des Königs, beklagte sich *coram publico*, einen Mönch als Gatten zu haben, und hat sich in der Ungebundenheit der kreuzfahrenden Ritterwelt wahrscheinlich die eine oder andere Affäre geleistet.

Manche romanhafte Nacherzählungen machen Eleonore sogar zu »einer Art Messalina, die von einem Liebhaber zum nächsten wechselte… Die Gemäßigteren begnügen sich damit, sie in die Arme des schönen Raimund von Poitiers sinken zu lassen. Auch wenn man sich an die geschichtliche Überlieferung hält«, schreibt Régine Pernoud, »scheint es außer Zweifel, daß sich die Königin in Antiochia einen schlechten Ruf erworben hat.« Hier vollzog sich der Bruch zwischen den Ehegatten: ein historisch gravierender, dessen Konsequenzen die kluge Eleonore auch bereits durchgespielt hatte. Nach Meinung der heiligen Kirche und nach kanonischem Recht – es läuft auch hier auf dieses genealogische Hintertürchen hinaus – seien Ludwig und sie ehewidrig zu nah miteinander verwandt, so ließ sie den königlichen Gemahl wissen.

König Ludwigs Kreuzzug übrigens scheiterte, Eleonores Scheidung gelang. Endlich im Frühjahr 1152 deklarierte ein auf Betreiben der Königin einberufenes Konzil unter erzbischöflicher Leitung die Nichtigkeit der Ehe des französischen Herrscherpaars. Es war familiär wie politisch für Ludwig VII., der nur offiziell selber die allzu blutsnahe Gattin »verstoßen« durfte, ein Desaster, denn Eleonore erhielt bei der Trennung all ihre Erblande zurück, in die sie nun retirierte. Der großartige kapetingische Heiratsgewinn von 1137 war nach fünfzehn Jahren wieder verspielt.

Nicht zur Entspannung nach dem Streß der Eheauflösung und zur Kontemplation hatte sich Eleonore in ihre sonnige Residenz Poitiers begeben. Ganz im Gegenteil entfaltete sie hier seit April 1152 intensive und verdeckte, ja intrigante Initiativen. Was sie nämlich kurzfristig, fast handstreichartig zu realisieren trachtete, das würde ein doppelter Verstoß gegen den König in Paris sein. Ludwig VII. war zwar nicht mehr ihr Ehe-, wohl aber weiterhin ihr Lehnsherr und hätte nach altem Rechtsbrauch genehmigen müssen, was ihn, dies zum anderen, vor den Augen der dynastischen Welt persönlich verletzen und kränken würde: Eleonores unverzügliche Wiederverheiratung mit einem politischen Rivalen des französischen Königs; überdies einem nominellen Vasallen der Krone, der es sich gleichfalls herausnahm, in Paris nicht anzufragen.

Wir haben ja schon angedeutet, wer Eleonores Hochzeiter war: Heinrich, der neunzehnjährige Plantagenet, nachbarlicher Graf von Anjou und regierender Herzog der Normandie, reichster französischer Territorialherr und König von England in spe. Eleonore von Aquitanien, an die dreißig nun, aber schön und heißblütig wie eh und je, und der clevere Henry überspielten mit dem Coup ihrer Hochzeit am 18. Mai 1152 zu Poitiers König Ludwigs Interessen aufs rücksichtsloseste. Das trotz des beträchtlichen Altersunterschieds durchaus nicht ungleiche Paar – beide äußerst zielstrebig, dominant und sinnenfroh – hatte sich vermutlich bereits im August 1151 kennengelernt, als die Plantagenets, Vater Gottfried der Schöne (kurz vor seinem Tod) und Sohn

Heinrich, am Pariser Hof zu Gast waren, und womöglich ist das Heiratsprojekt hier zuerst ins Auge gefaßt worden.

Hat damals Gottfried als Chef des Hauses Plantagenet (auch namens seiner Gemahlin Mathilde, die ja für das englisch-normannische Erbe der Dynastie stand) konspirativ mit der Königin von Frankreich über die neue Ehe verhandelt, die sie nach ihrer Scheidung mit seinem vielversprechenden Erben eingehen könnte? Eleonores Biographin Pernoud glaubt zu wissen – denn wirklich »wissen« können die Historiker hier trotz vergleichsweise glänzender Quellenlage wenig –, daß »diesmal sie es ist, die gewählt hat. Alles deutet darauf hin, daß sie diese Heirat gewollt hat ... Es mußte für ihre ehrgeizige Phantasie doch sehr verlockend sein, daß sie beide zusammen nunmehr fast den ganzen Westen Frankreichs, das riesige Gebiet vom Ärmelkanal bis zu den Pyrenäen, beherrschen würden.«

»Zweifellos«, so weiter Régine Pernoud (und ihrem weiblich-biographischen Nachempfinden wollen wir uns schon anschließen), »hat Eleonore aber auch an dem Mann Heinrich Gefallen gefunden; sie war viel zu sehr Frau, als daß sie nicht von seiner Männlichkeit und Körperkraft angezogen gewesen wäre. Sie war verliebt in ihn; das sieht man an vielen Einzelheiten, eigentlich an ihrem ganzen weiteren Leben.« Die Königin von Frankreich, nun wieder Herzogin von Aquitanien, verwandelte sich mit Überzeugung in eine »Angevinerin«.

Heinrichs Heiratsmotive haben sich wahrscheinlich ähnlich emotional und politisch gemischt. Eleonore imponierte ihm gewiß, und sie war als eine erblühte Schönheit durchaus attraktiv für den Neunzehnjährigen, der übrigens bereits zwei illegitime Kinder hatte, also auch erotisch längst kein Grünschnabel mehr war. Um einiges gewichtiger aber dürfte auf seiner Seite der Heiratspragmatismus gewesen sein, dessen außerordentliche, verlockende Gewinndimensionen wir ja schon umrissen haben.

Heinrich hatte sich nach den Flitterwochen von Poitiers in der Normandie bald militärischer Attacken des begreiflicherweise äußerst erbosten Königs Ludwig von Frankreich zu erwehren, aber er bewältigte diese Herausforderung ebenso erfolgreich wie die stürmische Überfahrt zur Insel trotz turmhoher Wellen am Nikolaustag des Jahres 1154. Mit in seinem hin und her geworfenen Schiffchen saßen Eleonore und der einjährige erste Sohn des Paars. Dieser neue Prinz Wilhelm ertrank nicht im Kanal, er durfte dann vielmehr mit zur vom Volk bejubelten Königskrönung Heinrichs II. und Eleonores am 19. Dezember 1154 in der Westminsterabtei. Aus der Königin von Frankreich war nun, wahrhaftig eine historische Rarität, die Königin von England geworden.

Prinzessin Plantagenet und der Löwe

Man darf sich das riesige angevinische Reich, das Heinrich II. sogar noch um die Bretagne vermehrte (während zudem Schottland im Norden und die Grafschaft Toulouse im Süden lehnsabhängig wurden), freilich nicht als ein einheitliches *Empire* vorstellen; vielmehr als ein eher heterogenes Gefüge. Königin Eleonore, die wie der König »gouvernemental« beständig zwischen Insel und Festland pendelte, blieb zudem in ihren Erblanden lange persönlich mitbestimmend, wenn nicht tonangebend. Es zog sie stets besonders an den »Musenhof« von Poitiers, wo sich damals die Troubadourdichtung reich entfaltete und die Poeten das Lob ihrer schönen Mäzenin sangen und ihr persönlich zu Füßen lagen (was Heinrich nicht besonders gern sah). Die unablässige Mobilität des Königspaars ist übrigens um so bemerkenswerter, als die Verkehrsbedingungen des hohen Mittelalters – sturmanfällige Boote sowie rumpelnde Fuhrwerke und schwitzende Rösser auf staubigen oder morastigen Wegen – ja denkbar unkomfortabel gewesen sind.

Viel bemerkenswerter noch, ja bewundernswert dann Eleonore als Mutter: Zwischen 1153 und 1166, also etwa zwischen ihrem 31. und 44. Lebensjahr, schenkte sie ihrem Gemahl acht Kinder, unter ihnen die späteren Plantagenet-Könige Richard Löwenherz und Johann Ohneland. König Heinrich II. konnte mit diesem stattlichen Nachwuchspotential »das meisterhaft gehandhabte Mittel der Ehebündnisse zur Knüpfung eines Systems von Verbindungen« (Karl Schnith) entfalten. Angevinische Ginsterbüsche sollten mit den Töchtern Mathilde, Eleonore und Johanna in deutsch-welfischer, deutsch-staufischer, kastilischer und italienischer Erde eingepflanzt werden.

Wir erinnern uns, die 1162 geborene Eleonore ist 1165 für die Baby-Verlobung mit Friedrich Barbarossas erstem Söhnchen Friedrich bestimmt worden; sie gelangte später als Gemahlin König Alfons' VIII. auf Kastiliens Thron. Und die auf den Namen der kaiserlich-königlichen Großmutter getaufte Prinzessin Mathilde wurde von König Heinrich 1165 im Alter von acht oder neun Jahren mit dem damals etwa fünfunddreißigjährigen Herzog Heinrich dem Löwen verlobt, dem mächtigsten deutschen Territorialherrn, Partner, dann Widersacher des Stauferkaisers. 1168 schon folgte die Hochzeit der noch immer Minderjährigen mit Herzog Heinrich im Dom zu Minden.

Der Löwe hatte sich übrigens zuvor nach rund fünfzehnjähriger Ehe von seiner ersten Frau Clementia von Zähringen scheiden lassen, weil er sich – wahrscheinlich – von ihr keinen männlichen Erben mehr erhoffen konnte. Offizieller Grund der Eheauflösung aber war, dreimal darf man raten, die zu nahe Verwandtschaft der beiden Gatten.

Nun aber die Prinzessin Plantagenet: Es war eine Verbindung von historischem Rang, die Mathilde zur Stammutter aller späteren Welfen machte und für ein halbes Jahrhundert das Bündnis zwischen dem königsgleichen sächsischen und dem königlich-angevinischen Haus begründete. »Durch

Auf dem Grabmal im Braunschweiger Dom hat der taktvolle Bildhauer den nur knapp mittelgroßen Heinrich den Löwen seiner an die 1,90 m großen Gemahlin Mathilde von England nicht nachstehen lassen.

die Vermittlung der neuen Herzogin und ihrer Umgebung öffnete sich jetzt Sachsen«, so Karl Jordan, »... den geistigen und künstlerischen Anregungen, die von England und vor allem von Südfrankreich ausgingen, wo der Hof der Königin Eleonore in Poitiers ein Mittelpunkt des literarischen Schaffens der Zeit geworden war.« Mit der Welfenhochzeit also haben König Heinrich II. und mit ihm sicher auch Eleonore eine Ehe gestiftet, die nicht territorialen Gewinn, sondern politische Gemeinsamkeit, gute Gene und Geisteskultur vermittelte.

Angevinische Schicksalskurven

Die Ehe des so außerordentlichen, erfolgreichen und fruchtbaren angevinischen Herrscherpaars Heinrich und Eleonore ging lange glänzend. König Ludwig VII. von Frankreich erblaßte in regelmäßigen Abständen bei den Nachrichten von immer neuen Entbindungen seiner Ex-Eleonore, die ihm selbst keinen Erben, dem Plantagenet aber gleich vier, davon drei aufwachsende Söhne geboren hat. Und dieser Erzrivale drückte ihn zudem politisch und militärisch weitgehend an die Wand: Das Reich seines einstigen Vasallen König Heinrich II. von England war dem schmächtigen Kern-Frankreich in dieser Ära an Ausdehnung und Ressourcen mehr als zehnfach überlegen.

Böse Ironie der Geschichte, daß es dann gerade die stattlichen Söhne waren, die König Heinrich seine späten Jahre vergällten: Der berühmte Richard Löwenherz, gutgewachsener Liebling seiner Mutter Eleonore, jedoch ein unbeherrschter Schlagetot mehr als ein ritterlicher Held, Gottfried und Johann Ohneland verschworen sich in wechselnden Konstellationen gegen den Vater und mit dem französischen König. Und Eleonore stellte sich erbittert auf die Seite der Rebellen, nachdem Heinrich »den Pakt gebrochen« und »die Hurerei der schöpferischen Liebe« (so Régine Pernoud) vorgezogen hatte. Der König bestrafte im Gegenzug Eleonores Intrigen mit jahrelanger harter Haft.

Daß aus der königlichen Eheverfehlung, Heinrichs Liaison mit der schönen Rosamunde de Clifford, später ein Stoff der Weltliteratur, »Fair Rosamond«, geworden ist, hat die selbst so poetisch geneigte »Königin der Troubadoure« im Jenseits (das sie als Achtzigerin im Jahre 1204 erlangte) womöglich ein wenig milder gestimmt.

Wir konnten diesen eher elegischen Epilog zur angevinischen Jahrhundertehe nicht schuldig bleiben, wenden uns nun aber themengemäß wieder der Heiratspolitik des Königshauses Plantagenet zu: knapper jetzt nur, da der Rang der Eleonore-und-Heinrich-Story bei weitem nicht mehr erreicht wird. Mit einer Ausnahme: Ungeheuer schicksalhaft hat sich im jahrhundertelangen Ringen Englands und Frankreichs, der Kapetinger und der Plantagenets um Vorrang und Festlandbesitz die Ehe des englischen Königs Eduard II. (1307 bis 1327 auf dem Thron) mit Isabella von Frankreich ausgewirkt. Der königlichen Machthöhe in der Ära Heinrichs II. stehen »die zwei Jahrzehnte Eduards II. als das tiefste Wellental im englischen Spätmittelater« (Karl Schnith) gegenüber.

Ein »Wellental« auch im engeren Sinn der dynastischen Abfolge: Die Edwards davor und danach, Vater Eduard I. und Sohn Eduard III., sind Plantagenets vom besten Schrot gewesen, ritterliche Gestalten und zielstrebige Herrscher; Eduard II. jedoch fiel als ein ansehnlicher und freundlicher, aber schwächlicher König aus dieser Rollentradition und scheint sich nicht einmal die familiär weiterhin gängigen Wutausbrüche der Angeviner geleistet zu haben.

Shakespeares Zeitgenosse Christopher Marlowe hat Eduards II. Leben und Sterben 1592 auf die Bühne gebracht und in dieser Tragödie auch die Entwicklung eines schillernden Frauencharakters gezeichnet. Des Königs Gemahlin Isabella, Tochter des französischen Königs Philipp IV., des Schönen, wird von Eduard, der einem charakterlosen Günstling verfallen ist, vernachlässigt und wendet sich vom Gatten ab und einem Liebhaber namens Mortimer zu. Schlimmer noch, sie schlägt sich in Paris, wo sie eigentlich im Interesse der englischen Krone mit ihrem Bruder König Karl IV. verhandeln soll, auf die französische Seite und führt ein Söldnerheer nach England gegen den Gemahl, der gestürzt und schließlich 1327 mit ihrer Billigung ermordet wird. Verrat, Intrige, Mord und Totschlag: englische Königsdramatik vom Feinsten.

Frankreichs Krone für die Plantagenets?

Das Plantagenet-Banner nach Triumphen und Niederlagen nun dauerhaft im Staub? Britanniens »Heldenkönig« Eduard III., der 1327 fünfzehnjährig auf den englischen Thron gelangte und zunächst von seiner Mutter, der »Wölfin von Frankreich«, und deren Geliebtem dirigiert wurde, richtete es seit 1330 energisch wieder auf. Er verbannte Isabella vom Hofe, spielte aber gleichwohl die mütterliche Karte, indem er sich als Enkel Philipps des Schönen zum Prätendenten auf die französische Krone erklärte. Mit dem Tod König Karls IV. von Frankreich, seines Onkels mütterlicherseits, im Jahre 1328 war nämlich das Haus Capet in direkter Linie ausgestorben, und mit Philipp VI. hatte ein Vetter des letzten Kapetingers, der erste König aus dem Hause Valois, den Thron zu Paris bestiegen. Das konnte natürlich nicht unangefochten bleiben.

Von der Heirat seines Vaters Eduard II. mit Isabella von Frankreich leitete Eduard III. nun als erster englischer König einen direkten Anspruch auf die Kapetingerkrone her. »Philipp von Valois, der sich König von Frankreich nennt«, so Eduard, sollte sie herausrücken. Nicht mehr nur um die angevinischen und normannischen Provinzen in Frankreich also ging es; nein, dieser Plantagenet griff nach dem Ganzen

Erheiratet London Paris? König Heinrich V. von England und Frankreichs Erbin Katharina von Valois, 1420 allegorisch eingesegnet. Holzstich nach einem zeitgenössischem Gemälde.

– und nicht weniger als ein schreckensreicher »Hundertjähriger Krieg« zwischen Frankreich und England, der von 1338 bis 1453 dauern sollte, war die Konsequenz. (Ein Krieg, es versteht sich, der nicht allein dynastische, sondern auch gravierende wirtschaftliche Gründe hatte.)

In Paris hielt das Haus Valois Eduards Anspruch übrigens ein angeblich altes »salisches Recht« entgegen, »das man der Umstände halber erfunden hatte und das von keiner anderen regierenden Familie angewendet wurde« (Bertier de Sauvigny): Dieser *Lex Salica* zufolge sollte weder eine Frau auf den Thron gelangen können noch einem ihrer Söhne das Thronfolgerecht übertragen werden dürfen. Es war ein aparter Versuch, »die Unannehmlichkeiten ehelicher Kombinationen zu vermeiden« und heiratspolitische Winkelzüge der Dynastien grundsätzlich zu unterlaufen. Aber ach, er trug nicht weit, und er verhinderte schon gar nicht den Krieg.

Nein, von diesem verheerenden Hundertjährigen Krieg (der freilich oft unterbrochen war) auf französischem Boden, von König Eduards III. glänzenden Siegen, von französischen Gegenoffensiven und der dann erdrückenden Dominanz der Engländer erzählen wir hier nichts weiter. Nur noch von der Heirat des energischen angevinischen Königs Heinrich V. (1413 bis 1422 auf dem englischen Thron) mit Katharina von Valois: Der Shakespeare-Held Heinrich hatte den französischen König Karl VI. mit dem leider sehr berechtigten Beinamen »der Wahnsinnige« im Vertrag von Troyes 1420 gezwungen, ihm seine Tochter zur Frau zu geben und überdies den eigenen Kronprinzen zu deren Gunsten zu enterben. So avancierte der Engländer offiziell zum Regenten und »Erben« der Krone Frankreichs. Shakespeare hat das 1599 äußerst inselpatriotisch aufs Globe Theatre gebracht, und sein »Heinrich V.« genoß in England naturgemäß immer dann besondere Publikumsgunst, wenn London und Paris politisch über Kreuz waren. Sage und schreibe noch bis 1802 haben die englischen Herrscher den Titel »König von Frankreich« geführt.

War die französische Sache nun endgültig verloren? Hatte das Haus Plantagenet Frankreich gleichermaßen erobert und erheiratet? Ach, die Triumphe der Geschichte verwehen eher früher als später. Der außerordentliche König Heinrich V. starb früh – und in Domrémy hütete Jeanne d'Arc schon ihre Kühe: Diese Jungfrau ließ sich nicht ehelich bändigen, man konnte sie verbrennen, aber nicht besiegen.

Heiratspolitik auf dem Hradschin: Karl IV. und die luxemburgisch-böhmische Dynastie

Der Prager Pragmatiker

Der »Schwarze Tod«, die verheerenden Pestepidemien, und der schier endlose Hundertjährige Krieg zwischen Frankreich und England haben dem 14. Jahrhundert in Europa eine düstere Prägung gegeben; für die verblüffenden Akzente des Säkulums aber sorgte die Heiratspolitik, die besonders ein Herrscher, Karl IV., auf neue historische Höhen hob.

War dieser Wenzel alias Karl aus der Maas-und-Mosel-Dynastie Luxemburg Tscheche oder Deutscher – oder eher sogar ein halber Franzose? So wie einst Geschichtsschreiber darüber gestritten haben, ob Karl der Große, Charlemagne, mehr der deutschen oder der französischen Frühgeschichte zuzurechnen sei, so ist zuzeiten auch zwischen Tschechen und Deutschen historiographisch um diesen Kaiser Karl, den Vierten, gerungen worden: deutlich energischer übrigens in Prag um den großen Prager Fürsten, der dort als der bedeutendste und volkstümlichste König der böhmisch-tschechischen Geschichte gilt, während er es bei uns zwar zu größtem fachlichen Respekt, aber kaum zu einem Hauch von historischer Popularität gebracht hat.

Wie das kommt? Karl der Große führte ruhmreich Kriege, dieser Karl führte Verhandlungen; Karl I. eroberte Länder, Karl IV. kaufte – und erheiratete sie. Er war kein he-

Kaiser Karls IV. Prag mit dem Hradschin (Holzschnitt um 1600): Kapitale des Reichs und Hauptort der Heiratspolitik im 14. Jahrhundert.

roischer Herrscher nach den Herzen der Lesebuchautoren; den »Krämerkönig« haben ihn manche abschätzig genannt.

Als Heiratspolitiker, als ein wahrer Primarius dieser Klasse, interessiert uns Karl IV. (1316–1378) natürlich ganz vorrangig. Seine Virtuosität auf diesem Feld ist geschmäht und bestaunt worden; ihr nachzugehen hat beträchtlichen Unterhaltungswert. Die Eingangsfrage aber beantworten wir diplomatisch mit einem Sowohl-Als-auch. Das Heilige Römische Reich der (überwiegend) deutschen Nation, dem Karl als König und Kaiser vorstand, läßt sich nämlich überhaupt nicht abgetrennt von dem damals ranghöchsten Kurfürstentum, dem Königreich Böhmen, Karls zentraler Hausmacht, betrachten. Und die Grafschaft Luxemburg, aus der seine väterliche Dynastie stammt, gehörte diesem deutsch-römischen Imperium ebenso an, wie sie nachbarlich eng der französischen Kultur verhaftet war.

Karls Vater Johann ist ein wahrhaft übernationaler Fürst gewesen, seine Mutter Elisabeth eine böhmische Königstochter; beider Ahnenreihen haben tiefe Wurzeln in europäischer Verzweigung. Karl wurde in Prag geboren und Wenzel getauft, und er ist am französischen Königshof seines Onkels Karl erzogen und nach ihm Charles-Karl umbenannt worden – und er sprach und schrieb dann französisch, tschechisch und deutsch gleichermaßen geläufig, dazu noch italienisch und lateinisch, wie er selber stolz in seiner Autobiographie mitteilt.

Karls Hauptresidenz Prag war im 14. Jahrhundert eine tschechische und deutsche Großstadt in einem. Der »Vater Böhmens« und, in der Polemik, »Erzstiefvater des Reiches« machte sie zur Metropole des Imperiums und den Hradschin zur Hochburg seiner Hausmacht- und Heiratspolitik, deren strategische Linien von hier aus in alle Himmelsrichtungen liefen: zwischen Themse und Dnjepr, zwischen Ostsee und Adria. Gerade als Heiratspolitiker konnte Karl natürlich nie in »nationalen« Kategorien denken, und so war er ganz einfach »ein Kaiser in Europa« – wie es im Titel der wichtigsten Karl-Biographie von Ferdinand Seibt heißt.

Mosel-Moldau-Fahrt aus Heiratslust

Wie kamen Karls Luxemburger von Maas und Mosel an die Moldau? Wie stiegen sie von mäßig mächtigen Westprovinzgrafen zu Königen und Kurfürsten von Böhmen auf? Durch ehrgeizige Diplomatie und, natürlich, durch Heiratspolitik. Wir blicken zunächst auf Karls Großvater: Der Graf Heinrich von Luxemburg (um 1274–1313) brachte es nach einem intrigenreichen Wahlkampf im November 1308 überraschend zur deutschen Königswürde. Maßgebliche Schützenhilfe hatte dabei sein Bruder Balduin geleistet, der im würdigen Alter von 23 als Erzbischof-Kurfürst von Trier den konkurrierenden König von Frankreich ausmanövrierte.

Talentierte Brüder. Und bevor dann der König sendungsbewußt nach Italien zog, um sich in Rom – vom großen Dante Alighieri als Erneuerer der Kaisermacht gefeiert – zum Imperator Heinrich VII. krönen zu lassen, gewann er im Sommer 1310 fast beiläufig das böhmische Königreich für seine Dynastie.

Der ritterlich-weltläufige Fürst nahm persönlich sehr ein für sein Haus, die Luxemburger, und er stand gut mit den einflußreichen Erzbischöfen; besonders auch mit dem klugen Peter von Mainz, der früher böhmischer Kanzler gewesen war und nun die Fäden zwischen Prag und dem Westen spann. Mit den Repräsentanten des böhmischen Adels und Klerus kamen die Herren Peter und Heinrich überein, den in Prag sehr unbeliebten Herzog von Kärnten als böhmischen König auszubooten und an dessen Stelle einen Luxemburger zu setzen. Johann, der vielversprechende Sohn des deutschen Königs Heinrich, hatte zu diesem Zweck die Königstochter Elisabeth aus der böhmischen Przemysliden-Dynastie zu ehelichen: eine Verbindung, die den Herrscherwechsel glänzend legitimieren würde. Geringfügiger Schönheitsfehler: Johanns noch eher zartes Alter.

»Es mag Euch nicht beeinflussen, mein Herr König«, sprach der böhmische Verhandlungsführer, Abt Konrad von Königsaal, chronikgemäß zu Heinrich von Luxemburg, der anfangs lieber einen Bruder anstelle des minderjährigen Sohns nach Prag delegiert hätte, »daß meine junge Herrin Elisabeth nach ihrem Alter Eurem Sohn Johann um vier Jahre voraus ist, hat doch Euer Sohn gerade das vierzehnte Lebensjahr erreicht und dieses Mädchen das achtzehnte; sind erst einmal zwei Jahre vergangen, dann wird der körperliche Unterschied schon ausgeglichen sein ... Und ehe Ihr aus der Hand Eures Sohnes ein solches und so großes Reich wieder fahren laßt, solltet Ihr, gleichviel, ihn mit einer Jungfrau oder einer Matrone verheiraten, mag sie auch schon das fünfzigste Jahr erreicht haben. Da lachte der König ...«

Ist dieser böhmische Abt nicht ein wahrer Philosoph der Heiratspolitik gewesen? Heinrich VII. hatte in der Tat gut lachen: Als der pubertierende Johann und die Jungfrau Elisabeth im Februar 1311 in Prag zum böhmischen Königspaar gekrönt wurden, war das Kurfürstentum im Herzen Europas für lange Zeit zur Haupthausmacht der Luxemburger geworden. Und Kaiser Heinrichs Dynastie in atemberaubendem Tempo zur ersten im Reich aufgestiegen – vor und neben Habsburg und Wittelsbach, den großen Rivalen nicht zuletzt auf dem Feld der Heiratspolitik.

Nach dem allzu frühen Tod des noch nicht vierzigjährigen Heinrich VII. im August 1313 stand plötzlich der siebzehnjährige König Johann von Böhmen an der Spitze des Hauses Luxemburg. Er galt den königmachenden Kurfürsten bei der Wahl des Jahres 1314 zwar als noch zu unreif und unstet für die Nachfolge seines Vaters im Reich, schlug sich dann aber hartnäckig für die Interessen seiner Dynastie, besonders mit dem aufständischen Adel in Böhmen. Und er zeugte, mit sechzehn beginnend, wacker Nachkommen: nach einigen Töchtern den Sohn Wenzel, unseren Kapitelhauptthelden Karl, der am 14. Mai 1316 auf die Welt kam. »Sind erst einmal zwei Jahre vergangen«, der kluge Abt hatte es gewußt, »dann wird der körperliche Unterschied schon ausgeglichen sein …« Und obwohl Johanns Ehe mit Elisabeth bereits früh scheiterte, schwängerte er sie (trotz sehr sporadischer Präsenz in Prag) noch einige weitere Male. Wenn's denn nicht ein Minnesänger gewesen ist.

König Johanns Damenschach

Als ob er seinem Kronprinzen ein familiär beispielhaftes Strickmuster für umtriebige Heiratspolitik entwerfen wollte, knüpfte König Johann – neben seinen vielfältigen ritterlich-politischen Aktivitäten – alsbald auch diverse dynastische Eheverbindungen. »Im Schach der Könige«, so Seibt in seiner Biographie Karls IV. (1978), »eröffnet die Dame die weitesten Perspektiven. Eine seiner beiden Schwestern vermählte Johann mit dem Ungarnkönig, was sowohl seine österreichischen als auch seine polnischen Nachbarn als eine politische Demonstration verstehen mußten...« Johann führte nämlich als Erbe seiner böhmisch-przemyslidischen Vorgänger ebenso beharrlich wie anmaßend den Titel eines Königs von Polen. Wo immer sich genealogisch auch nur ein Quentchen Anspruch reklamieren läßt, so dachte man ja grundsätzlich als Fürst, da hat man sein Panier einzupflanzen: Wer weiß, was sich im dynastischen Auf und Ab noch so alles ergibt.

Seine zweite Schwester Maria vermählte Johann 1322 mit dem französischen König Karl IV., dem Schönen, und um die luxemburgisch-französische Partnerschaft noch fester zu zurren, schob der Böhmenkönig bereits 1323 auch sein siebenjähriges Söhnchen Karl aufs Heiratsschachbrett. Der arme Kleine, den Johann während der böhmischen Wirren mutterlos in festen Burgen und finsteren Kellern versteckt gehalten hatte, wurde zur Erziehung nach Paris geschickt und dort 1323 in einer Kinderheirat mit der etwa gleichaltrigen Blanche von Valois, einer Cousine des Königs, vermählt. Eine Hochzeit zwar ohne »Beilager«, doch mit dem ausdrücklichen Beifall des Papstes.

»Karl war, als er nach Paris kam«, so resümiert Seibt die dichtgestrickte französische Connection, »Neffe der Königin; später durch seine Frau Schwager des neuen Königs; und demnach der Onkel von dessen Sohn, dem späteren König Johann II., der seine Schwester heiratete, so daß er zugleich auch sein Schwager wurde und Karl solcherart schließlich als Onkel und Großonkel auch des nächsten regierenden Königs von Frankreich, Karls V., in engsten Bindungen mit dem französischen Königshause blieb.« Das mußte doch mal so luzid gesagt werden.

König Johann von Böhmen verband auch alle seine übri-

Sandsteinbüste Karls IV. im Triforium des Prager Veitsdoms von Peter Parler.

gen Kinder bereits im zarten Alter mit Fürsten (oder deren Sprößlingen) rings um seine Hausmachtländer, Bündnisse suchend oder auf den einen oder anderen Erbfall hoffend. So seine älteste neunjährige Tochter mit Herzog Heinrich von Niederbayern, so weiter seine kaum dreijährige Tochter Anna durch Verlobung mit dem ungarischen Kronprinzen, nachdem bedauerlicherweise das erstgeknüpfte Band nach Ofen durch den frühen Tod von Johanns Schwester gerissen war; später verehelichte Johann Anna mit Herzog Otto von Österreich. So weiter seine Tochter Guta 1332 mit dem Thronfolger Johann in Paris, wo diese Luxemburgerin als »Bonne« zur Ahnherrin des Hauses Valois avancierte.

Und weiter und ganz besonders seinen Sohn Johann Heinrich 1330 im Alter von acht Jahren mit der später berühmt-berüchtigten Margarete »Maultasch«, der damals zwölfjährigen Erbin Kärntens und Tirols mit der vermeintlich (aber unbewiesen) maultaschenhäßlichen Mundpartie. Dies schien für Prag einen glänzenden Ländergewinn, einen strategisch bedeutenden Brückenschlag nach Italien in sichere Aussicht zu stellen. Die eigenwillige Margarete aber sperrte den ungeliebten Luxemburger im November 1341 mit einem verblüffenden Putsch vom Schloß Tirol aus und ließ ihn für unerwünscht und impotent erklären.

Margaretes solchermaßen angeblich nie vollzogene Ehe mit Johann Heinrich konnte Kaiser Ludwig der Bayer nun durch ausgeklügelte Gutachten in die päpstlich lange verweigerte Annullierung treiben; wir haben schon davon gesprochen. Es versteht sich, daß der Kaiser einen neuen Ehemann von vornherein in petto hatte: seinen eigenen Sohn Ludwig den Brandenburger, der nun, 1342, mit Margarete das schöne Tirol für das Haus Wittelsbach zu erheiraten hatte. Trügerisch freilich auch dieser Coup, denn als Ludwig junior 1361 starb – es hieß, die dämonische Maultasch habe ihn vergiftet – und ihm beider Sohn Meinhard schon 1363 in den Tod folgte, war in diesem Erbfall auch Wittelsbach gescheitert. Am Ende ernteten mit strategischer Raffinesse und dem resignierten Segen der Margarete Maultasch in Tirol die Habsburger.

Der aus Tirol verjagte Johann Heinrich aber, Markgraf von Mähren dann (1349 bis 1375), vermochte als mehrfacher Vater in weiteren pragmatischen Ehen (die natürlich später unser Held Karl IV., sein älterer Bruder, lancierte) das tirolische Odium der Impotenz nachdrücklich abzustreifen.

In der Sache Tirol hat sich, sehr bezeichnend für die Ära, das heiratspolitische Karussell im Zirkel Prag-München-Wien, zwischen den rivalisierenden Luxemburgern, Wittelsbachern und Habsburgern, in leicht schlingernden Drehungen bewegt.

Man sieht, König Johann von Böhmen mißriet im vermählungsstrategischen Schachspiel durchaus die eine oder

Heiratspolitik Karls IV.

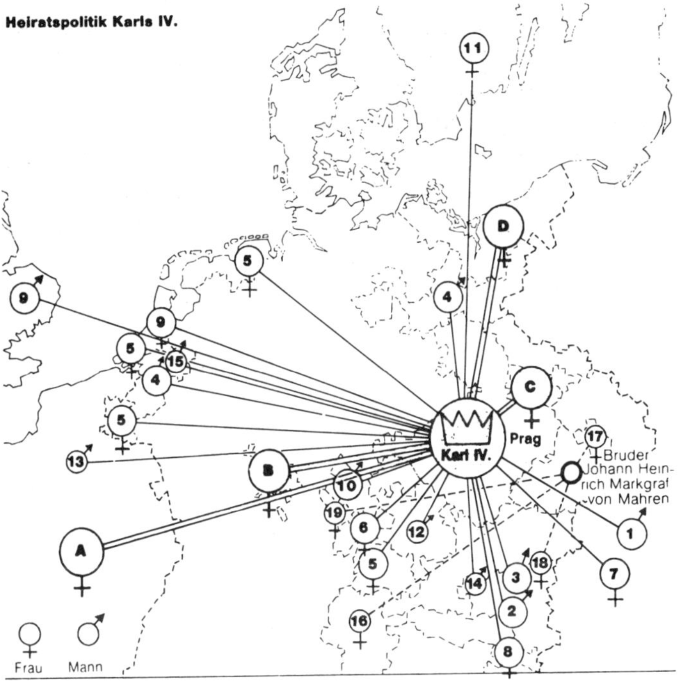

Karl IV.

A	1. Ehe 1323–48 Blanche von Valois (Frankreich)
B	2. Ehe 1349–53 Anna von Wittelsbach (Rheinpfalz)
C	3. Ehe 1353–62 Anna von Schweidnitz (Hzm. Schweidnitz-Jauer)
D	4. Ehe 1363–78 Elisabeth von Pommern

Die Kinder Karls IV.

Margarete 1335–49	1 ♂	König Ludwig von Ungarn
Elisabeth 1358–73	2 ♂	Albrecht III von Habsburg Herzog von Österreich
Katharina 1. Ehe 1359–65	3 ♂	Rudolph IV. von Habsburg Hz.v.Österreich
2. Ehe 1365–79	4 ♂	Otto v.Wittelsbach Herzog v.Baiern Mgf. v. Brandenbg
Wenzel IV 1. Ehe 1370–86	5 ♀	Johanna von Wittelsbach
2. Ehe 1389–1419	6 ♀	Sofie von Wittelsbach Baiern
Sigismund 1. Ehe 1385–92	7 ♀	Maria von Anjou Ungarn
2. Ehe 1408–37	8 ♀	Barbara von Cilli Grafschaft Cilli
Anna 1381–94	9 ♂	König Richard von England
Margarete 1381–1410	10 ♂	Johann von Hohenzollern Burggraf v Nürnberg
Johann 1388–96	11 ♀	Richardis von Schweden

Geschwister Karls IV.

Margarete 1322–39	12 ♂	Herzog Heinrich von Niederbaiern
Gutta 1332–49	13 ♂	König Johann von Frankreich
Anna 1335–38	14 ♂	Otto von Habsburg
Wenzel 1352–83	15 ♀	Johanna von Brabant

Johann Heinrich Markgraf von Mähren

1. Ehe 1329–41	16 ♀	Margarete von Tirol
2. Ehe 1349–63	17 ♀	Margarete von Troppau
3. Ehe 1364–66	18 ♀	Margarete von Habsburg
4. Ehe	19 ♀	Elisabeth von Oettingen

andere Kombination; insgesamt aber hat er seinem Erben manche Linien und Lücken für Läufer oder Springer geöffnet. Der Fürst hat auf diesem Feld selbst noch einmal eine Dame gefunden und in zweiter Ehe 1334 Beatrix von Bourbon aus der französischen Königsfamilie geheiratet. Ein quacksalberisch falsch behandeltes Augenleiden führte 1339 zu Johanns Erblindung, und 1346 ließ sich der lebenslang und noch als Blinder gefechtsfreudige Böhmenkönig in der berühmten Schlacht von Crécy (nahe Calais) zwischen Franzosen und Engländern auf seinem Streitroß in einen ritterlich-sinnlosen Kampfestod geleiten. Sein Sohn Karl aber war gottlob schlau genug, rechtzeitig aus der Reichweite der fürchterlichen englischen Bogenschützen zu retirieren.

Karl rückt ans Schachbrett

König Johann von Böhmen, augenoptisch, innenpolitisch und dann beinamentlich »der Blinde«, hatte schon dem fünfzehnjährigen Kronprinzen eine Statthalteraufgabe in Oberitalien anvertraut. Drei Jahre später, 1333, übernahm der kluge Karl die Regentschaft in Böhmen, wo er die verfallene Königsmacht zügig wiederherstellte. »Alle ehrlichen Böhmer liebten uns, da sie wußten, daß wir ein Sproß aus dem alten böhmischen Königsgeschlecht waren, und liehen uns ihre Hilfe zur Wiedergewinnung von Burgen und des Königsguts«, berichtet Karl in der Selbstbiographie, die von seinen ersten drei Lebensjahrzehnten erzählt. »Das Königreich gedieh von Tag zu Tag«, er übertreibt nicht, und es entwickelte sich unter dem jungen Fürsten zu einem vergleichsweise musterhaften, wirtschaftlich aufblühenden Staat, zu einem festen Fundament, von dem aus Karl in allen Sektoren der Politik weiterbauen oder anstückeln konnte.

Im Juli 1346 ist er von der Mehrheit der Kurfürsten, den weiterhin luxemburggeneigten drei Erzbischöfen voran, zum Gegenkönig gegen Kaiser Ludwig den Bayern gewählt worden. Daß man ihn deshalb als »Pfaffenkönig« schmähte, störte ihn wenig. Die spätestens seit dem tirolischen Tiefschlag des Bayern eskalierte Rivalität zum Hause Wittelsbach kam nun auf ihre Höhe. Die Waage des Schicksals neigte sich zugunsten des Hauses Luxemburg, als Karl – ein rarer Entschluß des Königs – im Oktober 1347 mit einem großen Heer von Böhmen nach Bayern aufbrach, auf halbem Wege aber erfuhr, daß Kaiser Ludwig der Bayer eben auf einer bajuwarischen Bärenjagd einem Schlaganfall erlegen war. Komfortabel und kostensparend, nun nicht kämpfen zu müssen.

Obwohl danach noch ein Gegenkönig gegen Karl mobilisiert wurde, fand der diplomatisch souveräne Böhmenherrscher bald allgemeine Anerkennung im Reich als römisch-deutscher König. 1355 holte er sich in Rom rasch und geschäftig auch die Kaiserkrone. Neue Hoffnungen der kaisertreuen Ghibellinen, wie sie vor Jahrzehnten der Römerzug seines Großvaters Heinrich VII. entfacht hatte, freilich weckte der uncharismatische Fürst in Italien kaum. Doch er stabilisierte das Imperium 1356 nachhaltig durch das als »Goldene Bulle« berühmte Reichsgesetz über Königswahl und Kurfürstenrechte, die bis dahin nicht eindeutig kodifiziert waren.

Heiratspolitik und Hausmachtpolitik fließen bei Karl IV. exemplarisch ineinander. Obwohl nahezu alle seine regierenden Adelskollegen, große Könige und kleine Krauter, in solchen Kategorien zu operieren suchten, ist gerade Karl seine totale Bedenkenlosigkeit und eigentlich die damit verbundene Effizienz auf diesem Feld von manchen Historikern moralisch sehr verübelt worden.

»In den Dienst seiner Erwerbspolitik«, urteilt Karls Biograph Josef Pfitzner (1938) abschätzig, »stellte er rücksichtslos auch sein gesamtes Familienleben. Nicht weniger als viermal war er verheiratet, und jedesmal wird der Zweck unverhüllt sichtbar. Das Alter der Braut spielte bei diesen

Berechnungen nie eine Rolle. Als gereifter Mann führte er halbe Kinder als Gattinnen heim, wie ihm auch seine Kinder Schachbrettfiguren der internationalen Politik waren. Gefühle und persönlicher Wille der Beteiligten besaßen nicht das geringste Gewicht. Nicht als ob nicht auch andere Fürstengenossen seiner Zeit die gleichen Spielregeln befolgt hätten... Aber Karl hob sich von allen übrigen durch das Maß ab, das nur seine Erklärung in seiner Art findet.«

Dieser ungnädigen Wertung fügt Pfitzner freilich selbst Passagen über Hausmachtpolitik im 14. Jahrhundert an, die auch ihn einsichtig dafür zeigen, wie unerläßlich für die Position des Herrschers im Reich ein egoistisch dynastisches Besitzstreben gewesen ist. Ein König-Kaiser ohne starke Hausmacht war ein Spielball in den Händen der widersetzlichen und selbstherrlichen Kur- und Reichsfürsten, und so lagen Hausmacht- und mithin auch Heiratspolitik als Instrumentarium durchaus im Interesse der Befriedung des Reiches. Wenn nicht durch opferreichen »Kampf und Krieg« – wie anders als durch »Kopulation und Kalkül« in der Erwerbspolitik ließ sich der nötige Besitzteppich weben? – so alliteriert Hellmut Diwald.

Überdies ist Karl IV. trotz der, für unsere Begriffe, menschlich oft wirklich abwegigen Ehe- und Verlöbniskonstruktionen, die er so kalt berechnend austüftelte, durchaus kein rundherum gnadenloser Zyniker gewesen. Mit dem lauernden Realpolitiker geht ein moralisch friedfertiger, erstaunlich belesener, theologisch versierter, fromme Meditation und namentlich den »heiligen« Reliquienkult leidenschaftlich pflegender Sohn der Kirche ineins. Es ist nicht ersichtlich, ob ihn die schlimmen Erlebnisse der mutterlosen frühen Kindheit charakterlich verbogen haben. Wie verläßlich den Kaiser die Sandsteinbüste von Peter Parler im Prager Veitsdom porträtiert – eine breite, behäbige, schlaue, aber ganz undurchtriebene Physiognomie –, läßt sich nicht zweifelsfrei sagen.

Bei den Reliquienschätzen der Burg Karlstein in Böhmen, Karls Lieblingsitz, ließ sich inspiriert über neue gottgefällige Heiraten nachsinnen. Zeichnung aus dem 19. Jahrhundert.

Blicken wir auf Karls planmäßigen Hausmachtausbau von Böhmen nach Westen: Als seine erste Frau Blanche von Valois 1348 starb, konnte er im Folgejahr eine strategisch bedeutsame zweite Ehe mit der zwanzigjährigen Anna von der Pfalz eingehen, der Tochter des Pfalzgrafen Rudolf von Wittelsbach. Durch diese Verbindung spaltete Karl die ihm feindliche Front der Wittelsbacher-Linien verwirrend auf und gewann die Anwartschaft auf oberpfälzische Besitzungen, die den Grundstock »Neuböhmens« oder »Bayerns jenseits des Böhmerwalds« bildeten. Durch Pfandnahme und Länderkauf baute Karl dann stetig weiter an einem fränkischen Korridor hinüber zum Stammgebiet der Luxemburger.

Mit den hohenzollernschen Burggrafen von Nürnberg, deren Territorien so verlockend zu diesem Brückenbau paßten, schloß Karl später – zu einem Zeitpunkt, da gerade keine luxemburgischen Sprößlinge disponibel waren – einen in vieler Hinsicht spekulativen Vertrag über Ehen zwischen künftig noch zu gebärenden Kindern beider Häuser ab: wahrhaft futuristische Heiratspolitik, denn nicht einmal die erforderlichen Schwangerschaften waren in Prag oder Nürnberg schon eingetreten.

Übrigens wäre es kein rechtes Karlsprojekt gewesen, wenn er die vertraglich angestrebte Eheunion mit den Hohenzollern dann nicht tatsächlich doch noch zustande gebracht hätte.

Neue Ehen und Erben

Billigerweise muß man einräumen, daß Kaiser Karl IV. über längere Zeit zunächst wenig Fortüne mit dem Personal für seine Heiratspolitik entwickelte: Als auch seine zweite Gemahlin Anna von der Pfalz im Februar 1353 jung verstarb, war ihm aus zwei Ehen mit nur drei Kindern lediglich eine Tochter geblieben: Katharina, die er für eine dynastische Großallianz soeben elfjährig mit dem Habsburger Herzog Rudolf von Österreich, »dem Stifter«, verlobt hatte. Karls erste Tochter Margarete, die er mit viel perspektivischer Erbambition dem ungarischen König Ludwig I., dem Großen, aus dem Haus Anjou vermählt hatte, war als noch unerwachsene Königin 1349 gestorben. Ebenso betrüblich dann 1351 der Kleinkindtod des ersten Sohnes Wenzel.

Wen überrascht es noch, daß dieser Winzling Wenzel 1350 im Alter von elf Monaten bereits ein verlobter Fürst gewesen ist? Karl hatte ihn mit der elfjährigen Anna von Schweidnitz verkuppelt, der Tochter des Herzogs Bolko II. von Schweidnitz-Jauer, der ein schönes schlesisches Territorium zwischen Böhmen und den bereits zum Hause Luxemburg gehörenden schlesischen Herzogtümern zu vererben hatte. Böhmen ohne Schweidnitz-Jauer mag man sich fast ein bißchen so wie Frankreich ohne die Bretagne denken – was das Herzogtum für Karl natürlich zu einem hochrangigen Arrondierungsobjekt machte.

Als der knapp zweijährige Prinz Wenzel als Erheirater leider ausfiel, stieg nun der 37jährige und erst seit vier Monaten verwitwete König Karl rasch entschlossen selber in den Ring. Im Juni 1353 führte er die kaum vierzehnjährige

Karls IV. dritte Gemahlin Anna von Schweidnitz, Porträt-Büste von Peter Parler: frühverstorben auch die reizende Schlesierin.

Anna heim, deren Herzogtum 1368 endgültig an Böhmen fiel. Wie verwirrend das Heiratsspiel für die kleine Schlesierin auch gewesen sein muß – erst ein Baby, dann eine Vatergestalt als Ehemann –, Anna gebar Karl 1358 eine Tochter Elisabeth und 1361 einen neuen Kronprinzen Wenzel, den späteren böhmischen und römisch-deutschen König. Wie Karls erste Anna ist auch sie, deren Parler-Büste im Veitsdom uns mädchenhaft sanft anlächelt, bereits als Anfangzwanzigerin, 1362, gestorben.

Die armen *frouwen* und *frouwelin* des Mittelalters, wie oft haben wir Anlaß, das zu sagen. Kaiser Karl aber hatte seine bis dahin wenig glückhafte persönliche Vaterrolle ins

Positive gewendet und konnte sich, strategisch wie immer, nach einer vierten Gemahlin für weiteren Nachwuchs umsehen: neue Türme, Läufer und Springer auf dem Hausmachtschachbrett.

Zwischendurch hatte Karl auch das väterliche Stammland im Westen, das von ihm selbst zum Herzogtum erhobene Luxemburg, heiratspolitisch erfreulich erweitert: Sein hier 1354 als Regent eingesetzter Halbbruder Wenzel (aus Johanns des Blinden zweiter Ehe) war fünfzehnjährig mit Johanna, der Erbin des Nachbarterritoriums Brabant-Limburg, sehr einträglich vermählt worden. Fortüne also auch an dieser Hausmachtfront.

Nicht lange nach dem Tod seiner dritten Gemahlin Anna verheiratete sich der Kaiser, nun 47 Jahre alt, 1363 mit der sechzehnjährigen Herzogstochter Elisabeth von Pommern, einer Enkelin des noch regierenden und söhnelosen Polenkönigs Kasimir des Großen aus der alten Piasten-Dynastie (von der wir noch erzählen werden). Die Pommerin ist, wie staunende, teils freilich anekdotische Erzählungen wissen, ein offensichtlich äußerst strammes, ja hünenhaftes Mädchen gewesen, das Hufeisen verbiegen konnte: eine neue Brunhilde des Nordens, vor allem dann aber eine besonders wackere Gebärerin. Sechs Kaiserkindern schenkte sie zwischen 1366 und 1377 das Leben: wertvollstes Kapital (auch wenn zwei Söhne im Kleinkindalter starben) für den Heiratspolitiker Karl.

»Jede seiner vier Heiraten«, so Ferdinand Seibt, »interpretiert Karls politische Ambitionen; die drei, die er selber aus freiem Willen schloß, die pfälzische, die schlesische und nun die pommersche Heirat, waren jedesmal Kernstücke seiner politischen Pläne. Karls Absicht war offenbar danach gerichtet, Elbe und Oder von der Quelle bis zur Mündung in seinem Bereich zu vereinigen ... Er schob einen Fuß zwischen das damals noch wittelsbachische Brandenburg und Polen und schloß gleichzeitig einen Kontrakt mit den Piasten.«

Karls unersättlicher Erwerbsdrang galt also nicht weniger, nein eher noch intensiver, dem Norden und dem Osten sowie nicht zuletzt dem Südosten. Wir erinnern uns an die alte böhmische Dynastie-Ambition auf eine Nachfolge in Polen; dazu gleich auch an die beharrliche Ausschau schon König Johanns nach Ungarn. Beide Königreiche umkreiste Karl über viele Jahre hin mit seinem variablen Kopulationskalkül.

Für Ungarn schlug er nun durch die Verlobung seines zuvor schon einer Hohenzollerin versprochenen Sohnes Wenzel mit Elisabeth, einer Nichte des Ungarnkönigs Ludwig, einen neuen Nagel ein; längst nicht den letzten, wie wir noch sehen werden. Der kindliche Kronprinz Wenzel hatte auf Karls Schachbrett eine höchst mobile Figur zu sein. Ja, und dann galt es, das Kurfürstentum Brandenburg den Wittelsbachern abzujagen; ein besonderes Filetstück, das freilich eine lange Garzeit benötigte.

»Als glücklicher Vater im Kreise unfruchtbarer Nachbarfürsten suchte Karl ein dichtes Netz verwandtschaftlicher Bindungen zu spinnen«, wertet Pfitzner, »um künftige Erwerbungen vorzubereiten. Karl, dem schließlich aus vier Ehen elf, freilich nicht durchwegs lebensfähige Kinder geboren worden waren, konnte damit geradezu einen physischen Triumph über seine Nachbarschaft feiern.«

Wittelsbach mattgesetzt, Ungarn eingekreist

Wir gestatten uns hier einen Zwischenruf: Den geneigten Leserinnen und Leser wird empfohlen, dynastischen Verzwicktheiten der Heiratspolitik wohl mit ein bißchen Staunen, doch ohne das Bemühen zu folgen, sie auch nur mehrheitlich gleich im Kopf zu behalten; die historisch wirklich folgenreichen Weichenstellungen schälen sich dann schon, wie wir hoffen, halbwegs heraus.

Mit dem Haus Habsburg einigte sich Karl IV. 1364 auf ei-

Dem römisch-deutschen König Wenzel, Karls IV. ältestem Sohn, kam eine Hauptrolle in den Heiratsplanspielen des Vaters zu.

nen Erbvertrag, der für den Fall des Aussterbens des einen Geschlechts seine gesamten Territorien dem anderen zusicherte: ein historisch bedeutsamer Pakt, mit dem der Kaiser natürlich auf einen zu dieser Zeit wahrscheinlicheren Erbfolg für Luxemburg spekulierte; Klio werden wir freilich auch in diesem Kasus ziemlich eigensinnig erleben. Natürlich waren Ehen Garant des Vertrages zwischen Prag und Wien: Karls Töchter Katharina und Elisabeth wurden mit den Habsburger-Herzögen Rudolf IV., »dem Stifter«, und Albrecht III. vermählt.

Nun zu Karls Ringen mit dem Hause Wittelsbach, das nach dem Aussterben der Askanier die Mark Brandenburg gewonnen hatte: wahrlich kein reiches, ein staubiges, doch ziemlich weitläufiges und politisch wichtiges Land, dem ja immerhin eine der sieben Kurstimmen gehörte. Karl ließ kein denkbares Manöver aus, um die Wittelsbacher Herrschaft in Brandenburg zu unterlaufen: Er unterstützte, sicher gegen besseres Wissen, den »falschen Woldemar«, einen Hochstapler, der sich für den nach langer Pilgerfahrt heimgekehrten Askanierfürsten Woldemar ausgab.

Und er trieb erneut Keile in die dynastische Front der Bayern: So indem er seinen jetzt neunjährigen Sohn Wenzel, der ja zuvor an der heiratspolitischen Ungarnfront im Einsatz gewesen war, 1370 mit Johanna, einer Enkelin Ludwigs des Bayern und Tochter Albrechts von Niederbayern-Holland, verheiratete: Dieser somit ehrenvoll kaiserlich versippte Wittelsbacher hatte seinen Widerstand gegen Karls brandenburgische Pläne jetzt natürlich einzustellen.

Besonders aber galt es für Karl, den neuen Wittelsbacher-Markgrafen von Brandenburg Otto V., den jüngsten Sohn Kaiser Ludwigs des Bayern, in seine Netze zu verstricken. Im Jahre 1366 verheiratete der Kaiser seine Tochter Katharina, die mit dem Tod Rudolfs des Stifters soeben als Witwe aufs Heiratsschachbrett zurückgekehrt war, mit dem jungen Otto, der so gar nichts von der Courage früherer Ottonen aus seiner Dynastie besaß.

Karl und Katharina beschwatzten den phlegmatischen Kurfürsten, sich offiziell als »unmündig« der Vormundschaft des Kaisers zu unterwerfen. Politisch-militärischer Druck, sanftere weibliche Umgarnung und eine verlockende Offerte stimmten Otto auf die Weisheit des Entsagens ein und ließen ihn schließlich vollends in seine Kissen zurücksinken: Im Vertrag von Fürstenwalde verkaufte er 1373 für die sagenhafte Summe von 200 000 Goldgulden in bar (plus hohe Jahresrenten etc. etc.) die Mark Brandenburg an den Schwiegerpapa.

Es handelt sich fraglos um einen der krassesten Fälle unbayerischen Verhaltens in der Geschichte: Mit Berlin als einer Wittelsbacher Nebenresidenz, man male es sich aus, hätte sich doch dem ganzen preußischen Schlamassel vorbeugen lassen. Eben achtundzwanzigjährig trat Otto nun seinen Lebensabend im Süden an, und die Geschichtsbücher haben ihm seine historische Transaktion mit dem wohlverdienten Beinamen »der Faule« quittiert.

Karl IV. aber richtete sich als neuer Herr Brandenburgs in Tangermünde an der Elbe eine stattliche Zweitresidenz ein. Seiner märkischen Akquisition schlossen sich neue ehrgeizige Heiratsstrategien an, als der söhnelose Ludwig der Große von Ungarn auch polnischer König und in zweiter Ehe überraschend noch Vater dreier Töchter geworden war. Die Puszta-Prinzeßchen waren vom ersten Krähen an die begehrtesten Bräute Europas – und natürlich setzte sich Kaiser Karl vor allen Bewerbern an eine Spitzenposition. Sein von der Pommerin Elisabeth 1368 geborener Sohn Sigismund war zwar schon als Kleinkind – im Alter von vier Tagen! – mit einer Tochter des Nürnberger Burggrafen Friedrich verlobt worden, doch da nun die ungarischen Perspektiven ungleich attraktiver erschienen, löste der Kaiser diese Verbindung und tröstete den fränkischen Hohenzoller mit dem Versprechen, seine soeben, 1373, geborene Tochter Margarete dem Burggrafensohn Johann zur Frau zu geben.

Um Ungarns Thron rangen und rangelten seit dem Aussterben der alten einheimischen Arpaden-Dynastie im Jahre 1301 die Häuser Anjou, Przemysl, Habsburg und Luxemburg vorzüglich mit den Methoden höchst flexibler Allianzpolitik sowie natürlich dem Maßnahmenrepertoire der Ehe-Erwerbsstrategie. Nachdem sich Anjou für ein paar Jahrzehnte in den riesigen Weiten um Donau, Drau und Theiß etabliert hatte, schlug schließlich Karls IV. Stunde: 1375 handelte der Kaiser einen Ehevertrag für den siebenjährigen Sigismund und die vierjährige Ungarnprinzessin Maria aus, und 1385 folgte nach mancherlei Komplikationen (die wir

Karls IV. Sohn Sigismund, der spätere Kaiser, erheiratet mit Maria von Anjou-Ungarn 1385 das Magyarenland. Im Vordergrund weist Sigismund einen Mitbewerber ab. Französische Miniatur um 1468.

dem Leser ersparen) die Hochzeit. Sigismund durfte sich zwar zunächst nur »Vormund Ungarns« nennen, gewann dann aber wie geplant die ungarische Krone; die polnische allerdings, die Karl natürlich gleichermaßen im Visier hatte, entglitt den beiden Pragern. Daß kaiserliche Erwerbsblicke vom Hradschin sogar auf das ferne Reich Litauen fielen, das sich damals als letztes Heidenland Europas von der Memel bis zum Schwarzen Meer erstreckte, wollen wir hier nur andeuten.

Auch das schöne Ungarn also für Luxemburg-Böhmen gewonnen: Es war der letzte große Heiratscoup Karls IV., den er von langer Hand eingefädelt hatte, dessen schließlichen Vollzug er freilich nicht mehr erlebte. Als er am 29. November 1378 stirbt, sind die Hausmachtterritorien seiner Dynastie um sage und schreibe zwei Drittel erweitert. »Ich dien« hieß bei König Johann der Wahlspruch der Luxemburger; »durch Ehen erben« hätte er bei Karl lauten können.

Mit einem Anflug von Wehmut fügen wir an, daß das von Kaiser Karl IV. so kunstreich geschnürte riesige Hausmachtpaket von seinem späteren Haupterben Kaiser Sigismund (1368–1437) mit manchmal machiavellistischer Gewandtheit zwar noch für ein halbes Jahrhundert zusammengehalten werden konnte, dann aber durch die Heirat von Sigismunds Tochter Elisabeth mit dem österreichischen Herzog und späteren deutschen König Albrecht II. an das Haus Habsburg gelangte.

Ob Karl im Erbvertrag mit Österreich 1364 den kommenden Aufstieg des Heiratshauses Habsburg selber schon ahnungsvoll antizipiert hat, wiewohl er ihn natürlich nicht wünschte? Wenn Dante nach Kaiser Heinrich VII. auch Karl IV. noch ins »Paradies« seiner »Göttlichen Komödie« hätte aufnehmen können (wofür des Kaisers zahlreiche Reliquienheilige ohnehin ein Bonus waren), hätte Karl der aufblühenden Wiener Heiratspolitik von oben fraglos kennerisch applaudiert. In der Hofburg wird man es auf diesem Feld dem Hradschin gleichtun; zwar nicht noch raffinierter (was ja ganz undenkbar ist), aber langfristig noch erfolgreicher sein.

Pardon, das oben knapp gefallene Heiratsstichwort »Themse« hätten wir fast aufzulösen vergessen: Karl IV. blickte auch übers Meer und hat seine Tochter Anna in eine Ehe mit Englands König Richard II. nach London delegiert, wo sie als »Good Queen Anne« sehr geschätzt wurde und 1394 traurigerweise jung gestorben ist. In England aber ehelich zu erben – nein, daran war wirklich nicht zu denken, das schafften später nicht einmal die Habsburger.

Das welthistorische Heiratsglück des Hauses Habsburg

Fünf Vokale und ein Distichon

Ist das buchstabenmagische Motto des Habsburger Kaisers Friedrich eine verschlüsselte Identitätsstiftung für das »Domus Austriae« gewesen? Ein Programm zur Weltmacht gar? A.E.I.O.U.: Wenn dieses geheimnisvolle, im Laufe der Jahrhunderte vieldutzendfach gedeutete Signum Friedrichs III., die fünf Vokale, mit denen er seine Standarten, Bauten und Bücher markierte, wirklich für die stolze Devise stünde: *Austria est imperare orbi universo* – »Alles Erdreich ist Österreich untertan«, dann hätte der versponnene Herrscher (1415–1493) ein wahrhaft abgehobenes Sendungsbewußtsein besessen.

Gedemütigt nämlich und besiegt, glück- und mittellos und zeitweilig sogar aus seiner Residenz Wien vertrieben, hatte Kaiser Friedrich III. während der weit überwiegenden Jahrzehnte seiner Regierungszeit keinen Grund für triumphale Prophetien. Mystische Letternrätsel konnte er aufgeben, reale Lösungen fand er selten. Und zeitgenössischer wie später Spott für ihn und seine zweifelhafte Vokaldevise ist nicht ausgeblieben: »Allerlei Erdreich ist Österreichs Unglück« oder »Aller erst ist Österreich verloren« beispielsweise.

Kein kühnes Überfliegen, nur karges Überleben – so hatte sich in der alten Wiener Hofburg damals die Politik einzurichten. Wovon sollte man da die neue Auserwähltheit ableiten? Und doch war es eben diesem zähen und hintersinnigen Herrscher in der letzten Phase seiner dreiundfünfzigjährigen Herrschaft als römisch-deutscher König beschieden, seine Probleme wahrlich im Wortsinn »auszusitzen«. Es gelang dem alten Herrn am Ende nicht nur, den gesamten Habsburger-Besitz wieder in einer Hand zu vereinigen, sondern auch den von seinem Sohn Maximilian dann sensationell durchgesetzten großen Heiratserfolg einzufädeln: den Gewinn des mächtigen europäischen Mittelreichs Burgund.

Von nun an flatterte der »Mantel der Geschichte« wieder öfter in Griffweite der heiratenden Habsburger Erzherzöge: Unter Maximilian I. und dessen Enkeln Karl V. und Ferdinand I. gelangte die ja ohnehin mit ihren Kernländern schon besitzreiche »Casa d'Austria« innerhalb weniger Jahrzehnte, bis 1526, zu jenem erstaunlichen Großimperium zwischen Gibraltar und Siebenbürgen, den Niederlanden und Sizilien, in dem global gesehen, angesichts der jungen amerikanischen Besitzungen, »die Sonne« wahrhaft und sprichwörtlich »nicht unterging«. Habsburg im Zenit: War der alte Kaiser Friedrich mit seinem A.E.I.O.U. am Ende doch ein Seher gewesen? »Alle Erbinnen« – so die jüngste Deutung – »in Österreichs Verfügung«?

Sprichwörtlich vor allem wurde seither das Ovids »Heroides« nachempfundene und dem Ungarnkönig Matthias Corvinus zugeschriebene Distichon, das all die Gewinne so einprägsam auf den Nenner bringt: »Bella gerant alii! tu, felix Austria, nube! / Nam quae Mars aliis, dat tibi regna Venus! / Anderen lasse den Krieg! du, glückliches Österreich, heirate! / Mars mehrt anderen das Reich, Venus vergrößert es dir!«

Die rechten Ehen und Geburten, dazu die passenden Todes- und Erbfälle: Nicht daß man ganz ohne Krieg ausgekommen wäre, beileibe nicht, doch den Erwerb seiner

Liegenschaften verdankte Habsburg in verblüffender Häufung den beiden klassischen *Liegestätten* Bett und Grab.

Den Distichon-Kern »Du, glückliches Österreich, heirate!« assoziiert jeder Geschichtsfreund unfehlbar, wenn das Stichwort Heiratspolitik fällt. Dieses historische Erwerbsprinzip (das sich freilich beim Erobern der überseeischen Kolonien leider nicht praktizieren ließ) wird im populären Verständnis ganz vorrangig mit der Habsburger-Dynastie identifiziert. Und völlig zu Recht: Trotz der wahrlich zahlreichen frappanten Heiratscoups und ehelichen Weichenstellungen der europäischen Geschichte, von denen wir in unseren anderen Dynastiekapiteln ja manches erzählen, ist die Häufung glückhafter Habsburger-Hochzeiten historisch unübertroffen.

In zahllosen Geschichtsbüchern ist davon natürlich die Rede, knapp und eher unwillig in manchen modernen, denen dynastische Daten und Strategien als historistischer Ballast gelten, einem tieferen sozialgeschichtlichen Verständnis hinderlich; traditionell ausführlich dagegen bei Wiener Historikern und Publizisten wie beispielsweise Adam Wandruszka oder Hellmut Andics, die dem Publikum, so wie wir, Geschichte zu erzählen versuchen. Gerade Andics' unterhaltsamer Monographie »Die Frauen der Habsburger« verdankt unsere Darstellung den einen oder anderen Anstoß und Akzent.

Rund sechseinhalb Jahrhunderte habsburgischer Heiratspolitik, vom mittleren 13. bis zum späten 19., wären abzuschreiten, wenn wir uns hier nicht, wie eingangs zur Beruhigung des Lesers erklärt, dem Prinzip Selektion, Auswahl des Originellen und des Nachwirkenden, verschrieben hätten. Die Kunst des Weglassens, des Straffens allerdings wird einem gerade von den Habsburgern auf ihrem dicht bestellten Erfolgsfeld nicht leichtgemacht.

Von der Habichtsburg zur Hofburg

Nomen est omen: Die namengebende Stammburg der Dynastie beim Zusammenfluß von Aare und Reuß im heute schweizerischen Aargau ist die Habsburg, was eigentlich »Habichtsburg« bedeutet – und »Habichtsnasen« haben durch die Generationen viele Herren des Hauses gekennzeichnet. Das wahrscheinlich erste ganz realistische Porträt eines römisch-deutschen Königs, die Darstellung Rudolfs I. auf der Grabplatte im Dom zu Speyer, zeigt uns diese Habichts-Hakennase als Dominante in einem hager-sehnigen und klugen Gesicht. Ist es abwegig, dem großen Ahnherrn des Hauses Habsburg (1218–1291) auch die Eigenschaften des äußerst wendigen Greifvogels Habicht zu attestieren? Viel territoriale Beute hat er jedenfalls gemacht, kleinere und größere Happen, und bleibt für die Nachwelt dennoch, alles in allem, eine sehr anziehende Gestalt.

Rudolf fehlte noch das zweite erbliche Familienmerkmal der Habsburger, das sich später in belustigender Häufigkeit durch die Stammbäume des Geschlechts bis in die Moderne zieht: die als Stichwort sogar lexikalische »Habsburger Unterlippe«, jene vorgewulstete Unterhautlippe über wuchtiger Kinnpartie. Durch zahllose politisch wie erzeugerisch fruchtbare habsburgische Heiraten hat sie sich weitervererbt und mitunter, durch dann allzu viele strategische Verwandtenehen, bis ins degeneriert Komische gesteigert. Sie ist, gewissermaßen, noch vor der Habichtsnase das aparte physiognomische Gegenstück zum A.E.I.O.U. der Dynastie.

Zurück zu Rudolf I. Er war bei seiner überraschenden Wahl zum römisch-deutschen König 1273 der mächtigste Territorialherr des Südwestens und nur in der polemischen Sicht seines Hauptrivalen, des im Osten opulent begüterten Böhmenkönigs Przemysl Ottokar II., ein »kleiner Graf«, den die Kurfürsten aus Sorge vor einer Przemysliden-Übermacht im Reich bevorzugten. Mit Ottokar vor allem also

Habsburgs erster großer Heiratspolitiker: Porträt König Rudolfs I. auf der Grabplatte im Dom zu Speyer.

hatte König Rudolf nun seine Hühnchen oder, wenn man so will, den Reichsadler zu rupfen. Beide Herren operierten dabei selbstverständlich auch heiratspolitisch. Während sich Rudolf »die Kurfürsten von Pfalz, Sachsen und Brandenburg durch familiäre Bindung verpflichtete, das Kapital nützend, das er in seinen sechs Töchtern hatte« (so Adam Wandruszka in seiner Dynastiegeschichte »Das Haus Habsburg«), griff Ottokar schon im Juniorenstatus als Erheirater nach dem männlich verwaisten Erbe der Babenberger-Dynastie im Südosten des Reichs, nach dem reichen *Ostarrichi*: Der Böhmen-und-Mähren-Prinz – es wurde vorn schon angetippt – ehelichte 1253 die Babenbergerin Margarete, die, 46 Jahre alt, seine Mutter hätte sein können. Später dann freite er, nach verschobener Opportunität, Margarete verstoßend, die ungarische Erbprinzessin Kunigunde. Rudolf von Habsburg konterte durch die Verheiratung seines Sohnes Albrecht mit der – achtjährigen – Tochter des reichen Grafen Meinhard von Tirol und Görz und verband sich strategisch klug mit Ottokars Gegnern.

Im Jahre 1276 hatte Rudolf seinen Rivalen politisch so geschickt ausmanövriert, daß der Böhmenkönig beim Friedensschluß von Wien vor dem deutschen König sachlich und buchstäblich in die Knie ging und auch dem aleatorischen Erbprojekt einer Doppelhochzeit über Kreuz zustimmte: eine Tochter Ottokars für einen Sohn Rudolfs und eine Tochter Rudolfs für einen Sohn Ottokars; Kleinkinder allesamt.

Zwei Jahre darauf, am Schicksalstag Habsburgs und des südöstlichen Donauraums, dem 26. August 1278, besiegte Rudolf den noch einmal erstarkten Böhmenherrscher in der Großschlacht bei Dürnkrut auf dem Marchfeld entscheidend: »König Ottokars Glück und Ende« – Grillparzers Historiendrama wurde später gleichsam zum A.E.I.O.U. des Wiener Burgtheaters – erfüllte sich hier durch den zweiten, den tödlichen Teil des Titels. Rudolfs glorioser Sieg sicherte ihm endgültig das Babenberger Erbe und verkoppelte Österreich für die folgenden sechseinhalb Jahrhunderte unlöslich mit dem Namen Habsburg.

Verkuppelt wurde noch im selben Jahr 1278, regelrecht am Traualtar in einer Doppelhochzeit, das kindliche Quartett: die achtjährigen Wenzel von Böhmen und Guta von Habsburg sowie Rudolf von Habsburg junior mit Agnes von Böhmen. König Rudolf I. selber hat sich nach dem Tod seiner Gemahlin und elffachen Mutter seiner Kinder Gertrud von Hohenberg dreiundsechzigjährig noch einmal eine Frau genommen, die vierzehnjährige Elisabeth von Burgund, die seine Enkelin hätte sein können. Einen gleichsam selbstgezeugten Urenkel hat das Mädchen dem alten Herrn freilich nicht mehr beschert; die Erbfrucht Burgund würde für Habsburg erst zweihundert Jahre später reifen.

Als König Rudolf I. 1291 starb, hatte er neben Österreich

auch Steiermark, Krain und die Windische Mark gewonnen und somit für seine ja schon im Südwesten stattlich begüterte Dynastie die ganze Südostflanke des Reiches zwischen Donau und Adria: Erwerbungen, die er zwecks Tolerierung seitens der kritischen Kurfürsten und neidischen Nachbarn durch die Verehelichung seiner Töchter mit den Herrschern von Oberbayern und Niederbayern, Sachsen, Böhmen und Brandenburg maßgeblich abgefedert hatte. Es war so etwas wie ein Heiratskordon für Habsburg: Der historische Bauplan des »Tu felix Austria nube« also war im Taktieren des großen Ahnherrn der »Maison d'Autriche« schon angelegt. Genetisch so etwa wie die Habichtsnase, ist man versucht zu sagen.

Die erstrebte Kaiserkrone freilich, die keinem Herrscher und keiner Hausmachtschöpfung dieser Ära besser angestanden hätte, blieb Rudolf I. versagt. Unerfüllt auch seine Hoffnung, einem seiner Söhne die direkte Nachfolge auf dem Königsthron zu sichern. Als die nun vor Habsburgs junger Machtfülle besorgten Kurfürsten 1292 in Frankfurt am Main nicht Rudolfs Sohn Albrecht, sondern den kaum profilierten rheinischen Grafen Adolf von Nassau als Kompromißkandidaten zum König wählten, war das ungefähr so angemessen wie der Literaturnobelpreis 1908 für einen gewissen Rudolf Eucken statt für Leo Tolstoi.

Herzog Albrecht von Habsburg überwand dann die Diskrepanz Österreich-Nassau, indem er König Adolf in der Schlacht bei Göllheim 1298 höchstselbst die todbringende Wunde beibrachte. Doch als er, endlich selber römisch-deutscher König Albrecht I., eben im Begriff stand, dem zerrissenen Reich wieder eine starke Herrschergewalt zu geben, fiel er 1308 dem Mordanschlag seines verblendeten Neffen Johann »Parricida« zum Opfer: Es war ein fatales Geschehen, fast symbolhaft im Angesicht der Habsburg, und eine Unsternstunde für das Geschlecht, dem jetzt das Glück Rudolfs I. für Jahrzehnte weitgehend abhanden kam.

Die Wiener Hofburg (Bildmitte) im 16. Jahrhundert; rechts der Turm des Doms St. Stephan: Schauplätze habsburgischer Eheplanungen und -zeremonien. Gemälde von Leander Russ (1844).

Doch stand es nicht immerhin hoffnungsvoll mit der Nachkommenschaft? So energisch Albrecht I. politisch und kriegerisch gefochten hatte, so beharrlich war er nämlich auch seiner dynastischen Erzeugerpflicht nachgekommen: Seine Gemahlin Elisabeth von Tirol hat im Verlauf einer vierunddreißigjährigen Ehe – mit acht Jahren verheiratet, mit 42 verwitwet – nicht weniger als 21 Kinder zur Welt gebracht. Es war für alle Zeiten die Rekordmarke im Hause Habsburg – und beinahe doch nicht genug. Denn die Kindersterblichkeit des medizinisch und hygienisch so desolaten Mittelalters traf auch die hohen Häuser hart, und so schrumpfte die stolze Zahl bald arg zusammen.

Und so blieb, nachdem auch der quasi »halbe Doppelkönig« Friedrich der Schöne von Österreich nach glücklosem Ringen mit der anderen Königshälfte Ludwig dem Bayern 1330 gestorben war, von sechs das Mannesalter erreichenden Söhnen König Albrechts am Ende nur ein einziger als Fortsetzer der Dynastie übrig: Herzog Albrecht II., ausgerechnet ein Behinderter, beinamentlich »der Lahme«, aber auch »der Weise« genannt. In Sackgassen mündete mithin leider auch die international weit ausgreifende Heiratspolitik Albrechts I. Ach, diesem Tüchtigen hat sich Fortuna rundherum versagt.

In dieser Ära büßte Habsburg nicht nur die Königsmacht im Reich ein. Man verlor entscheidende Schlachten gegen das bayerische Haus Wittelsbach und die freiheitsliebenden Schweizer Eidgenossen. Trotz aller kinderhochzeitlichen Erbeinfädelungen gelangte man nicht in den so lange erstrebten Besitz der Wunschländer Böhmen und Ungarn und fiel im Wettstreit der großen Dynastien hinter das Haus Luxemburg Kaiser Karls IV. zurück. Auch ins erlauchte Kurfürstengremium der »Goldenen Bulle« von 1356 wurde Österreich nicht aufgenommen. Und schließlich kam es noch zu den machtzersplitternden Familienzwisten und »Linientrennungen«: in zwei »leopoldinische« und eine »albertinische« Habsburger Linie – nein, mehr sagen wir zu dieser dynastischen Komplikation wirklich nicht.

Allerlei Wiener Mirakel

Wir haben hier nun im Streifen durch die dynastischen Heiratsfelder des europäischen Mittelalters das vorige Kapitel über das Haus Luxemburg zeitlich gleichsam eingeholt. Im Interesse eben des dynastischen Zusammenhangs aber vermeiden wir ein chronologisches Hin und Her zwischen Wien und Prag. Eigentlich hätte ja Rudolf von Habsburg vor Heinrich VII. und Karl IV. von Luxemburg dran sein müssen. Doch weil die wahren heiratspolitischen Höhenflüge des Hauses Habsburg denen des Hauses Luxemburg erst nachfolgen, möge man uns die dynastische anstelle der chronologischen Gleisführung gestatten. Hier im

Anschluß aber erreicht und überholt nun Habsburgs Hofburg den Prager Hradschin.

So wie die erstaunliche Geburt des Stauferkaisers Friedrich II. durch die mit vierzig Jahren erstgebärende Konstanze von Sizilien ist die späte Vaterrolle des Habsburger Herzogs Albrecht II. (1298–1358) von Zeitgenossen als mirakulös oder dubios empfunden worden. Als auf Albrecht nach dem Tod seiner drei älteren Brüder unversehens die österreichische Herzogswürde und die Rolle des letzten Hoffnungsträgers der Dynastie gekommen war, justament da, 1330, trat bei ihm die dauerhafte Behinderung auf: quälende Lähmungserscheinungen in den Extremitäten, die man später als Polyarthritis gedeutet hat. Was war nun dem »lahmen Herzog«, den man meist in der Sänfte tragen mußte und dessen Ehe mit einer oberelsässischen Grafentochter 15 Jahre lang kinderlos geblieben war, erzeugerisch noch zuzutrauen? Ihm und seiner bisher unfruchtbaren Herzogin, Johanna von Pfirt, die bereits eine Enddreißigerin und nach damaligen Maßstäben eigentlich schon eine Matrone war?

Im November 1339 ereignete sich ein Mirakel des Hauses Habsburg, als die neununddreißigjährige Johanna ihr erstes Kind zur Welt brachte, den hochbegabten Sohn Rudolf, später »der Stifter« genannt, und dann noch, kaum zu glauben, drei weitere Söhne und zwei Töchter. Das letzte Kind gebar sie mit sage und schreibe 51. Zog hier Herzog Albrecht der Lahme, der sich gegen Zweifler und böse Zungen ausdrücklich zu diesem Nachwuchs bekannte, »Kuckuckseier in seinem Nest einer Kinderlosigkeit mit allen ihren Folgen für das Haus Österreich vor« (Hellmut Andics)? Sind womöglich alle von der Stammutter Johanna abstammenden Habsburger gar keine Habsburger mehr, sondern Bastard-Sprößlinge gewesen?

Die Habsburghistoriker machen im Abwägen aller ermittelbaren Umstände und Motive halbwegs glaubhaft, daß

Trauung Kaiser Friedrichs III. mit Eleonore von Portugal im März 1452 durch den Papst in Rom. Holzschnitt aus Maximilians I. »Weißkunig« (um 1515).

Täuschung wohl nicht anzunehmen ist, daß also König Rudolfs I. Gene auch die Herzog Rudolfs IV. des Stifters (1339–1365) gewesen sind. Albrecht der Lahme alias der Weise verheiratete diesen, seinen Ältesten, vierzehnjährig mit Kaiser Karls IV. elfjähriger Tochter Katharina und knüpfte damit, wie ja schon skizziert, eine zukunftsträchtige dynastische Verbindung.

Der »Stifter« Rudolf selbst aber erwarb nicht nur Tirol für sein Haus, sondern stiftete neben manchen historischen Wiener Institutionen auch die berüchtigten Urkundenfälschungen von 1358/59 an: frei erfundene historische Großprivilegien für Habsburg, die sein Haus kompensatorisch für die ihm in der »Goldenen Bulle« nicht zugestandene Kurfüstenwürde über andere Fürsten erheben sollten; zu »Pfalzerzherzögen« beispielsweise. Dieses sogenannte »Privilegium maius« stellte eine ebenso ungenierte wie aus dem Geist der Ära durchaus erklärbare Manipulation der Rangskala im Reich dar, die zwar alsbald durchschaut, später aber trotzdem kaiserlich sanktioniert wurde. Von wem? Von einem Habsburger natürlich, von Kaiser Friedrich III. Der freundliche Habsburghistoriker Adam Wandruszka aber erkennt in Rudolfs Erz-Mogelei sogar die »Begründung des ›Mythos‹ seines Hauses«.

Das selbsternannte »Erzhaus« Habsburg gewann 1438 mit König Albrecht II. endlich die römisch-deutsche Krone zurück, um sie danach bis zum Ende des Heiligen und mitunter unheiligen Reiches nur noch einmal für ein kurzes Intermezzo einzubüßen. Dieser Albrecht, wir erinnern uns, hatte im Geiste des alten Erbvertrags die Luxemburger Erbin, Kaiser Sigismunds Tochter Elisabeth, geheiratet – und in der frühvollendeten Knabengestalt seines nachgeborenen Sohnes Ladislaus Postumus (1440–1457) verkörperte sich dann Habsburgs Anspruch auf Ungarn und Böhmen. Ein Baby und zwei Kronen: Leider trugen zur Realisierung der Anwartschaft weder die ungarische Königskrönung des Säuglings Ladislaus noch die böhmische Krönung des dann dreizehnjährigen Prinzen mehr als legalistisch bei. Noch kam Habsburg, schwach in der Ära Kaiser Friedrichs III., gegen nationale Kräfte weder in Buda-Ofen noch in Prag zum kalkulierten Königszug. Den würde dann erst Maximilian I. finden ...

Unser merkwürdiger A.E.I.O.U.-Kaiser Friedrich mit der

langen Regierungszeit und dem kurzen späten Erfolg entwickelte bei der Wahl seiner Gemahlin Eleonore, der liebreizenden Königstochter aus Portugal, unverhofftes Glück: Die warmblütige Prinzessin, die auch ins französische Königshaus hätte heiraten könne, wollte so gern Kaiserin werden, begann während der langen stürmischen Seereise nach Italien mit dem Erlernen der deutschen Sprache – und fröstelte dann bis zu ihrem frühen Tod in der Unwirtlichkeit der glanzlosen und umkämpften Wiener Residenz. Aber sie gebar Friedrich – allen hebammischen Sorgen ob der Paarung des zierlichen Teenagers mit dem schwergewichtigen Kaiser zum Trotz – 1459 den maximalen Thronerben: Maximilian.

Maximilians burgundische Brautfahrt

Zu jener Zeit, 1472, da unser einleitend zitierter Humanist Albrecht von Eyb die Institution der Ehe feierte – es trifft sich –, pubertierte eben jener Fürst, der sie als Instrument der Hausmachtpolitik mit besonderer Virtuosität handhaben würde: der spätere Kaiser Maximilian I. (1459–1519) aus dem Hause Habsburg. Dem phantasievollen und umtriebigen Max, den man den »letzten Ritter« genannt und der so vieles erstrebt, erreicht und noch mehr verfehlt hat, gebührt *ein* Erfolgsattribut unstrittig: das eines »Klassikers der Heiratspolitik«; gleichrangig mit Kaiser Karl IV.

Vierzehn war Maximilian, als sein Vater Kaiser Friedrich III. mit Herzog Karl dem Kühnen in Trier über die Verheiratung des Prinzen mit dessen Töchterchen Maria, der besten Partie Europas, verhandelte, ja länger feilschte, ohne zunächst schon ganz zum Ziel zu kommen: Der prunkvoll auftretende Burgunderfürst wollte vom Kaiser zum König erhoben werden, was Friedrich mit Rücksicht auf Frankreich und die deutschen Kurfüsten nicht konzedieren mochte oder konnte; leider, denn diese »Gabe« hätte ja keinen

Klassiker der Heiratspolitik: Holzschnittbildnis Kaiser Maximilians I. von Albrecht Dürer (Ausschnitt) aus dem Jahre 1519.

Maria von Burgund, Maximilians erste geliebte, bereits 1482 verstorbene Gemahlin. Zeitgenössischer Stich von Cornelis Visscher.

Heller gekostet. Trotzdem hat die intendierte Verbindung Max–Maria dann zum Vermächtnis Herzog Karls des Kühnen vor der ominösen Schlacht von Nancy gehört, in der er als allzu kühner Dauerstreiter im Januar 1477 einen schrecklichen Tod erlitt.

Achtzehn war Maximilian im Jahre 1477, einzig überlebender Sohn Kaiser Friedrichs III. und die Hoffnung des Reiches, als er sich frisch und tatendurstig gegen tausend Schwierigkeiten – vor allem die intrigante Konkurrenz König Ludwigs XI. von Frankreich – zum Vollzug des ersten großen Heiratscoups der Habsburger in dieser Ära durchschlug. Maria, die reizende Erbin Herzog Karls des Kühnen und eines üppigen Provinzenpakets zwischen den Rivalen Frankreich und Deutschland, bangte in ihrem Schloß zu Gent: Würde es der ihr versprochene junge Held schaffen, vor den französischen Truppen zur Stelle zu sein, die sie als wehrloses Eheobjekt nach Paris entführen sollten? Sie, die stolze Zwanzigjährige, als Zwangsbraut eines französischen Prinzen, der noch im Sandkasten spielte?

Die Erbin Burgunds fand sich in ihrer Bedrängnis sogar zu dem anfechtbaren, aber durchweg gebräuchlichen Schauspiel einer prophylaktischen Stellvertreterhochzeit bereit, dieser Frühform der Ferntrauung, bei der – symbolisch für den noch verhinderten Maximilian – der Herzog von Bayern, keusch gepanzert, zu ihr ins Beilager stieg.

Und dann endlich, rechtzeitig noch vor den Franzosen, kam Max, der ritterliche Retter. In seinem Versepos »Theuerdank« hat er später selbst seine abenteuerliche Brautfahrt nach Burgund erzählt. Die beiden, so wird überliefert, waren vor ihrer ersten Begegnung totenblaß vor Erregung und entflammten dann spontan wirklich füreinander (obwohl sie sich ihre Liebe zunächst lateinisch erklären mußten). Entscheidend aber über allem, daß das Haus Habsburg mit Maria die reichen Territorien Brabant, Flandern, Burgund, Luxemburg und Artois erheiratete, das heutige »Benelux«

in etwa: ein Herzogtum mit den Dimensionen eines Königreichs als Mitgift.

Fortüne im Ehebett gehörte zu einer erfolgreichen Heiratspolitik stets wie der Burgunderwein zum Wildbret. Maximilian hatte sie. Der burgundische Hofchronist Jean Molinet attestierte ihm, er sei »ein Begatter und richtiger Mann, der von Gott, der die Nachkommenschaft schickt, geliebt wird, denn unsere edle Herzogin und Prinzessin Maria empfing und fand sich schwanger mit einem lebensfähigen Kind«.

Dieses Kind, der erstgeborene Prinz Philipp, später »der Schöne« zubenannt, wird in der Geschichte der glückhaften Habsburger Heiraten ein herausragendes Kapitel schreiben. Ein schlimmes, für die Skrupellosigkeit des fürstlichen Heiratsmarktes bezeichnendes Geschick aber war der 1480 geborenen Tochter des Paares, der Prinzessin Margarete, beschieden. Beim Friedensschluß mit dem burgundisch überspielten Frankreich 1482, nach erbitterten Kämpfen, mußte sich Maximilian bereitfinden, das zweijährige Mädchen dem französischen Hof als Stillhalte-Geisel auszuliefern, und der Absurdität einer regelrechten Hochzeit des Kleinkindes mit dem dreizehnjährigen Dauphin, dem Kronprinzen Karl von Frankreich, zustimmen. Es handelte sich um eben jenen Knaben, den König Ludwig XI. von Frankreich wenige Jahre zuvor als Bräutigam für Margaretes Mutter Maria ausersehen hatte.

1482 war es auch, daß Maximilian seine geliebte Maria durch einen fatalen Reitunfall verlor; erst 25 Jahre war Habsburgs wichtigste Schwiegertochter alt und erneut schwanger: Welch ein Trauerspiel, denn wie viele Prinzen und Prinzessinnen hätte das strahlende junge Paar der künftigen Heiratsdiplomatie des Hauses Habsburg-Burgund noch stiften können.

Ein Hochzeitsprokurist für die Bretagne

Nach dem gleichwohl erfolgreichen Eröffnungsakt der maximilianischen Heiratspolitik plante Max von Habsburg, seit 1486 römisch-deutscher König noch zu Lebzeiten des kaiserlichen Vaters, im Jahre 1490 seinen zweiten Ehehandstreich, und zwar erneut in Rivalität zu Frankreich. Als der Herzog der damals de facto noch selbständigen Bretagne ans Sterben kam, erschien dem bislang ausdauernd trauernden Witwer keine Prinzessin so liebens- und erstrebenswert wie die vierzehnjährige Erbin der Bretagne, Anne mit Namen.

Rasch galt es da zu handeln, bevor das Haus Valois sich klarmachte, was eine habsburgische Provinz im Westen Frankreichs bedeuten könnte. Da fatalerweise feldherrliche Pflichten den römischen König akut von einer so weiten Brautfahrt abhielten, besann man sich in Wien erneut auf die alte, wenngleich umstrittene Praxis der Vermählung *per procurationem*, also mittels eines Heiratsprokuristen.

»König Maximilian« – so der Bericht des Chronisten Jakob Unrest – »schickt seiner Diener einen, genannt Herbolo von Polhaim, gen Britannia zu empfahen die künigliche Braut; der war in der Stadt Remis ehrlichen empfangen, und daselbst beschluff der von Polhaim die künigliche Braut, als der Fürsten Gewohnheit ist, daß ihre Sendpotten die fürstlichen Bräute ... mit dem rechten Arm und dem rechten Fuß blos und ein blos Schwert dazwischen gelegt, beschlaffen. Also haben die alten Fürsten getan, und ist noch die Gewohnhait. Da das alles geschehen was, war der Kirchgang mit dem Gotsdienst ... mit gutem Fleiß vollpracht.« Rennes, die Hauptstadt der Bretagne, erlebte eine Prokurahochzeit nach »Ordnung der heiligen Kahnschafft«, das heißt nach allen Regeln eines dynastischen Schnellzugriffs.

Eine Rechnung freilich, die ohne den eigentlichen Wirt gemacht war, den Lehnsherrn der Bretagne, den König von

Frankreich: Der inzwischen zum Herrscher herangewachsene Knabe Karl empfand diesen Heiratsschachzug seines Schwiegervaters als Provokation und bestritt, juristisch und militärisch, die Legitimität des Springers, der da in seine Sphäre eingedrungen war. Mit äußerst fadenscheinigem Recht, dem Bestechungen bis hinauf zum Papst nachhalfen, erzwang König Karl VIII. von Frankreich sowohl die Annullierung seiner Bindung an die kleine Margarete von Österreich, Maximilians Geisel-Töchterlein, als auch die Verwerfung der Prokurahochzeit des Rivalen.

Heiratspiraterie gegen den Prokuratrick: Mit stattlicher Heeresmacht belagerte Karl Rennes, und diese wahrhaft martialische Brautwerbung führte schließlich die kleine Herzogin Anne, die sich bereits »römisch-deutsche Kaiserin« nannte, in sein Ehebett. Er »beschluff« nun selber die Bretonin und zwang damit deren Erbe, die Bretagne, dauerhaft unter die Krone Frankreichs. Maximilians jetzt zehnjähriger Tochter Margarete aber, die acht Jahre lang als designierte Königin in Amboise an der Loire gelebt hatte, wurde kurzerhand eröffnet, daß sich ihr Ehemann soeben anderweitig vermählt habe.

Halb Europa rümpfte die Nase über diesen »Brautraub von Britannia«, und man erkennt, daß damals der feine Anstand auch in Frankreich noch unterentwickelt war. Der für diesmal geprellte Heiratsartist Maximilian hatte die größte Mühe und brauchte Jahre, um die gedemütigte Margarete – »Ich will hinaus«, schrieb sie flehentlich dem Vater, »und sollte ich nur im Hemd kommen!« – aus ihrem Geiselstatus zu erlösen und sie aus Frankreich nach Flandern zurückzuholen. Es versteht sich, daß Margarete in Maximilians weiteren Heiratsszenarien alsbald eine neue Hauptrolle zugedacht wurde.

Wenn Spaniens Blüten blühen

Im Mittelalter war die Iberische Halbinsel jahrhundertelang in drei Königreiche aufgeteilt, Kastilien, Aragon und Portugal – und es ist, natürlich, eine der eminentesten politischen Heiraten der Geschichte gewesen, die aus der Trias eine Zwei machte: Die selbstbewußte und vielumworbene siebzehnjährige Schwester und designierte Erbin König Heinrichs IV. von Kastilien und Leon aus dem Hause Trastamara, Isabella, heiratete im März 1469 zu Valladolid heimlich den ihr eng verwandten Thronerben Aragons, Ferdinand – der vermittelnde Erzbischof trug keinerlei kanonische Bedenken –, und bestieg nach Heinrichs »des Unfruchtbaren« Tod 1474 den kastilischen und 1479 gemeinsam mit ihrem Gemahl Ferdinand auch den aragonesischen Thron.

Bis auf Portugal, Granada (das freilich schon 1492 dazukam) und das kleine (1512 »heimgeholte«) Navarra war nun die Halbinsel politisch geeint, war in der Verbindung der beiden Kronen das große und mächtige Königreich Spanien geboren. Die Einheit der Teile freilich knirschte ähnlich wie die neuere deutsche noch lange, sie blieb nicht ohne vielerlei Geburtswehen und dynastisch natürlich nicht unbestritten: Portugals König beispielsweise begleitete seine eigene Werbung um Isabella mit Militäraktionen gegen Kastilien. Spanien konsolidierte sich dann jedoch in der energischen Regie der »katholischen Könige« Isabella I. und Ferdinand II. (die 1492 Kolumbus seinen weltgeschichtlichen Aufbruch ermöglichten). »Königin mit dreiundzwanzig Jahren, in der Fülle ihrer Kraft«, so der Spanienhistoriker William C. Atkinson, »sollte Isabella sich als die größte Herrscherfigur erweisen, die Kastilien je erlebt hat«; Königin bis 1504, von ihrem kaum weniger umsichtigen Gemahl Ferdinand bis 1516 überlebt. Die Ehe und die Ära Isabella-Ferdinand haben den Grund gelegt für die dann vom Haus Habsburg realisierte Weltmachtrolle Spaniens.

Habsburg also wieder: »Mars mehrt anderen das Reich, Venus vergrößert es dir!«, so poetisch überhöhend ja das vielzitierte Distichon. Die Liebesgöttin Venus hätte sich freilich mit Grausen von den Ehekonstrukten wenden müssen, die da in ihrem Namen eingefädelt, geschnürt, geflochten und bei Bedarf wieder aufgedröselt wurden.

Wir schauen erneut unserem Heiratsklassiker über die Schulter: »Umspannte Maximilians Ehe- und Bündnispolitik«, so Adam Wandruszka, »ganz Europa von Spanien und England bis Ungarn und Rußland, so war dies mit durch die Tatsache begründet, daß er als Erbe aller drei habsburgischen Linien auch deren in alle Himmelsrichtungen weisende Ansprüche und Aspirationen übernommen hatte.«

Maximilian, seit dem Tod des Vaters 1493 Alleinherrscher im Reich, verheiratete 1496 seinen blondgelockten und wohlgestalteten Sohn Philipp den Schönen mit Juana-Johanna, der Tochter des spanischen Herrscherpaars Isabella und Ferdinand. Und da man ja dynastisch stets gern doppelt nähte, wurde zudem die Prinzessin Margarete, unsere Exkönigin von Frankreich, dem Kronprinzen Juan von Kastilien und Aragon versprochen. Aus Spanien war dieserhalben zunächst ein Heiratsprokurist nach Flandern gesegelt, der beim ppa.-Ritual im Schloß zu Mecheln peinlich lange nicht aus seinen seidenen Strumpfhosen herausfand, um endlich das »bloße« rechte Bein zu Margarete unter die Bettdecke zu schieben.

Die jetzt achtzehnjährige Margarete entdeckte nach ihrer Trauung mit Don Juan 1497 in Burgos zwar die »Lieblichkeit der Minne« (dieser Prinzenname verpflichtete schließlich), doch war ihr auch diesmal keine glückliche Ehe beschieden: Juan starb schon nach einem halben Jahr an rätselhaften Fieberattacken, vermutlich Typhus. Erneut auf die Heiratsklaviatur des Vaters zurückgekehrt, wurde Margarete mit Philibert von Savoyen verbunden, bevor sie, wiederum verwitwet, später als Regentin der Niederlande mit

Eine für Spanien und Europa epochale Verbindung: Die »katholischen Könige« Ferdinand II. von Aragon und Isabella von Kastilien heirateten 1469. Porträts aus dem 16. Jahrhundert.

bewunderter Umsicht wichtige verwalterische und familienpolitische Aufgaben übernahm.

Kaiser Maximilian I. selbst heiratete zum zweitenmal (respektive drittenmal, wenn man formaliter Anne von Bretagne mitzählt), als er sich 1493 italien- und finanzpolitisch für Bianca Maria Sforza, die hübsche, aber langweilige Tochter des Parvenüherzogs von Mailand, und deren 300000-Dukaten-Mitgift entschied. Stattliche Pferde- und Maultierladungen mit Gold, Silber und kostbaren Gerätschaften zogen über den winterlich verschneiten Brenner nach Maximilians geliebtem Innsbruck.

Doch diese Ehe blieb eine historische Marginalie im Vergleich mit Habsburgs spanischer Liaison, wie denn auch der Ehemann Max nun endgültig ganz weit hinter den Ehestifter Maximilian zurücktritt.

In der Sache Spanien vor allem fügte es die Fortüne des Hauses Habsburg, daß im frühen 16. Jahrhundert der Tod von nicht weniger als fünf potentiellen Thronfolgern Maximilians Schwiegertochter Johanna, später leider mit Recht »die Wahnsinnige« genannt, zur Alleinerbin Kastiliens und Aragons machte: eine sehr im Unterschied zur großen Isabella regierungsuntaugliche Fürstin, die sich in permanenter Eifersucht auf ihren attraktiven Ehemann Philipp in teils dumpfe, teils aggressive Hysterien steigerte. Ihre zunächst glückliche Ehe, aus der im Februar 1500 – geboren während eines Hofballs zu Gent auf einem Abort – der spätere Kaiser Karl V. und 1503 dann der nachmalige König und Kaiser Ferdinand I. hervorgingen, rückte aus dem Zeichen der Venus mehr und mehr in den Schatten der *Dementia praecox*.

Maximilians Sohn Philipp der Schöne, kaiserlicher Statthalter in den burgundischen Niederlanden, durfte von der Krone Spaniens träumen, und nach seinem frühen Tod 1506 durch »schwarzen Hautausschlag« – es wurde auch von Gift gemunkelt – war sie seinem und Johannas Sohn Karl, trotz der gängigen Rivalitäten, auf die Dauer nicht streitig zu machen: Auch das mächtige Spanien mit seinen wichtigen italienischen Nebenlanden gehörte den Habsburgern, und im Weltreich von Maximilians großem Enkel Karl V. schließlich würde nun, sprichwörtlich und wahrhaftig, die Sonne ohne Unterlaß scheinen – ohne daß man freilich von durchweg sonnigen Zeiten für das Imperium hätte sprechen können. Ein Theologieprofessor aus Wittenberg wird alsbald sehr lange Schatten werfen.

Eines der wunderlichsten Heiratsprojekte dieser Ära hatte König Maximilian entriert, als sein Sohnessohn Karl noch ein Wickelkind war. Um einen damals wieder einmal nötigen Ausgleich mit dem Erzrivalen Frankreich herbeizuführen, arrangierte er im Vertrag von Blois 1504 mit dem französischen König erstens die Verlobung des kleinen Karl

Maximilians I. Sohn Philipp der Schöne empfängt 1496 seine Braut Johanna, die spätere »Wahnsinnige«, und mit ihr perspektivisch Habsburgs Anwartschaft auf Spanien. Zeitgenössischer Stich.

mit der zweijährigen Franzosenprinzessin Claudia; zum zweiten – denn Doppelhochzeiten über Kreuz waren weiterhin en vogue – die Verlobung des französischen Kronprinzen mit einer eigenen Enkelin, einer Schwester des kleinen Karl. Feste, feierlich besiegelte Vertragspunkte. Nur: diese beiden, Bräutigam und Braut, waren noch gar nicht geboren, ja nicht einmal gezeugt.

Johanna aber, die arme Wahnsinnige, *Juana la loca*, die Spanien letztlich dem Domus Austriae beschert hatte, dämmerte als Staatsgefangene im kastilischen Tordesillas einem viel zu späten Tod (1555) entgegen, derweil ihre habsburgischen Kinder eines nach dem anderen europäische Thronsessel bestiegen: Karl und Ferdinand als römische Kaiser und Könige, die älteste Tochter Eleonore nacheinander als Königin von Portugal und Frankreich, die Prinzessin Isabella als Königin von Dänemark und Schweden, die Prinzessin Maria (von der wir noch hören werden) als Gemahlin des Königs von Ungarn und Böhmen sowie die jüngste Tochter Katharina schließlich als Königin von Portugal. Überall Habsburg und die berühmte Unterlippe; Johannas »Wahnsinn«, ihr Dementia-praecox-Erbe freilich, so darf man annehmen, schlägt erst Generationen später in der Familie durch. Oder ob doch Karls V. tiefe Depressionen, die zu seinem resignierten Thronverzicht 1556 beitrugen, zum vorzeitigen Abschied von der habsburgischen »Weltmonarchie«, schon als ein einschlägiges Signal zu deuten sind?

Die Wiener Doppelhochzeit

Wir sind ein bißchen vorausgeschweift, obwohl eine heiratspolitische Großtat unseres Eheanbahnungshochmeisters Maximilian noch aussteht. Während die Abwegigkeit des skizzierten Ehevertrags von Blois 1504 historisch folgenlos blieb – das Arrangement platzte –, führte ein mindestens ebenso dubioser Doppelhochzeitskontrakt des Kaisers am Ende zum geschichtlich wirksamsten Ländergewinn des Hauses Habsburg-Österreich überhaupt.

Seit eh und je, es klang öfter an, war man ja auf den Erwerb Ungarns und Böhmens erpicht. Schon 1491 hatte Maximilian den ungarischen König Ladislaus alias Wladyslaw aus der bedeutenden Jagiellonen-Dynastie dazu überredet, Ungarns traditionsreiche Stephanskrone Habsburg

Die höchst merkwürdige und folgenreiche Wiener Doppelhochzeit vom Juli 1515, bei der Maximilian I., als Heirats-»Prokurist« in der Mitte kniend, drei Kinder vor dem Traualtar von St. Stephan versammelte. Historiengemälde von Wenzel v. Brozik.

zu vermachen, falls er ohne männliche Erben bleiben sollte. Als dem Ungarnkönig 1503 nun seine Tochter Anna geboren wurde, galoppierten Maximilians Legaten unverzüglich herbei, um sich um die Hand des Mädchens für einen der Kaiserenkel, Karl oder Ferdinand, zu bewerben; Ladislaus stimmte zu.

»Kaum war die ungarische Königin abermals schwanger«, referiert Thea Leitner, »arrangierte Maximilian die zweite Verbindung. Die Prinzessin Maria wurde, obwohl das Geschlecht des Ungeborenen nicht bekannt sein konnte, mit dem Embryo verlobt ...« Gottlob, Max hatte glücklich gewürfelt, war's ein Knäblein, Lajos alias Ludwig, das 1506 mit der kleinen Habsburgerin Maria verlobt werden konnte.

So das Präludium. Die berühmte habsburgisch-jagiellonische Doppelhochzeit folgte. Helmut Andics hat den Fall besonders detailliert aufgefächert: Im Rahmen eines der prunkvollsten (übrigens vom Haus Fugger gesponserten) Feste, das die Residenz Wien je erlebt hat, trat am 22. Juli 1515 der inzwischen sechsundfünfzigjährige und zum zweitenmal verwitwete Kaiser noch einmal höchstselbst an den Traualtar von St. Stephan. Ins Brautbett freilich plante er nicht erneut zu steigen – da würde im Zweifelsfall die Lieblingspuppe der zwölfjährigen Braut liegen. Nein, der vielfache Großvater kniete vor dem Priester als Heiratsstellvertreter für einen seiner Enkel ...

»Maximilian«, so berichtet der Augenzeuge Johannes Cuspinianus, »ließ sich durch den Kardinal von Gran mit Anna, der Tochter des Königs von Ungarn, für einen seiner Enkel, Karl oder Ferdinand, trauen; bei welcher Handlung er die Prinzessin, die ihm einen sehr kostbaren künstlichen Blumenstrauß verehrte, also anredete: Wiewohl Wir itzt Euer Liebden das Wort gegeben, daß Ihr Unser Gemahlin seyn sollet, so ist doch solches geschehen im Namen Unserer beiden abwesenden Enkel und in der Meinung, Euer Liebden an einen von denselben zu vermählen, den Wir auch hiermit Euch ehelich versprechen ... Hierauf setzte er ihr die goldene Krone auf das Haupt, und es erfolgte die wirkliche Vermählung des ungarischen Prinzen Ludwig mit der Erzherzogin Maria ...«

Hatte die Welt je eine solche »Doppelhochzeit« gesehen? Deren erste Hälfte also war diese futuristische Heirat *per procurationem*, und die zweite Partie – vom Chronisten willfährig eine »wirkliche Vermählung« genannt – bestritten des Kaisers Enkelin Maria und der ungarische Prinz Lajos-Ludwig: beide inzwischen neun Jahre alt. Drei Kinder also und der seinem Lebensabend nahe Kaiser empfingen an

Anna Jagiello von Ungarn, Habsburgs Erbanspruch auf Ungarn und Böhmen, wurde 1515 zwölfjährig von Maximilian I. per procura und 1521 von dessen Enkel Ferdinand I. erheiratet. Zeitgenössischer Holzschnitt.

diesem denkwürdigsten Hochzeitstag der Habsburger zugleich das Sakrament der Ehe.

Nicht zu verschweigen übrigens, daß Maximilian zum Zeitpunkt dieser Hochzeit durchaus nicht ganz sicher sein konnte, ob ein Enkel, besonders der damals noch in spanischer Regie lebende Ferdinand, als Ehepartner für Anna von Ungarn jemals disponibel sein würde – und daß der Kaiser, Staatsräson über alles, im Notfall wohl die Prokura- mit der Gattenrolle vertauscht und die 44 Jahre jüngere Anna irgendwann selber gefreit hätte. Diese Spitzenerbin mußte à tout prix unter eine habsburgische Haube, und die kuriose Idee, außer Kaiser zugleich auch Priester und Papst zu werden, hatte sich Max ja inzwischen aus dem Kopf geschlagen.

Das Sakrament am Altar von St. Stephan kam perspektivisch einem Notariatsakt über den Erwerb der Königreiche Ungarn und Böhmen (übrigens mit Mähren und Großteilen Schlesiens) gleich. Denn als im Jahr darauf, 1516, sowohl der König Ferdinand von Spanien als auch der König Ladislaus von Ungarn und Böhmen mit Tod von der dynastischen Bühne abtraten – da war zum einen Maximilians Enkel Ferdinand frei für die Verifizierung der Stellvertreterheirat mit der Jagiellonenprinzessin Anna von Ungarn – 1521 in Linz –, und da bestieg zum anderen das Büblein Lajos alias Ludwig den ungarischen Thron: zwei unselbständige Schwiegerkinder unter den Flügeln des Habsburger Adlers.

»Das polnisch-litauische Großreich bildete eine Potenz im Hintergrund«, erläutert Ferdinand Seibt die damalige Konstellation im ostsüdöstlichen Raum, »und seine westliche Sekundogenitur, im Besitz der Königreiche Böhmen und Ungarn, war ein respektabler Partner in Mitteleuropa. Deshalb heiratete auch zwei Monate nach ihrem Bruder die Schwester Ferdinands, Maria, in Innsbruck den jungen Jagiellonenkönig Ludwig von Böhmen und Ungarn. Bruder und Schwester also im kreuzweisen Ehebund« – Nachvollzug der Wiener Trauung –, »ein politisches Bündnis, das bald zum spektakulären Erbfall wurde.«

Der temperamentvoll ritterliche Jagiellone Ludwig nämlich, von ferne ein Abbild des jungen Maximilian selbst, starb allzu tatendurstig 1526 in der fatalen Türkenschlacht von Mohacs, eben zwanzig Jahre alt und ohne Nachkommen. Durch den maximilianischen Erbvertrag von 1515 gelangten nun also die Kronen Ungarns und Böhmens an Ludwigs Schwager König Ferdinand I.: Fast vierhundert Jahre lang würden die Habsburger neben der Kaiserkrone auch die Stephanskrone und die Wenzelskrone tragen. Die Riesenfrüchte der Doppelhochzeit von 1515 fielen reif in den Schoß des Domus Austriae – strategisch geplante, doch ohne himmlisches Sonderwohlwollen natürlich nicht realisierbare Erbfälle.

Die burgundischen Nieder- und sonstigen Lande, Spanien mit großen Teilen Italiens, nun Ungarn sowie Böhmen und Mähren, von weiterem Heiratsgut zu schweigen: »Tu felix Austria nube!« kann man da nur wiederholen. Das Haus Habsburg war durch seine Heiratspolitik zur ersten Macht in Europa aufgestiegen. Ihr Architekt war Maximilian I. Vor seinem Tod im Januar 1519 verfügte der bis heute beeindruckende Herrscher, daß sein Herz nach Brügge in den Sarkophag seiner geliebten ersten Frau Maria verbracht werde – denn mit ihr und Burgund hatte ja alles, alles angefangen.

Jetzt freilich, 1526, mischte sich in den frischen Tokaierwein auch reichlich Wasser, denn der Besitz Ungarns bedingte angesichts der ständigen türkischen Okkupation und Aggression auf dem Balkan riesige Kosten. Bekömmlicher für Wien das böhmische Bier, denn aus dem luxemburgisch gut entwickelten Böhmen mit seinen Silberbergwerken flossen schöne Erträge. Auch künftig würde es sich zwischen Moldau und Oder um einiges leichter herrschen lassen als an der mittleren Donau über trutzige magyarische Magnaten. Indessen, in aller Regel zahlte sich territorialer Zugewinn damals sowohl machtpolitisch als auch wirtschaftlich noch deutlich aus; ganz anders als heute.

Wien und Madrid im inzestuösen Hin und Her

Mit modernen Kommunikationsmitteln hätte sich das in wenigen Jahrzehnten dynastisch aufgetürmte, noch überwiegend vornationale Riesenreich vielleicht halbwegs verwalten lassen. Mit wochenlangen Postwegen aber zwischen Madrid und Prag, Wien und Brüssel sowie angesichts tausend regionaler Widrigkeiten konnte eine einzige königlich-kaiserliche Zentralinstanz das Imperium nicht zusammenhalten. Der schon als Jüngling ganz erstaunlich kluge Kaiser Karl V. (geboren 1500 und Herrscher von 1519 bis

1556) leitete deshalb bereits ab 1521 die große Erbteilung für die habsburgische Hausmacht ein, durch die alle herrscherlichen Lasten auf zwei Paar Schultern gelegt, zwischen ihm und seinem jüngeren Bruder Ferdinand (geboren 1503, gestorben 1564) aufgeteilt werden sollten.

Endgültig im Vertrag von Brüssel 1522 wurde dieses kaiserlich-königliche Gespann geschirrt: Ferdinand, obwohl noch so blutjung, erhielt die althabsburgischen Besitzungen um Österreich und Elsaß sowie Ungarn und perspektivisch Böhmen. Karl blieb als römischer König und künftiger Kaiser Primus inter pares und übernahm Spanien mit den italienischen Fürstentümern sowie die burgundischen Niederlande.

»Dieser Brüsseler Vertrag«, wertet Adam Wandruszka, »hat für die europäische Geschichte die größte Bedeutung erlangt ..., denn damit war bereits entschieden, daß sich das habsburgische Gesamthaus ... in eine spanische und eine deutsche Linie aufspalten würde...« Im Sinne dieser Teilung überließ Karl Ferdinand die ungarisch-jagiellonische Erbin Anna als Gemahlin, und er ließ den Bruder, der inzwischen ja schon zum ungarischen und böhmischen König avanciert war, auch als römisch-deutschen König nachrücken, als er, Karl V., selber 1531 den Kaisertitel erlangte. Durch seine Ehe mit Isabella von Portugal begründete Karl nicht zuletzt den Anspruch seines Hauses auf die portugiesische Krone, die sein Erbe Philipp II. dann trug.

Dies mußte hier referiert werden, weil sonst die folgende Heiratsdiplomatie der Habsburger gerade im Hin und Her der beiden Linien, zwischen Madrid und Wien, nicht verständlich würde. Schwer nachvollziehbar heutzutage dann trotzdem die dynastische Mentalität, »die jene vom Standpunkt der Biologie und Erbhygiene geradezu ungeheuerlichen Familienverbindungen« (Wandruszka) zwischen engsten Verwandten möglich machte.

»Über Inzucht und Degeneration wird oft etwas leichtfertig gesprochen«, gibt Janko von Musulin zu bedenken. »Aus der Tierzucht ist bekannt, daß dieses Mittel zur Herauszüchtung hervorragender Eigenschaften unentbehrlich ist; auch aus dem Pharaonenreich ist über die nachteiligen Folgen der Geschwisterehen nichts bekannt geworden ...« Herrscherliche Höherzüchtungen solcher Art freilich hatten die Habsburger Herren beim Stiften so vieler inzestuöser Ehen nicht direkt im Sinn; vielmehr äußerst zielstrebig und pragmatisch den beständigen Zusammenhalt der Dynastie und ihrer Territorienpakete, nicht zuletzt – nun im Zeitalter der christlichen Glaubensspaltung – die Stabilisierung der Katholizität in Europa. (Bezeichnend, daß die jeweiligen Päpste nie Bedenken trugen, selbst engen Verwandtenverbindungen gnädigen Dispens zu erteilen, wenn sie denn zur dynastischen Eindämmung des Protestantismus beitragen konnten.)

Das ehelich hin und her verquickte Haus Habsburg wurde also trotz der Linienteilung weiterhin als eine Einheit empfunden, allgemein und von Freunden wie nicht weniger vom Hauptrivalen Frankreich, das sich eingezwängt sah zwischen Spanien, den spanischen Niederlanden und dem Reich, zurückgedrängt auch in der gemeinsamen italienischen Interessensphäre. Wann würde sich die Chance ergeben, diese Umklammerung militärisch oder, noch besser, heiratspolitisch aufzubrechen? Würden die Königinnen und Könige aus den Häusern Valois und Bourbon mitsamt ihren klugen Kardinälen gar auf die finale Degeneration, ja Debilisierung der Madrider Habsburger warten können?

Die österreichisch-spanische Inzucht nämlich trieb denn doch die bedenklichsten Blüten. Schon in der zweiten Generation nach der Linientrennung heiratete Kaiser Ferdinands I. Sohn Maximilian II. (Kaiser von 1564 bis 1576) seine Cousine Maria von Spanien, die Tochter seines Onkels Karl V., und die Tochter Anna aus dieser Ehe wurde 1570 zur vierten Gemahlin Philipps II. von Spanien, ihres Oheims, bestimmt. Kaiser Karls V. Sohn und spanischer Erbe König Philipp II. wurde durch die Ehe mit seiner Nichte also zum Schwiegersohn seiner Schwester und seines Vetters sowie zum Großonkel seiner eigenen Kinder. »Gleich in der kommenden Generation«, wir geben Hellmut Andics das Wort, »folgte wieder eine Familienverbindung zwischen Spanien und Österreich. Der nächste König von Spanien, Philipp III., Kind aus der sonderbaren Ehe des spanischen Onkels mit der österreichischen Nichte, heiratete Margarete von Steiermark, Tochter von Maximilians II. Bruder Karl. Damit war Kaiser Ferdinand zugleich der Großvater der Braut und der Urgroßvater des Bräutigams.«

Hier rückt das dynastisch so häufige und problematische Phänomen des »Ahnenverlusts« deutlich ins Bild. Die normalerweise acht Urgroßelternteile reduzieren sich beim Ausbleiben fremden Bluts mitunter drastisch: so besonders augenfällig bei einem prominenten Habsburger, Schillers und Verdis Bühnenhelden Don Carlos, Sohn und Kronprinz König Philipps II. Die Eltern des bemitleidenswerten Infanten von Spanien waren Cousin und Cousine ersten Grades, wie auch seine Großeltern Karl V. und Isabella von Portugal bereits Vetter und Base gewesen waren. Die Ahnentafel des Don Carlos weist also nur vier statt acht Urgroßelternteile aus und zeigt ihn auch als zweifachen Abkömmling der wahnsinnigen Johanna, mithin als Sproß einer hochgradigen Inzuchtfolge. Was wunder, daß diesen idealistischen Schiller-Jüngling in Wahrheit starke physische wie psychische Insuffizienz kennzeichnet, ja daß er »ein skrofulöser, hinkender, schiefgewachsener und am Reden behinderter Halbidiot«, so Ludwig Pfandl, gewesen ist; überdies ein kleines Ekel, das Freude am Rösten lebendiger Tiere fand.

Gefährliche Verbindungen

Die genetischen Gefahren der allzu massierten Verwandtenverbindungen kreuz und quer waren damals noch nicht geläufig, obwohl die Kirche ja traditionell streng vor ihnen warnte; im Gegenteil glaubte man in manchen Hochadelshäusern, so zeitweilig auch in Wien und Madrid, noch an die quasi göttliche Kraft königlichen Blutes, dessen interfamiliäre Koppelung also eher elitäre als fatale Folgen haben könne. Fatale Folgen ganz anderer Art konnte das dynastische Heiraten freilich zeitigen, wenn politische Rivalen oder feindliche Mächte in bestimmten Konstellationen Erbansprüche aus früheren Eheverbindungen herleiteten: Die »Erbfolgekriege« des 17. und 18. Jahrhunderts illustrieren finster, daß nicht selten ins Zeichen des Mars abglitt, was im Zeichen der Venus begonnen hatte. Habsburg und Bourbon werden sich hartnäckig so miteinander verstricken.

Zurück zunächst nach Madrid und zum Erzeuger des »Knaben Karl«, Don Carlos, der dem Vater aus anderen Gründen als bei Schiller »fürchterlich« wurde. Europas nachmals mächtigster Herrscher Philipp II., der über vier Jahrzehnte (von 1556 bis 1598) auf dem Thron des spanisch-katholischen Weltreichs saß – nicht Kaiser, aber dann lange Chef des Hauses Habsburg – und »Gedankenfreiheit« natürlich nicht gewähren konnte, hat den mißratenen Sohn aus erster Ehe entgegen vielen Verdächtigungen nicht ermorden lassen. Die Fortsetzung der Dynastie aber bereitete ihm jahrzehntelang Sorgen.

Nach dem Tod seiner im Wochenbett von ärztlichen Quacksalbern schauerlich verpfuschten ersten Frau Maria von Portugal heiratete Philipp 1554 noch als Kronprinz auf Betreiben Kaiser Karls V. die Königin Maria von England, die im Katholizismus verharrende Tochter des protestantisch gewendeten Königs Heinrich VIII.: Würde es Philipp schaffen, mit der uns auf Porträts so verkniffen anschauenden »bloody Mary«, einer eifernden Protestantenverfolgerin und Enddreißigerin, sowohl den Katholizismus auf der Insel zu restituieren als auch einen habsburgischen Thronfolger für England zu zeugen?

Nein, die britische Brautfahrt schlug fehl. England ließ sich heiratspolitisch so wenig erobern wie später, 1588, durch die spanische Seestreitmacht, die Armada. Die arme kranke Mary Tudor wurde dick, aber nicht schwanger, und Philipp hatte in Madrid 1556 nach dem resignierten Thronverzicht Karls V. alle Bürden der Regierung über das spanisch-italienisch-niederländisch-amerikanische Riesenreich zu übernehmen. Nach Marias Tod 1558 sah sich Philipp zügig nach einer neuen, seiner dritten, Gemahlin um und entschied sich für die fünfzehnjährige Isabella (auch Elisabeth) von Valois, die Tochter König Heinrichs II. von Frankreich und der berühmt-berüchtigten Katharina von Medici.

Es war ein neuer Versuch, die Dauerrivalität mit Frankreich durch eine dynastische Ehe zu überwinden oder mindestens zu neutralisieren, getragen natürlich zugleich von der Hoffnung auf einen tauglicheren Kronprinzen als Don Carlos. Die zarte Isabella aber brachte zwei Töchter zur Welt und starb dann jung bei einer dritten, einer Totgeburt. König Philipp war mit 41 Jahren zum drittenmal Witwer – und ging nun, 1570, die aparte Onkel-Nichte-Ehe mit Anna von Österreich ein, von der bereits die Rede gewesen ist. Die einundzwanzigjährige Anna war zwar robuster als ihre Vorgängerin, litt aber unter dem immer starreren Hofzeremoniell des von Philipp errichteten finster-grandiosen Escorial, mehr noch unter dem frühen Tod gleich vier ihrer Kinder. Immerhin eines überlebte, der spätere König Philipp III.; Anna selber aber starb nach zehn Ehejahren, ausgelaugt und qualvoll wie Isabella von Valois bei einer weiteren Geburt.

Auch König Philipps III. von Spanien (1578–1621) innerfamiliäre Heirat mit Margarete von Steiermark – der Groß-

König Philipp II. von Spanien, bedeutender und umstrittenster Herrscher seiner Ära, heiratete zwischen 1543 und 1570 viermal, darunter eine Cousine und eine Nichte, um endlich zu einem Thronerben zu kommen. Porträt von Allonso Sanchez Coello.

vater des Gatten und der Vater der Gattin waren Brüder – haben wir schon erwähnt. Noch aufzuwarten dagegen haben wir mit der Besonderheit, daß Ferdinand II. (1578–1637), der Kaiser des Dreißigjährigen Krieges und der Gegenreformation, ganz unhabsburgisch erst bayerisch und dann italienisch heiratete. Sein Sohn Ferdinand III. (1608–1657), König von Ungarn und Böhmen und römisch-deutscher Kaiser, allerdings kehrte in die eigentlich obligaten inzestuösen Bahnen zurück und ehelichte Philipps III. Tochter Maria Anna von Spanien. Deren Bruder König Philipp IV. von Spanien (1605–1665) nahm später in zweiter Ehe seine Nichte Maria Anna, Ferdinands III. Tochter, zur Frau.

Who's who? Ach, Namen sind Schall und Rauch, Habsburg aber lebte und heiratete weiter. Das alte sprichwörtliche Heiratsglück freilich verflüchtigte sich so peu à peu aus der Hofburg, während es sich im Escorial ja eigentlich nie etabliert hatte. Und mehr noch, im späten 17. Jahrhundert

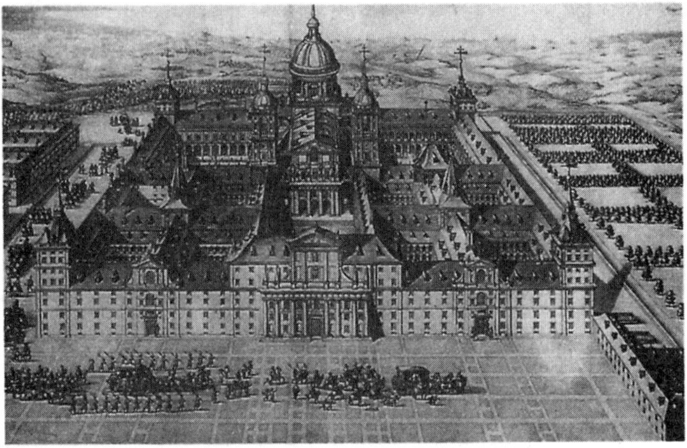

Der Escorial unweit Madrid, die mächtige klösterliche Residenz und Grabstätte der spanischen Habsburger, in der nicht wenige eingeheiratete Königinnen und Prinzessinnen unter dem düster-bedrückenden Hofzeremoniell gelitten haben. Ansicht von 1667.

ging es mit den spanischen Habsburgern sogar ganz und gar zu Ende: König Karl II. (1661–1700), Sproß der Onkel-Nichte-Ehe Philipps IV. und Endprodukt einer wahren Inzuchtorgie über so viele Generationen, war der Letzte der Casa d'Austria in Madrid. Er besaß statt 16 Ururgroßeltern nur zehn Ahnen und stammte in genealogischer Sicht nicht weniger als vierzehnmal von Johanna der Wahnsinnigen ab.

Entsprechend seine Konstitution: Auf den Armen einer Amme, an deren Brust der Kümmerling immer noch genährt wurde, ist Karl 1665 vierjährig zum König proklamiert und mit dem Goldenen Vlies dekoriert worden. Mit fünf Jahren lernte er laufen, mit neun konnte er noch nicht lesen und schreiben, und als der ängstlich verzärtelte, apathische und ständig kränkelnde Karl volljährig wurde, erwies er sich rasch als völlig regierungsuntauglich. Die im Escorial schon länger gängige Günstlings- und Cliquenwirtschaft gelangte nun mit der Herrschaft einer französischen Hofpartei auf ihren Höhepunkt. Natürlich gerieten auch Karls II. Ehen, eine französische und eine deutsche, zum kinderlosen Doppeldesaster; diverse »Teufelsaustreibungen« kurierten nicht seine Impotenz. Erstaunlicherweise vegetierte dieser arme, übrigens stets freundliche Schwächling fast vierzig Jahre lang dahin; am 1. November 1700 verschied er.

Der Sonnenkönig vor Habsburgs Sonne

Nach 184 Herrscherjahren starb mit Karl II. die spanische Linie des Hauses Habsburg aus: Der lange Schatten Johannas der Wahnsinnigen hatte die Familie eingeholt; dem inzestuösen Ahnenverlust folgte der Machtverlust. Nun schlug Frankreichs Stunde: Der spanischen Degenerations- und namentlich der Krankengeschichte Karls II. galt die innigste Anteilnahme des Herrscherhauses Bourbon, das wie die vorangegangene Dynastie Valois eine jüngere Seitenlinie der Kapetinger war. Versailles forderte ständig detailreiche Berichte seiner Madrider Informanten: Hatte Karls Impotenz noch Bestand? Und litt der König auch weiterhin an seiner Dauerdiarrhöe? Gespanntes Interesse mit den gewichtigsten Gründen.

Schließlich war man sich ja trotz der hartnäckigen historischen Feindschaft zu Habsburg über die Jahrhunderte in diversen Friedens- und Beschwichtigungsehen immer wieder mal nahegekommen – und endgültig seit 1615 engstens miteinander verwandt: Philipp III. von Spanien hatte seine zweite Tochter, Anna von Österreich, fünfzehnjährig mit dem gleichaltrigen König Ludwig XIII. von Frankreich vermählt, und auch sein Sohn, der spätere König Philipp IV., wurde mit Isabella von Bourbon französisch verbunden.

Die ebenso attraktive wie gescheite Anna, in Frankreich »Anne d'Autriche«, hatte freilich große Schwierigkeiten, ihren etwas zurückgebliebenen und weiblichen Reizen nur mäßig geneigten Gemahl Ludwig wenigstens ab und zu ins Beilager zu locken. Erst nach 23 Jahren einer fast grotesken Ehe – wieder so ein Spätgeburtmirakel – wurde 1638 der Dauphin Louis *Dieudonné*, Ludwig der Von-Gott-Gegebene, geboren, ein anämisches und notgetauftes Knäblein, das sich dann jedoch zu einer strahlenden Epochengestalt, zu Ludwig XIV., auswachsen wird. (Die Historiker haben denn auch immer wieder gerätselt, ob dem dreizehnten Ludwig, einem wohl stärker homosexuellen als bisexuellen Mann, die Vaterschaft wirklich zuzutrauen ist.)

Nach dem Tod König Ludwigs XIII. 1643 übernahm Königin Anna für den minderjährigen Ludwig XIV. gemeinsam mit dem Kardinal Mazarin in Versailles energisch die Regie: eine Habsburgerin auf dem Bourbonenthron mit entschieden antihabsburgischer Politik. »Sie verdient, unter die größten Könige unseres Landes gerechnet zu werden«, so hat Ludwig später seine Mutter gepriesen, deren Courage man in Madrid so gut hätte gebrauchen können.

Ein Friedens- und Heiratskontrakt war es, was die Historiker zu Annas und Mazarins diplomatischen Meisterstücken zählen: Im November 1659 räumte der »Pyrenäenfrieden« kriegerische Spannungen zwischen Frankreich und Spanien aus, und zugleich wurde die Heirat Ludwigs XIV. mit seiner Cousine Maria Teresa, der ältesten Tochter König Philipps IV., eingefädelt: Unterpfand neuer friedlicher Nachbarschaft – und des Erbanspruchs auf ein Königreich!

Natürlich verzichtete die Infantin Maria Teresa, die nun zu Frankreichs Königin Marie-Thérèse mutierte, vertraglich auf jegliche Erbrechte an Spanien; ebenso natürlich aber hatte sich Versailles eine königlich angemessene Mitgift für die Braut ausbedungen: 500000 Taler, in Raten zahlbar; und nur für den Fall, daß Madrid die Mitgift schuldig bleiben würde, träte das potentielle Erbrecht der Infantin doch in Kraft.

Eine große Habsburgerin auf der falschen Seite: Anna von Österreich, Gemahlin Ludwigs XIII. und Regentin Frankreichs, wurde die Mutter des »Sonnenkönigs«. Porträt von Peter Paul Rubens.

Eine reine Routineklausel, Pardon, bloß zur Sicherheit. Mazarin und Anna aber hatten ihre Informationen: Der Madrider Hof war hoch verschuldet, ja nahezu bankrott, und er blieb es dauerhaft. Und da sich nun im Escorial die Degeneration der spanischen Habsburger in Karl II. mit dessen Erbenlosigkeit so fatal – beziehungsweise passend – verband, geriet die Mitgiftklausel von 1659 mehr und mehr zum europäischen Politikum. König Philipp IV. beschwor vor seinem Tod 1665 testamentarisch Thronfolger und Minister, die Schuldsumme für Versailles um jeden Preis aufzutreiben, damit Spanien nicht über Maria Teresa an Frankreich falle; doch vergebens.

Bourbon überspielte nun Habsburg, weil letztlich die Bisexualität Ludwigs XIII. in einer Beilagerstunde (wenn denn geschehen) die Impotenz Karls II. ausgestochen hatte: König Ludwig XIV. hielt alle Trümpfe in der Hand. Als Spaniens letzter Habsburger im Jahre 1700 starb, war Karl nicht nur die 500000 Taler für Versailles schuldig geblieben, sondern überdies von französischen Intriganten beschwatzt worden, das Haus Bourbon in seinem Testament als Erbe einzusetzen. Ludwig XIV., über Anne d'Autriche selbst ein halber Habsburger, beanspruchte nun, doppelt und dreifach legitimiert, das spanische Imperium: ein Königreich statt der Mitgift. Er proklamierte seinen Enkel Philipp, Herzog von Anjou, zum König Philipp V. von Spanien. »Adieu, mein Sohn, es gibt keine Pyrenäen mehr«, gab er dem jungen Mann als Devise mit auf den Weg.

Und er marschierte, wie er, der »Sonnenkönig«, Europas Himmel verfinsternd, seit Jahrzehnten immer wieder marschiert war. Das Wiener Haus Habsburg nämlich, an dessen Spitze jetzt Kaiser Leopold I. stand, fühlte sich von Versailles übertölpelt, rein formalistisch überspielt. Leopolds Sohn Erzherzog Karl, der spätere Kaiser, wurde als Gegenkandidat Philipps von Anjou-Bourbon zu König Karl III. von Spanien erhoben und dazu eine große Koalition von Gegnern der Vormacht Frankreich mobilisiert. Zu Wien gesellten sich London, Amsterdam und Länder des Reichs, und im ominösen Spanischen Erbfolgekrieg, der sich bis 1714 hinziehen würde, traten prominente Feldherren wie der Herzog von Marlborough und Prinz Eugen von Savoyen an der Spitze ihrer Truppen den Armeen Ludwigs XIV. entgegen: Die Pyrenäen sollten bleiben, was sie waren.

Ein wechselvoller, ein schlachten- und opferreicher dynastischer »Kabinettskrieg«, zum guten Teil auf deutschem Boden ausgefochten. An seinem Ende behielt zwar Philipp V.

Vermählung von Frankreichs König Ludwig XIV. mit der habsburgischen Infantin Maria Teresa von Spanien, seiner Cousine, im Jahre 1660: Besonders von dieser Heirat leitete Versailles dann seinen Anspruch auf Spanien her und ging der »Spanische Erbfolgekrieg« 1701 bis 1714 aus. Zeitgenössischer Stich.

als der erste spanische Bourbone die Krone Spaniens; Ludwig XIV. aber erreichte sein eigentliches Kriegsziel nicht und mußte auf eine künftige Vereinigung Spaniens mit Frankreich definitiv verzichten. Die sonnenkönigliche Vision vom Großimperium zerflatterte, Habsburgs ältere und bessere Hälfte – Österreich – hatte standgehalten. Das traditionelle Heiratsglück aber, das strategische jedenfalls, hatte sich vom Domus Austriae abgewandt.

Soll man dagegenhalten, daß sich Kaiser Karls VI. Tochter, die große standhafte Maria Theresia, 1736 wahrhaft glücklich mit Franz Stephan von Lothringen verheiratete? Daß sie mit ihren (insgesamt 16) Kindern die im Mannesstamm 1740 ausgestorbene Dynastie Habsburg in das Haus Lothringen-Habsburg hinüberrettete? Daß Wien auch den Österreichischen Erbfolgekrieg von 1741 bis 1748 überstand, in dem das bayerische Haus Wittelsbach dubiose Erbansprüche auf Österreich geltend machte, die auf einer sich nun ärgerlich auswirkenden habsburgischen Heirat des 16. Jahrhunderts fußten?

»Anderen lasse den Krieg!« Dieser freundlichen Empfehlung unseres Heiratsdistichons vermochte Habsburg in der Ära Friedrichs des Großen von Preußen leider nicht mehr zu folgen, erst recht nicht im Zeitalter der Französischen Revolution und Napoleons I. Wenn Wien trotzdem immer mal wieder Venus statt Mars, Prinzessinnen statt Truppen, auf die politische Szene schob, dann meist ohne Fortüne: Maria Theresias und Franz' I. ahnungslose Tochter Marie Antoinette, verheiratet mit König Ludwig XVI. von Frankreich, starb 1793 auf der Guillotine der Revolution. Und auch Kaiser Franz' II. Tochter Marie-Luise, die man 1810 zögerlich-taktisch dem damaligen Herrn Europas, dem »Scheusal« und Parvenü-Kaiser der Franzosen Napoleon, angetraut hatte, erlebte auf Frankreichs Thron nur ein kurzes Glück. Ach, das »Tu felix Austria nube!« war halt Latein und gehörte den alten lateinischen Zeiten an.

Durch Ehen erben und erwerben: Die Verdoppelung der Hohenzollernländer 1614 / 1618

Marie Leonores Schicksalsreise

Es ist eine kaum geläufige Ironie der Geschichte, daß ausgerechnet der erzkatholische Herzog Alba, Statthalter der spanisch beherrschten Niederlande (und Finsterling bei Goethe und Schiller), ungewollt den ersten Anstoß zu einer Heirat gegeben hat, von der am Ende die große territoriale Expansion des protestantischen Hauses Brandenburg im frühen 17. Jahrhundert ausgegangen ist. Eine Prinzessin in der niederrheinischen Nachbarschaft, Marie Leonore, hatte durch ihre Anteilnahme an der von Alba unterdrückten oranisch-protestantischen Sache den Zorn des Mächtigen erregt. Albas Drängen folgend, beeilte sich der ängstliche Vater der Prinzessin, Herzog Wilhelm V. von Jülich-Kleve-Berg, genannt »der Reiche«, seine älteste Tochter nun – es war im Jahre 1572 – rasch aus dem Hause, das heißt natürlich unter die Haube zu bringen.

Marie Leonore war kein Allerweltsprinzeßchen. Durch ihre Mutter Maria eine Enkelin Kaiser Ferdinands I. aus dem Haus Habsburg und potentiell eine reiche Erbin, mußte sie – obwohl mit Zweiundzwanzig für damalige Begriffe nicht mehr taufrisch – als attraktive Partie gelten. Herzog Wilhelm hätte dies normalerweise natürlich noch ausgereizt. Unter Albas Druck jedoch verzichtete er auf eine gründlichere Kandidatensichtung und entschied sich für die

Im Schloß zu Königsberg haben sich seit der preußisch-klevischen Heirat von 1573 nicht wenige Schicksalsstunden der Hohenzollern-Dynastie abgespielt. Zeichnung aus dem 19. Jahrhundert.

erstbeste aktuelle Bewerbung: den Antrag des aus religiösen und politischen Gründen eigentlich wenig qualifizierten Albrecht Friedrich von Preußen, Herzog des lutherisch säkularisierten Deutschordenslandes im weltenweit fernen Nordosten.

Dieses deutsch kolonisierte Land der baltischen Pruzzen, Prussia-Preußen, stand unter der Oberhoheit des polnischen Königs und wurde von einer fränkischen Linie des Hauses Hohenzollern regiert. Es lag außerhalb des Reichsgebiets und war im wesentlichen identisch mit dem späteren Ostpreußen: für eine Prinzessin aus dem zivilisierteren Limes-Deutschland, so mochte man meinen, eine fast sibirische Perspektive. Marie Leonore aber sperrte sich nicht, hätte es auch kaum gekonnt, und begab sich unter dem Geleit ihres zwar kränkelnden, doch bemüht fürsorglichen Vaters, versehen mit stattlichster Aussteuer, auf die beschwerliche, nicht weniger als 66 Tage dauernde Reise von Düsseldorf nach Königsberg.

Was sie hier, am herzoglich-preußischen Hof, 1573 antraf, war allerdings schockierend und hätte eine Verweigerung selbst der demütigsten Tochter gerechtfertigt: Albrecht Friedrich, ihr knapp zwanzigjähriger Bräutigam, trat ihr »mit traurigem Geberde« und stumm wie ein Stockfisch gegenüber. Er litt unverkennbar an »Hauptblödigkeit«, das heißt an einer endogenen Geisteskrankheit, wahrscheinlich an Schizophrenie; Symptome des Schwachsinns waren schon im Kindesalter aufgetreten. Offenkundig aber hatte man die Prinzessin darüber im unklaren gelassen. Ungewiß bleibt, ob die preußischen Räte, mit denen die Verlobung ausgehandelt worden war, Herzog Wilhelm auf den Defekt hingewiesen haben; womöglich beschönigend nur als »Melancholei«, da Albrecht Friedrich immerhin schon mit 15 Jahren offiziell das Erbe seines Vaters, des Herzogs Albrecht von Preußen, angetreten hatte, zwar unter Vormundschaft stand, aber zeitweilig wohl noch Hoffnung auf eine Heilung seiner Krankheit rechtfertigte. Es wurde mit den oft dubiosen Mitteln dieser Zeit viel an ihm herumgedoktert, doch ein nachhaltiger Erfolg war ausgeblieben.

Ach Gott, der junge Mann litt dazu gerade auch noch an der »Mundfäule« und war mit Geschwülsten behaftet. Er hatte »fleißig Aufsicht besonders notig«, war zwar halbwegs schreibkundig und unterzeichnete brav alle ihm vorgelegten Briefe und Urkunden, beschäftigte sich aber vorzüglich mit Spielgeld und blieb, entgegen der offiziellen Lesart, dauerhaft regierungsuntauglich. Einigermaßen tauglich wohl dann immerhin als Ehemann: Marie Leonore scheute die Schmach einer geplatzten Verlobung und entschloß sich – es war im Oktober 1573 – tapfer zur Heirat mit Albrecht Friedrich. Der flüchtete zwar in plötzlicher Panik noch vom

Eine Verbindung, die historische Weichen stellte: Albrecht Friedrich, der »hauptblöde« Herzog von Preußen, und seine Gemahlin Marie Leonore von Jülich-Kleve-Berg (sie 1578 gemalt vom »Meister der Dresdner Hohenzollernbildnisse«) in zeitgenössischen Porträts.

Hochzeitsmahl, doch danach scheint es mit den beiden irgendwie geklappt zu haben.

Herzog Albas Nötigung, wir spitzen zu, machte die klevische Prinzessin zur Ururururgroßmutter Friedrichs des Großen. Herzog Albrecht Friedrich von Preußen nämlich zeugte mit Marie Leonore in einer offensichtlich recht vertraulichen Ehe sieben Kinder. Der geisteskranke Fürst lebte dank der Zuwendung und Fürsorge, die ihm die lebenskluge Gattin bot, zeitweilig auf, während Marie Leonore ihrerseits das herrscherliche Vakuum nutzte und neben dem eigentlichen Verweser Preußens, Markgraf Georg Friedrich von Brandenburg-Ansbach, dann vor allem eine selbstbewußte Heiratspolitik entfaltete: Ihr Kapital dabei waren, nach dem frühen Tod zweier Söhne, fünf Prinzessinnen. Und Kapital als präsumtive Erbin ihres Vaters in Jülich-Kleve wurde alsbald auch sie selber.

Das sehr dubiose Erbgut

Die naheliegende Frage, wie es denn mit dem Verstand der Töchter eines Geisteskranken aussah, die nacheinander auf den fürstlichen Heiratsmarkt gelangten, dramatisiert sich noch, wenn man auf den dynastischen Hintergrund schaut. Unter Albrecht Friedrichs fränkischen Hohenzollernvorfahren sind, so schon beim Vater des Vaters, mehrere Fälle von Umnachtung oder Verhaltensstörung manifest; Geistesschwäche und Hysterie mehrfach auch bei seinen mütterlichen Ahnen aus dem Hause Braunschweig.

Problematisches Erbgut gab es zudem bei Marie Leonore. Ihre Mutter, die Kaisertochter Maria, war eine Enkelin Johannas der Wahnsinnigen und ist selbst in geistiger Verwirrung gestorben. Und schlimmer noch: Ihr Sohn, Marie Leonores Bruder Herzog Johann Wilhelm, mußte als notorisch geisteskrank entmündigt werden. Sein Tod im Jahre 1609 bedeutete das Aussterben seines Hauses im Mannesstamm und eröffnete einen überaus komplizierten Nachfolgefall, den Jülich-Klevischen Erbfolgestreit, der sich jahrzehntelang hinziehen sollte und uns noch beschäftigen wird.

Wahn, überall Wahn, um mit Richard Wagner zu sprechen. Die Geistesstörung übrigens, die Wagners Intimfreund König Ludwig II. von Bayern ins Unglück stürzte, hat man in München früher gern auf das »vereinigte hohenzollerisch-braunschweigische Blut« zurückgeführt, das Ludwigs preussische Mutter Marie Friederike ins Haus Wittelsbach brachte. Späte Nachwirkung der Königsberger Heirat von 1573?

Wir sind am Ende des dynastisch-hochzeitlichen Präludiums. Zurück nach Preußen. Äußerst knifflig die Vorstellung, um dies hier nur anzudeuten, wie sehr es den Griff Brandenburgs nach Preußen erschwert hätte, wenn auch nur einer der beiden Söhne unseres Königsberger Paars das Wiegenalter überlebt und sich zum Erben ausgewachsen hätte. So aber ist es die älteste Tochter des »hauptschwa-

Johann Sigismund (1572–1619), seit 1608 Kurfürst von Brandenburg, hat durch seine Erbanspruch-Heirat mit Anna von Preußen »Fülle« in den Stoff der Hohenzollern-Geschichte gebracht. Fülle fehlte leider auch seiner Gestalt nicht. Porträt um 1610.

chen« Herzogs und der Marie Leonore, die 1576 geborene Prinzessin Anna, die zur eigentlichen Schlüsselgestalt des am Ende fulminanten brandenburgischen Heiratsglücks wurde.

Wie mittelmäßig auch das Herrscherniveau der hohenzollernschen Kurfüsten lange Zeit blieb, so früh entwickelte sich in Berlin-Cölln doch die strategische Vorstellung, das den preußischen Vettern zugefallene große Ordensland im Osten irgendwann familiär an Brandenburg heranzuziehen. Nachdem schon der Kurfürst Joachim II. durch seine Ehe mit der polnischen Königstochter Hedwig 1535 den Versuch unternommen hatte, die polnische Lehnshoheit über Preußen zu unterlaufen, und er so 1563 und 1569 immerhin zu »Mitbelehnungen« mit dem Herzogtum gelangte, mußte dieser eher papiernen Anwartschaft nun ein handfesterer Erbanspruch zugesellt werden. Ein Anspruch in Fleisch und Blut, und der hieß Anna.

Anna, ein leibhaftiger Anspruch

Brandenburgs Kurfürst Joachim Friedrich (1548–1608) verfolgte seit 1590 den Plan, seinen 1572 geborenen Sohn Johann Sigismund mit der damals vierzehnjährigen Prinzessin Anna von Preußen zu verheiraten, die zwar »der Schönsten keine« war, aber, wie er hoffte, gewiß die »guten fürstlichen Eigenschaften ihrer Mutter Marie Leonore geerbt« habe. Anzeichen des väterlichen Schwachsinns fehlten gottlob ganz, ja es »scheint allen Erbgesetzen zu widersprechen, daß Albrecht Friedrichs Töchter gesund waren« – so die Historikerin Rita Scheller, die das Schicksal der Frauen am preußischen Herzogshof erforscht hat. Mehr noch, bereits der ganz jungen Prinzessin Anna werden Klugheit und Energie nachgesagt.

Indessen kann als sicher gelten, daß man die Prinzessin am Berliner Hof durchaus auch als tumbe Hinkende oder

Bucklige in die Arme geschlossen hätte: Anna von Preußen vereinigte in ihrer kleinen Gestalt ja nicht weniger als die Erbansprüche auf das große Deutschordensland im Osten und die reichen jülisch-klevischen Lande im Westen. Mit der Heirat, so das kurfürstliche Konzept, soll Johann Sigismund zunächst die Statthalterschaft in Preußen in der Nachfolge des kinderlosen Herzog-Kurators Georg Friedrich zufallen, der selbst vorausschauend die Untrennbarkeit aller anfallenden kurfürstlich-brandenburgischen Erbansprüche vertritt.

Johann Sigismund also, der künftige Kurfürst, ist vor der Historie ausersehen, dem Hause Brandenburg-Hohenzollern heiratspolitisch – als Verweser und dann natürlich als Herzog – (Ost-)Preußen zu erobern. Und gleichsam via Preußen, wenn denn die Perspektiven nicht trügen, womöglich auch Annas zweites Erbe. Es ist eine zwingende, freilich ganz durchsichtige Strategie, und es kann gar nicht ausbleiben, daß sich Konkurrenten auf diese heiratspolitische Szene drängen. Zu ihnen zählt, sehr naheliegend, der Lehnsherr Preußens: König Sigismund III. von Polen ist nicht geneigt, sich das stattliche Faustpfand im Norden seines Reiches einfach so entwinden zu lassen, und präsentiert sich der Herzogin Marie Leonore bei einem Besuch in Königsberg als besonders liebenswürdiger Schwiegersohnanwärter.

Ach, welcher Sigismund, der Warschauer oder der Berliner, soll es denn werden? Marie Leonore, die einst selber allzu hastig vergeben worden ist, zögert lange, sie kostet ihre herzogliche Macht übers Verheiraten und Vererben aus und neigt zeitweilig tatsächlich dem polnischen Kandidaten zu. Zudem zieht sie durchaus auch eine pfälzische Bewerbung um ihre Älteste in Erwägung.

Nicht auszudenken, welche Hindernisse sich für die hohenzollernschen Ambitionen aufgetürmt hätten, wenn Anna von Preußen Königin von Polen geworden wäre. Der

»Die Ostseekönigin und der Rhein huldigen dem Kurfüsten« Johann Sigismund und seiner Gemahlin Anna: Allegorie des 19. Jahrhunderts auf die heiratspolitische Ausdehnung des Hohenzollern-Staates »von Memel bis Kleve«.

tüchtige Georg Friedrich aber betrieb Krisenmanagement in Königsberg, und so wurde Marie Leonore 1591 schließlich die Zustimmung zur Verlobung ihrer Tochter Anna mit Johann Sigismund von Brandenburg abgerungen. Im Oktober 1594 folgte die Hochzeit in Königsberg, zu der sogar der Kaiser geladen wird. Doch weder Rudolf II. noch Polens verstimmter König geben dem brandenburgischen Einheirater die Ehre.

Mit dem erfolgreichen Freier Johann Sigismund bewegt sich nun eine wenn schon nicht bedeutende, so doch zeitweilig anziehende und politisch talentierte Fürstengestalt auf den staubigen Wegen der Mark. »Es geht mit den Geschichtswerken wie mit den Strömen, die erst da Bedeutung gewinnen, wo sie schiffbar werden. Die Geschichte des

Hauses Brandenburg fängt erst mit Johann Sigismund an, interessant zu werden«, urteilte Friedrich der Große 1751 in seinen »Denkwürdigkeiten« im Hinblick auf die epochemachenden Erwerbungen, die sich mit dem Namen des Prinzen und späteren Kurfürsten (1608–1619) verbinden. Kein Brandenburg-Historiker freilich versäumt auch den Tadel, den sich der zwar aufrichtig fromme, zunehmend aber einem äußerst unmäßigen, ja liederlichen Lebenswandel mit hemmungslosen Saufgelagen verfallende Fürst verdient hat. Er tafelte sich schon in relativ jungen Jahren zu abnormer Leibesfülle, büßte trotz hitziger Impulsivität mehr und mehr seine Entschlußkraft ein und war dann allzu früh ein verbrauchter, ein kranker Mann.

Anwartschaften doppelt genäht

Um Brandenburgs preußische Sukzession, die nicht zuletzt auch auf den Widerstand der einflußreichen Stände im früheren Ordensland stieß, flankierend abzusichern, entschloß sich sein Vater Kurfürst Joachim Friedrich, 1603 in zweiter Ehe eine weitere preußische Prinzessin ins Haus zu holen: Die Heirat des Neunundfünfzigjährigen mit der fast vierzig Jahre jüngeren Eleonore, der zweiten Tochter unserer Herzogin Marie Leonore, machte Joachim Friedrich zum Schwager seines Sohnes Johann Sigismund und zum Onkel-Großvater von dessen Kindern mit Anna, die ihrerseits zur Schwiegertochter ihrer jüngeren Schwester wurde. Bei der Hochzeitsfeier – reale Pointe des Absurden – hatte Kurprinz Johann Sigismund offiziell die Vaterstelle bei der Braut seines Vaters zu vertreten. »Die Heiratsdiplomatie der Hohenzollern«, so der Preußenhistoriker Gerd Heinrich, »hat damals, was den Grad der Bedenkenlosigkeit angeht, ihren Höhepunkt erreicht.«

Wo so viele Nägel eingeschlagen und Anwartschaften doppelt und dreifach genäht worden waren, kam man dann auch endlich, in Etappen, ans Ziel. Und in Raten, denn Preußens Lehnsherr, der polnische König, und der preußische Landtag forderten und erhielten Zug um Zug stattlichste (und für Berlin höchst schmerzliche) Guldensummen aus der Mark, bevor sie 1605 der brandenburgischen Landesverweserschaft und 1611 der Belehnung des nunmehrigen Kurfürsten Johann Sigismund zustimmten. Das Haus Brandenburg besaß jetzt de facto Preußen, weiterhin freilich unter polnischer Lehnshoheit. Und als im August 1618 der geisteskranke Herzog Albrecht Friedrich seiner 1608 verschiedenen Gemahlin Marie Leonore in den Tod folgte, avancierte sein Schwiegersohn Johann Sigismund widerstandslos zum preußisch-herzoglichen Landesherrn.

Zwischendurch immer wieder richteten sich die begehrlichen Blicke des Hauses Hohenzollern natürlich auf die territoriale Anwartschaft im Westen des Reiches. Auch sie stützte sich ja auf die Heiraten erstens der Marie Leonore mit Albrecht Friedrich von Preußen sowie zweitens der Preußen-Prinzessin Anna mit Johann Sigismund. Berlins rheinischer Anspruch also war auf einem Riesenbogen über Königsberg eingefädelt worden, und eben diese Riesenroute nach Düsseldorf über Berlin hat Marie Leonore 1591 selbst noch einmal auf einer bemerkenswerten Reise zurückgelegt. Es ging der versierten Erbschaftspolitikerin dabei vor allem um die Sichtung und Bekräftigung ihrer Ansprüche auf Jülich-Kleve für ihre Töchter. Den »Heimfall« des Erbes hat sie nicht mehr erlebt, und wir nehmen daher von ihr (die uns auf einem glaubhaften Porträt seltsam schwermütig anschaut) Abschied, um uns der Tochter Anna zuzuwenden, deren Erbambitionen mindestens so ausgeprägt waren wie die ihrer Mutter. Dem Haus Brandenburg war es schon recht.

Was tat sich denn in Jülich-Kleve? Marie Leonores Bruder, der Herzog Johann Wilhelm, lebte seit 1585 in kinderloser Ehe mit Jakobe von Baden. Marie Leonore und das

Das Berliner Stadtschloß der Hohenzollern in seiner Renaissancegestalt. Gemälde aus der zweiten Hälfte des 17. Jahrhunderts.

Haus Brandenburg sahen diesem Nachwuchsdefizit insgeheim mit Wohlgefallen zu. Dann aber, 1597, kam Jakobe auf seltsame Weise zu Tode; und viele Indizien deuteten auf eine Ermordung hin. Waren hier Interessen am Werke, dem Herzog in einer nun möglichen neuen Ehe doch noch Nachwuchschancen aufzutun? Johann Wilhelm heiratete in der Tat wieder, und als sich bei der zweiten Herzogin gute Hoffnung zu zeigen schien, heuchelte man in der östlichen Verwandtschaft »erfreutes Gemüt«. Gottlob aber blieb der Herzog weiterhin erbenlos – und mehr noch, er verfiel in zeitweilig heftigen Wahnsinn und mußte der Regierung entsagen. Sein Ableben schließlich, im März 1609, ist das einzig belangvolle Datum seiner Biographie, denn es setzte den beinahe epochalen Jülich-Klevischen Erbfolgestreit – 1609 bis 1672! – in die Geschichte.

Jülich-Kleve: verzwickteste aller Erbfolgesituationen

Die Herzöge von Kleve und Mark waren im 16. Jahrhundert durch, natürlich, Heiratszugewinn auch zu Herren der Länder Jülich, Berg und Ravensberg geworden, und so war es ein zwar unzusammenhängendes, aber überaus stattliches Territorienpaket, das nun zu beerben stand. Für den Versuch, die reichlich verwickelte Erbfolgesituation aufzudröseln – nur zwei bis drei deutsche Historikerspezialisten schaffen das aus dem Stand –, bedarf es leider einiger Geduld. Nun denn: das Aussterben der klevischen Dynastie im Mannesstamm begründete den Anspruch der vier Schwestern des letzten Herzogs. Deutlich voran stand dabei Marie Leonore von Preußen als Älteste, deren Anwartschaft nach ihrem Tod wiederum auf die älteste Prinzessin Anna übergegangen war, die Gemahlin des Kurfürsten Johann Sigismund von Brandenburg.

Wesentliche Stütze dieses Anspruchs war der Umstand, daß Kaiser Karl V. 1546 dem Herzog Wilhelm auch eine weibliche Erbfolge für Jülich-Kleve verbindlich konzediert hatte. Dem widersprachen leider spätere kaiserliche Zusagen, die eine Anwartschaft Kursachsens begründeten; sicherheitshalber aber berief sich der sächsische Kurfürst Johann Georg I. zusätzlich auf familiäre Rechte, die durch seine Heirat mit Magdalene Sibille, der jüngsten Tochter Marie Leonores von Preußen, entstanden sein sollten.

Zu den Anwartschaften Brandenburgs und Sachsens gesellten sich natürlich noch die Erbansprüche der jüngeren Schwestern Herzog Johann Wilhelms: Anna war die Gemahlin des Pfalzgrafen Philipp Ludwig von Pfalz-Neuburg geworden, und beider Sohn Wolfgang Wilhelm trat nun, seit 1609, als Partner und Rivale seines Schwippschwagers Johann Sigismund im Erbfolgestreit auf. Ebensowenig zu ignorieren war in dem verwickelten Kasus das Recht der dritten Schwester Herzog Johann Wilhelms, Magdalena mit

Namen, die mit dem Herzog Johann von Pfalz-Zweibrükken verheiratet war.

Dieses ganze Knäuel von Ansprüchen komplizierte sich noch wesentlich durch die in den Jahren vor dem Dreißigjährigen Krieg mehr und mehr verschärften Gegensätze zwischen Katholiken und Protestanten im Reich. Kaiser Rudolf II. ließ die Erbländer erst einmal durch spanisch-habsburgische Truppen besetzen und belehnte überraschend Sachsen. Brandenburg und Pfalz-Neuburg aber opponierten vehement, verbündeten sich gegen diese Entscheidung und gelangten endlich, nachdem zeitweilig sogar ein Erbfolgekrieg europäischen Ausmaßes gedroht hatte, im Xantener Vertrag von 1614 zu einer Teilungsübereinkunft, die Sachsens Anspruch überspielte und die habsburgische Position am Niederrhein schwächte: Johann Sigismund gewann für Kurbrandenburg Kleve, Mark und Ravensberg, während Jülich und Berg an Pfalz-Neuburg fielen.

Die Querelen um Jülich-Kleve gingen weiter und weiter, die Territorien wurden zeitweilig von den inzwischen befreiten und erstarkten Niederländern verwaltet, der zunächst provisorische brandenburgische Erwerb aber stabilisierte sich. An der Seite des Kurfürsten hat seine ehrgeizige Gemahlin Anna, die eigentliche Erbin, in der Streitsache eine bedeutende und unbequeme Rolle gespielt und Johann Sigismund nicht nur beharrlich angestachelt, keinerlei Konzessionen zu machen, sondern auch eigene politische und heiratspolitische Strategien entwickelt; wozu hatte man schließlich Töchter.

Dem öfter kulinarisch vom Regieren abgelenkten Kurfürsten klagte Anna 1611 brieflich, daß »keiner mir mein staatlich recht und die lande wird wiedererstatten können, wenn es jetzt verloren und vergeben wird«. Ohne sie, die energische »Madama« des Berliner Hofes, wäre Johann Sigismund hier und da womöglich stärker eingeknickt und das Haus Hohenzollern historisch schlechter gefahren.

Anna von Preußen: keine Schönheit, aber der Erbglücksfall des Hauses Hohenzollern. Vielleicht ein Porträt des Hofmalers Hans Henneberg (um 1595).

Daß mit der eigenwilligen Anna (die als treue Lutheranerin auch den Übertritt ihres Gemahls zum Calvinismus nicht nachvollzog) nicht gut Kirschen essen war, sprach sich natürlich herum: Kurfürst Johann Georg von Sachsen schrieb 1611 unverblümt deftig an Johann Sigismund: »Herr schwager, Euer Liebden und ich, wir wollten uns schon vergleichen, wenn E.L. gemahlin nicht wäre. Ich habe auch eine, wenn sie mich aber so tribulirte, als sie E.L. zu zeiten tut, so würden gewiß maulschellen fallen.« War das, bei Lichte besehen, nicht eigentlich ein Kompliment für eine Fürstin dieser Zeit?

Tatsächlich kann man Anna zu den bemerkenswertesten Frauengestalten dieser Jahrzehnte zählen: herb, stolz, schwierig und dem Mitregieren, ja Regieren geneigter als dem Sticken und Musizieren, war sie doch zugleich eine fürsorgliche Mutter von sechs Kindern. Wie man denn »die Würmer bei den Kindern gänzlich vertreibt«, fragte sie brieflich bei ihrer Mutter Marie Leonore an, und natürlich schmiedete sie – das war ja das Lieblingsthema aller Kemenaten und Kanzleien – für den Nachwuchs allerlei strategische Ehepläne. Prominentester Vollzug ihrer Heiratspolitik war später die eigenmächtig eingefädelte Verheiratung ihrer (nach der bewunderten Mutter benannten) Tochter Marie Eleonore mit dem großen Schwedenkönig Gustav II. Adolf.

Anna von Preußen, der außerordentlichen Kurfürstin und bedeutendsten Erbin, die sich die Hohenzollern je ins Haus geholt haben, stand nach dem – leider ziemlich zwangsläufigen – Schlaganfalltod ihres unmäßigen, erst siebenundvierzigjährigen Gemahls Johann Sigismund im Dezember 1619 noch eine lange Witwenschaft bevor. Sie überlebte, oft nach Stockholm retiriert, die nicht zuletzt für Brandenburg verheerenden Wirren des Dreißigjährigen Krieges, in denen ihr Sohn Kurfürst Georg Wilhelm hilflos versank, und starb im Jahre 1655. Täuschen wir uns nicht, so begegnen uns die besten Eigenschaften der couragierten Frau bei ihrem Enkel Friedrich Wilhelm wieder, Brandenburgs »Großem Kurfürsten«. Und wenn Anna denn wirklich eine paar Gene schlummernden Wahnsinns ins hohenzollernsche Blut gebracht hat, so eben auch einen starken Schuß Tatkraft. Die verlockende Pointe, daß die Brandenburger den leichten Erwerb Preußens und Kleves mit dem schweren Erbe der Kopfkrankheiten gleich beider Höfe bezahlt hätten, läßt sich nicht ernstlich servieren – um so weniger, als ja die eigentlichen Herrscherbegabungen der Hohenzollern gerade erst in den nächsten Generationen folgen.

Die Fortüne des Hauses Brandenburg

Das heiratsdiplomatische Glück des Hauses Brandenburg (hilfreich flankiert gewiß von den früheren preußischen Mitbelehnungen) kann man in dieser Phase fast auf eine Stufe mit den frappanten Felix-Austria-Heiratserfolgen der Habsburger stellen. Die ganze geschichtliche Tragweite der veritablen Verdopplung des Hohenzollernbesitzes 1614/1618 von 39400 auf 81000 Quadratkilometer hat sich damals natürlich noch keine Seele auszumalen vermocht. Allzu fleckenteppichlich, wie ein reines Zufallsprodukt dynastischer Familienpolitik, nahm sich das alles auf der Karte ja auch aus. Und so wie die Habsburger hatten es nun auch die Hohenzollern in ihrem Herrschaftsgebiet mit den unterschiedlichsten Landsmannschaften zu tun, von den Pruzzen und Kaschuben bis zu Westfalen und Rheinländern. Entsetzlich mühsam, das irgendwie zusammenzuhalten; Berlin war nun unbequem hineingezogen in alle möglichen Querelen der größeren Mächte im Westen wie im Ostseeraum.

Andererseits aber waren doch starke historische »Pflöcke eingeschlagen« worden, wie die Geschichtsschreiber, mit Friedrich dem Großen beginnend, dann nach und nach realisierten. Der wirtschaftliche Wert der zunächst nur mäßig großen, dann sukzessive weiter ausgebauten Besitzungen im Westen des Reichs war ebenso bedeutsam wie die unmittelbare, calvinistisch bekräftigte, Nachbar- und Partnerschaft zu den damals vorbildhaft modernen Niederlanden. Die sandige Mark war auf einmal auch an den Rheinhandel angebunden.

Und das alte Ordensland Preußen, das die Hohenzollern Martin Luther, ihren fränkischen Cousins in Königsberg und dann besonders ihrem Heiratsglück verdankten, war zwar in mancher Hinsicht rückständig, dafür jedoch so ausgedehnt, daß Annas Urenkel Friedrich I. an dieses Erbstück im Jahre 1701 das hohenzollernsche Königtum heften konnte: Es bildete eine wichtige Klammer für den ausgedehnten Länderfleckenteppich. »König *in* Preußen« hieß der Berliner Kurfürst zunächst zwar nur – und war auch noch Friedrich II., der Große, als er 1740 ruhmbegierig auszog, aus dem Anna-Erbe seines Ururgroßvaters Johann Sigismund noch einiges mehr zu machen: Am Ende der friderizianischen Ära 1786 hatte sich der Hohenzollernstaat noch einmal annähernd verdoppelt und die Bevölkerungszahl Preußens von 2,2 auf rund 5,5 Millionen erhöht – ohne daß irgendeine Erbprinzessin an die Spree gelockt worden war.

Heiratspolitik rangierte auf Friedrichs Prioritätenliste weiter unten. Selbst nur pro forma verheiratet, überließ der König die Fortpflanzung der Dynastie seinem bieder wolfenbüttelisch verehelichten Bruder August Wilhelm, während er dynastische Eheanbahnungen, die Preußen nützen konnten, mitunter auf die außenpolitische Tagesordnung setzte: So ging, von ihm empfohlen, eines Tages die Tochter eines seiner Generale, von der wir noch hören werden, auf Brautfahrt nach Rußland.

Eheliche Großunionen in »Grenzeuropa«: Der vereinigte Norden und der Osten

Heiratsbündnisse revolutionieren die politische Landkarte im europäischen Norden und Osten

Daß sich mit dem Namen Margarete im Norden auch die Erinnerung an ein skandinavisches Großreich verbindet, ist bei uns völlig ungeläufig. Margarete II., die nette gegenwärtige Königin von Dänemark, genießt Popularität bei ihren Landeskindern und dem deutschen Illustriertenpublikum, obwohl sie als »parlamentarische« Monarchin politisch pflichtgemäß profillos ist. Politisch eine Potenz historischen Ranges dagegen ist jene erste Margarete gewesen, die sechshundert Jahre vor ihrer Namensbase auf dem dänischen Thron saß. Die zweite Margarete hat sich halbwegs hofgemäß einem französischen Grafen Henri verbunden – Könige sind heute knapp geworden –, Margarete I. aber in einer wahrhaft epochalen Ehe dem norwegischen König Hakon, dessen dynastische Ansprüche die Königin im Spätmittelalter zur staunenswerten Vereinigung des gesamten Nordens nutzte.

Noch ungeläufiger wahrscheinlich, daß etwa zur selben Zeit die heute so kleine Baltenrepublik Litauen einen Großstaat zwischen Ostsee und Schwarzem Meer bildete, der durch eine Heiratsunion mit Polen zu einem Riesenreich anwuchs, zweieinhalbmal so groß wie das moderne Polen. Moskau stand damals noch barbarisch weit zurück, begründete aber schon ein Jahrhundert später seine Großmachtambition als »Drittes Rom« nicht zuletzt durch eine mythisch überhöhte Fürstenehe. Und wie oft das im Mittelalter so viel größere Ungarn in den Wechselfällen der Geschichte ein Objekt heiratspolitischer Kandidaten gewesen ist, kam ja verschiedentlich schon zur Sprache.

Man sieht, die im Kontext des europäischen Mittelalters oft nur etwas stiefmütterlich behandelten Staaten des Ostens und Nordens haben für unser Thema absolut griffige Fälle zu bieten – und wenn wir auf diese Riesenterritorien doch auch eher »am Rande« und kursorisch schauen, dann weil sie teils um Jahrhunderte verspätet in die Zivilisation und den dynastischen Reigen des Abendlandes eingetreten sind: Erst tausend Jahre nach Rom hat sich beispielsweise das erwähnte Großfürstentum Litauen christianisieren lassen, und die ersten Anfänge russischer Kultur datieren aus einer Zeit, da die »karolingische Renaissance« im Westen schon wieder verblühte.

Noch halb barbarischen Fürsten, von deren Lebensbedingungen in weltenfernen Steppen man im Westen wenig wußte, schickte man nicht so leicht ein Prinzeßchen zur Heirat, wenn man die Kleine irgendwo in Mitteleuropa ertragsträchtig plazieren konnte. Und einen Schwiegersohn bezog man lieber aus Trier als aus Twer. Die kalte nordische »Mitternacht« schließlich hat ihre staatenbildende Kraft durch Wikinger und Normannen ja ohnehin früh an westliche und südliche Küsten exportiert; die nordische Königstochter Konstanze, die der nachmalige Kaiser Heinrich VI. 1186 heiratete, kam aus der südlichen Hochkultur Siziliens.

Alles in allem sind die Länder des nördlichen und besonders des östlichen »Grenzeuropa« im Spätmittelalter zu heiratspolitisch fruchtbaren Feldern geworden, auf denen auch die großen Dynastien der Mitte, Karls IV. Luxemburger voran, zu säen und ernten versuchten. Und ein Habsburger fehlte natürlich nicht in Krakau, wenn's da was zu heiraten gab.

Die Königin Margarete von Norwegen, Dänemark und Schweden (1353–1412), von der die heiratspolitisch angebahnte Vereinigung der nordischen Länder ausging. Alabasterporträt (1423) auf dem Grabmal in Roskilde.

Frappant schließlich, welche Folgen der St. Petersburger Heiratsimport einer gewissen Prinzessin Sophie von Anhalt-Zerbst für Rußlands Position und seine Grenzen im 18. Jahrhundert haben würde.

Eine Heirat für drei Königreiche

Theodor Fontane hatte ein Faible für die Welt der nordischen Könige und Recken: »Swend Gabel- und Hakon Borkenbart, / Das sind Namen nach meiner Art« reimte er, und auch dem finster bedeutenden Dänenkönig Waldemar IV. »Atterdag«, dem schlauen Cunctator, der auf den besseren »anderen Tag« zu warten pflegte, hat er eine Ballade gewidmet. Diesem Waldemar (König von 1340 bis 1375) gelang im wechselvollen Wettstreit mit den reichen Hansestädten eine teilweise Restitution früherer dänischer Macht, die ja einst sogar England und weite Strecken Norddeutschlands beherrscht hatte. Und er stiftete eine im nachhinein epochemachende Ehe, als er im Jahre 1363 seine zehnjährige Tochter Margarete mit dem norwegischen König Hakon VI. (1340–1380) aus der Folkunger-Dynastie verband.

Das erschien auf den ersten Blick freilich als nichts Besonderes, denn die Fürstenhäuser des meist unfriedlich zersplitterten Skandinavien mit seinen drei Königreichen, Teilreichen und dem ausgreifenden Deutschordensstaat »gegenüber« in (Ost-)Preußen heirateten in aller Regel ostseepolitisch hin und her: dänisch, norwegisch, schwedisch, mecklenburgisch, pommerisch, schleswigisch und holsteinisch, manchmal auch polnisch, flandrisch und schottisch. Es waren zumeist die überall in Europa üblichen bündnisbekräftigenden und (vorübergehenden) Frieden begleitenden Ehen. Die Skalden aber sangen von jener halb-legendären Heirat des Königs Harald Schönhaar im 10. Jahrhundert mit der stolzen Prinzessin Gyda, die eine Einigung des norwegischen Nordlands durch den Helden zur Bedingung für ihr Jawort gemacht hatte: Oh, wie damals Haralds blonde Locken seinen Kriegern vorangeweht hatten ...

Es bedurfte einer außerordentlichen Persönlichkeit, und zwar eben der besonderen Courage und Weitsicht der dänischen Norwegerkönigin Margarete, um der politisch verwickelten Lage im Norden ein dynastisch-ehelich fundiertes, ein großes und langfristiges Konzept entgegenzustellen. Es begann als ein Akt persönlichen Erfolgsstrebens: Die junge ehrgeizige Margarete (1353–1412) setzte 1376 nach Waldemar Atterdags Tod mit taktischem Geschick beim »Danehof«, dem dänischen Adelsverband, die Wahl ihres damals eben fünfjährigen Söhnchens Olav aus der Ehe mit Hakon zum König von Dänemark durch. Klar, daß sie, Atterdags Tochter, nun selbst als Regentin des Landes agierte.

Als dann »nicht unvorteilhaft für sie«, wie der Historiker Ahasver von Brandt findet, »bereits 1380 auch ihr Ehemann Hakon starb und damit der Sohn Olav unter ihrer Vormundschaft auch König von Norwegen wurde«, hatte Margarete bereits zwei der drei Königreiche de facto vereinigt. Und als schon 1387 der erst siebzehnjährige König Olav IV. Hakonsson verschied – Brandt verschweigt, ob der Monarchin auch dieser Tod »vorteilhaft« vorkam –, huldigten Dänemark und Norwegen Margarete I. gemeinsam als Regentin. Deklariert zunächst als »mächtige Frau und rechter Hausherr«, war sie realiter die Königin beider Länder.

Der »König Hosenlos«

Die Befriedung des Ostseeraums mit seiner damals ausufernden Piraterie gegen die Handelsschiffahrt – man denke an den berüchtigten Klaus Störtebeker und die seeräuberischen »Vitalienbrüder« – legte für Margarete bald auch die Einbeziehung des schönen Schweden in ihre nordische Regie nahe. Den dynastisch durchaus legitimen Anspruch auf Schwedens Krone hatten sowohl Margaretes Gemahl Hakon als auch ihr Sohn Olav als Abkömmlinge des schwedischen Folkunger-Königs Magnus stets aufrechterhalten – und natürlich spielte ihn Margarete nun energisch aus.

Als aktueller Schwedenkönig residierte in Stockholm damals der Mecklenburger Herzog Albrecht, der das Land nie völlig hinter sich gebracht hatte, Margarete aber trotzdem übermütig als »König Hosenlos« verspottete und ihr, wie erzählt wurde, einen Wetzstein schickte, an dem sie besser als Hausfrau ihre Nadeln schärfen sollte. Albrechts Schwerter freilich waren nicht scharf genug, als der unzufriedene schwedische Adel Margarete ins Land rief und ein dänisch-schwedisches Koalitionsheer den Mecklenburger und seine Truppen im Februar 1389 vernichtend schlug.

Nachdem Albrecht in Margaretes Gefangenschaft gera-

Dynastische Eheverbindungen konnten die Kalmarer Union des Nordens allein nicht stiften: Seekrieg auf der Ostsee mit Koggen im 14. Jahrhundert.

ten war, soll sie ihn »in Erinnerung daran, daß er früher einmal um ihre Hand angehalten hatte, höhnisch an Händen und Füßen gefesselt in ihr Bett gelegt haben«, erzählt Martin Gerhardts »Norwegische Geschichte«. Psychoakt einer starken, rätselvollen Frau, die nach früher Witwenschaft nie wieder heiratete?

Jedenfalls zog sich der »König Hosenlos« nun auch die schwedischen Hosen an: Margarete verständigte sich letztlich klug mit der Hanse-Macht und avancierte 1389 zur Herrscherin auch von Schweden. An ihre Seite als Adoptivsohn und König holte sie 1397 den aus Pommern stammenden jungen und gewinnenden Großneffen Erik XIII., der später leider, dreizehn geht ja selten gut, dem Rang der Großtante bei weitem nicht gerecht wurde.

Indessen: durch die berühmte »Kalmarische Union« vom Juli 1397, den Vereinigungskongreß der drei Königreiche in der ostschwedischen Hafenstadt Kalmar, schloß die große Margarete, die sich einen entsprechenden Beinamen wohl verdient hätte, den ganzen Norden, Norwegen, Dänemark und Schweden, wohlgemerkt mitsamt dem schwedischen Finnland, zu einem riesig dimensionierten Reich zusammen, das, arg knirschend zwar, über Margaretes Tod 1412 hinaus bis zum Jahre 1523 Bestand haben sollte. Daß es sich dem Kontinent als Machtfaktor nicht stärker einprägte, lag an seiner noch sehr kärglichen, nur im dänischen Teil mitteleuropäisch normalen Bevölkerungsdichte.

Politisch natürlich stärkstens legitimiert, hätte die nordische Union doch keinesfalls entstehen können ohne die dynastische Heirat von Margarete und Hakon anno 1363 mit den »passend« folgenden Todes- und Erbfällen. Sie stellt eine der großen Eheweichenstellungen der europäischen Geschichte dar. Und es ist, als habe der berechnende Ehestifter Waldemar Atterdag die Chance jenes fernen »anderen Tags« von Kalmar vorausgeahnt.

König Ellenlangs Ausdehnung

Wir blättern im historischen Atlas weiter, vom Norden nach Osten, nach Polen. Das weitläufige Slawenland der Piasten-Herzöge mit den vielen plastischen Beinamen – Boleslaw Schiefmund, Boleslaw der Schamhafte und Wladyslaw Schlenkerbein nur als Beispiele – hat sich schon im Mittelalter durch den häufigen Wechsel von Glück und Mißgeschick, Einheit und Teilung ausgezeichnet, der auch in der Neuzeit sein Schicksal bestimmte.

Politisch glücklich muß man unbedingt jene Fürstenehe nennen, die Fürst Mieszko I. aus der Piasten-Dynastie 966 mit Dubravka, einer Tochter des Böhmenherzogs Boleslaw I., einging: Die nachbarliche Prinzessin brachte nämlich, durchaus auf Mieszkos Wunsch, als Mitgift das römische Christentum mit nach Polen – in Gestalt tschechischer Missionare. Und dieser relativ frühe Eintritt des Landes in die europäische *christiana res publica*, urteilt Jörg K. Hoensch, »bewahrte die polnischen Stämme vor dem Schicksal der bis ins 12. Jahrhundert im Heidentum verharrenden Elb- und Ostseeslawen, die in den dauernden Kämpfen mit den Nachbarn aufgerieben und assimiliert wurden«.

Der Wawel in Krakau: Polens stolze Königsburg mit Kathedralkirche, in der seit 1320 die polnischen Herrscher gekrönt wurden; 1697 noch August der Starke. Stich aus dem 19. Jahrhundert.

Mehr noch, Polens Fürsten, unter ihnen der agile Boleslaw Chrobry, der Tapfere, konnten nun ihrerseits den einen oder anderen Eroberungszug als gottgefällige »Heidenmission« betreiben. Und mitunter ließ sich dann auch, beispielsweise, sogar eine kaiserliche Dame als Gemahlin gewinnen: so durch Herzog Wladyslaw Herman, der 1088 Kaiser Heinrichs IV. Schwester Judith aus der salischen Dynastie heiratete, eine verwitwete Königin von Ungarn.

Deutsche Verschwägerungen aber blieben eher selten, und so wie die meisten Piasten war auch der Herzog Wladyslaw Lokietek mit den deutschen Nachbarn (und besonders deren kreuzfahrenden Ordensrittern im Norden) entschieden über Kreuz. Dem kleinen Herrn – der Beiname Lokietek bedeutet »Ellenlang« – gelang durch beharrlichen Gebrauch seiner Ellenbogen im frühen 14. Jahrhundert die Überwindung der herkömmlichen Zersplitterung und die Begründung des polnischen Königreichs: Die Krönung des »kurzen« Wladyslaw – ja »des Zwerges«, so manche Quellen – im Januar 1320 in der Kathedralkirche auf dem Wawel, der Krakauer Königsburg, zum Rex Poloniae prägte bis 1764 die Tradition der polnischen Krönungszeremonie an diesem Ort.

Wladyslaw Ellenlang setzte auch folgenreiche heiratspolitische Akzente: Noch im Krönungsjahr vermählte er seine Tochter Elisabeth nachbarlich mit Karl Robert von Anjou, der seit 1308 die Krone Ungarns trug – ein wahrlich internationales Herrscherhaus, dieses Anjou-Plantagenet! –, und 1325 verheiratete er zur Bekräftigung eines Bündnisvertrags seinen Sohn und Thronerben Kasimir mit Aldona Anna, der Tochter des litauischen Großfürsten Gedimin. Hier wurde schon die spätere historische Verbindung mit Litauen, dem ausgreifenden Riesenreich der Gediminiden, antizipiert, das sich zwischen der Memel im Norden und dem Schwarzen Meer im Süden, dem Bug im Westen und Smolensk im Osten ungefähr über die heutigen Staaten Litauen, Weißrußland und Ukraine erstreckte.

Als einziges Land Europas war Litauen damals, trotz aller Kreuzzüge des Deutschen Ordens, noch immer nicht christianisiert, doch brachte Aldona Anna keinen heidnischen Götzenkult mit auf den Wawel des heiligen Krakau; sie hatte sich als erste Gediminidin römisch taufen lassen. Ihr Gemahl gelangte als König Kasimir III. 1333 auf Polens Thron und ist für folgende 37 Jahre kühler und erfolgreicher Realpolitik von den Geschichtsschreibern später mit dem Prädikatsbeinamen »der Große« belohnt worden.

Kasimir und sein Revier

Ein von König Kasimir bevorzugt gehegtes Revier war seine verschlungene Familien- und Heiratspolitik. Sie blickte außenpolitisch in alle Himmelsrichtungen und verband das Piasten-Polen sowohl mit rivalisierenden als auch befreundeten und eng verwandten Nachbargeschlechtern.

Auf denn, wir folgen den Polenhistorikern Gotthold Rhode und Jörg K. Hoensch: Kasimir verheiratete seine älteste Tochter Elisabeth, die zunächst zweimal dem Haus Wittelsbach verlobt worden war, 1343 strategisch mit dem Herzog Boguslaw V. von Pommern-Wolgast-Stolp, dem starken westlichen Nachbarn des feindlichen Deutschordensstaats. Die zweite Tochter Kunigunde wurde 1345 mit dem Wittelsbacher Kaisersohn Ludwig dem Römer, Markgraf und Kurfürst von Brandenburg, vermählt. Seinen pommerschen Enkel und Adoptivsohn Kasimir verband der Polenkönig östlich, erst mit einer Litauerin, dann mit einer masowischen Fürstentochter, und Kasimirs des Großen jüngste Tochter Anna wurde 1369 mit dem römisch-deutschen König Wenzel aus dem Hause Luxemburg versprochen, Karls IV. Sohn.

Die Ehe freilich, die des Polenkönigs sechzehnjährige pommersche Enkelin Elisabeth 1363 mit dem siebenundvierzigjährigen Kaiser Karl IV. einging, ist weniger, wie schon erzählt, kasimirisch Krakauer Eheplanung, sondern mehr der noch strategischeren Heiratspolitik des luxemburgisch-böhmischen Imperators gutzuschreiben. Die stramme Pommerin machte in ihrer kaiserlichen Ehe Kasimir den Großen zum Urgroßvater des Kaisers Sigismund und zum Ururgroßvater des römisch-deutschen Königs Albrecht II. aus dem Hause Habsburg.

In Kasimirs Revier gediehen also nachwirkende Partnerschaften, doch blieb ihm selbst traurigerweise ein männlicher Thronerbe versagt. Als er, letzter polnischer Piastenherrscher, 1370 starb, beanspruchte sein Neffe König Ludwig I. von Ungarn – auch er später »der Große« –, der Sohn König Karl Roberts und der Kasimir-Schwester Elisabeth, den polnischen Thron. Er eilte sogleich nach Krakau, wurde trotz manchen Widerstands im polnischen Adel schon 1370 auf dem Wawel gekrönt, übertrug dann aber seiner piastischen Mutter Elisabeth die polnische Statthalterschaft: Wer sich wie dieser Ludwig so beharrlich auf dem unteren Balkan sowie im adriatischen Raum mit der Republik Venedig und sogar mit Neapel herumschlug, konnte wirklich nicht zugleich noch den Deutschen Orden an der Ostsee in Schach halten.

So fassen wir in diesem geltungssüchtigen und militanten »großen« Ludwig exemplarisch das ständige Dilemma dynastischer Groß- und Doppelreiche: Was uns heute im Übermaß überflutet, die Kommunikations- und Verkehrstechnik, verharrte ja damals immer noch auf frühhistorischem Niveau; seit Ewigkeiten konnte kein Bote schneller sein als ein Pferd zu Lande und ein Segelschiff zur See. König wollte Ludwig auch über ferne polnische Regionen sein, doch er hätte nicht einmal all ihre Namen nennen können; und um vom südlichen zum nördlichen Ende seines Reichs Ungarn-Polen zu gelangen, hätte er mindestens einen Monat lang im Sattel sitzen müssen. Als er 1382 starb, endete für Ungarn nur eine kriegerisch glänzende Episode – und war Polen einen Herrscher los, den es kaum je gesehen hatte.

Königin Hedwig und ihre Freier

König Ludwig I. von Ungarn und Polen hinterließ keinen Sohn, jedoch zwei minderjährige Töchter, Maria und Hedwig. Wahrhaft hochkarätige Erbinnen. Maria, die 1371 geborene ältere, war schon 1372 als Wickelkind mit Kaiser Karls IV. damals vierjährigem Sohn Sigismund versprochen worden. Als das Mädchen nach dem Tod des Vaters jetzt von den ungarischen Magnaten in Buda zur Königin von Ungarn gekrönt wurde, entflammte der schöne Sigismund in gleichmäßig innigem Begehren sowohl für sie, seine Frühverlobte, als auch für die ungarische wie für die polnische Krone; schließlich war er ja der Urenkel Kasimirs des Großen. Würde Kaiser Karl IV. noch postum – als heiligmä-

Polens verehrte und 1997 sogar heiliggesprochene Königin Hedwig, deren Ehe (1386) mit Jagiello von Litauen ein Großreich schuf. Unhistorisches Porträt von Theodor Mayerhofer

ßiger Reliquiensammler jetzt zweifellos aus Himmelsgefilden gespannt herunterspähend – durch seinen Sohn neben Ungarn auch Polen für das Haus Luxemburg-Böhmen erheiraten?

Nicht jedes fromme Frohlocken belohnt der Herr: Mit der Königin Maria, der er 1385 vermählt wurde, gewann Sigismund, der spätere Kaiser, auf Sicht lediglich Ungarns Krone; »lediglich« geht eigentlich fehl, denn Ungarn war ja groß und bedeutend und überdies schwierig genug. Allzu voreilig aber titulierte sich Sigismund bereits »Herr des Königreichs Polen«. Der mächtige polnische Adel nämlich versagte sich nach den trüben Erfahrungen mit Ludwig von Ungarn entschieden einer neuen Doppelung: Nur jene Tochter des verewigten Königs, so beschloß man, die ständig in der Hauptstadt Krakau residieren würde, könne Königin von Polen werden. Und da Maria ja bereits in Buda ungarisch festgelegt war, kam nur ihre jüngere Schwester Hedwig, polnisch Jadwiga, als Monarchin in Betracht. Nach der Überwindung bürgerkriegsähnlicher Wirren in Polen wurde die etwa 1373 geborene Hedwig in der Obhut ihrer piastischen Mutter Elisabeth nach Krakau beordert: Ihre Krakauer Krönung zum »Rex Poloniae« im Oktober 1384 beendete ein zweijähriges Interregnum und die ungarisch-polnische Union.

Wem aber würde die Mädchenkönigin, Polens Regina, ihre Hand reichen und zum für sie oder mit ihr regierenden Rex machen? Korrekter: ihre Hand zu reichen haben? Für das Heiratshaus Habsburg stand die Antwort bereits fest. Wien hatte nämlich den kindlichen Herzog Wilhelm von Habsburg frühzeitig an diese Heiratsfront entsandt: Der Sohn Herzog Leopolds III. von Steiermark war 1375 fünfjährig mit der zweijährigen Hedwig verlobt und ihr 1378 sogar formell angetraut worden; mit Hedwigs zwölftem Jahr sollte die Ehe mit Wilhelm »vollzogen«, wie auch immer, und rechtskräftig werden.

Gegen diese happige habsburgische Option nominierte eine starke polnische Adelsclique als Thronprätendenten und Ehekandidaten für Hedwig-Jadwiga den Herzog Ziemowit IV. aus dem nordpolnischen Masowien – und eine noch stärkere Adelspartei im Einvernehmen mit der Königinmutter Elisabeth machte sich für den Großfürsten Jagiello von Litauen stark. Während es zu dieser Zeit in Skandinavien bei einer Heirat um drei Kronen ging, konkurrierten in Polen also drei Ehekandidaten um eine Krone.

Wilhelm oder Ziemowit oder Jagiello? Die noch immer kindliche Hedwig kannte den Masowier nicht und schauderte bei dem Gedanken an den so viel älteren Litauer, der noch nicht einmal Christ war. Dann doch viel lieber Wilhelm nehmen, den netten Jungen, mit dem sie in dessen Heimat schon mal Fangen gespielt hatte. »Die gelegentlich breit ausgesponnenen Erzählungen über die Liebe der jungen Königin zu Wilhelm und ihre verzweifelte Unterordnung unter die harte politische Notwendigkeit«, erzählt Gotthold Rhode, »sind ebenso spätere Ausschmückungen wie die Berichte über ihre strahlende Schönheit, handelte es sich doch um ein knapp zwölfjähriges Kind, das natürlich nicht ohne weiteres zur Ehe mit einem über zwanzig Jahre älteren Heidenfürsten bereit war.«

Wilhelm von Habsburg kreuzte denn auch in Krakau auf und drängte mit seinen Mentoren auf einen Heiratstermin. Hedwig war bereit, aber der Kastellan der Königsburg gehörte der einflußreichsten Adelsfraktion an, die schon mit Jagiello im Wort war, und verwehrte den Habsburger Hochzeitern den Zutritt. Nicht Österreich sollte sich ehelich nach Osten erweitern, sondern Polen wollte es selbst: in einer historischen Union mit dem riesigen Litauen.

Die Großunion: Jagiello und Hedwig

Boulevardblätter würden es heute eine »Elefantenhochzeit« nennen: Die Eheverbindung Jagiellos von Litauen mit Hedwig von Polen begründete, wie schon angedeutet, ein Großreich des Ostens mit rund 800 000 Quadratkilometern zwischen Schlesien und dem Fürstentum Moskau, zwischen Livland und der Krim. Leopold von Ranke hat die Heiratsunion »das größte Ereignis« genannt, »welches seit dem Einbruch der Tataren 1230/31 die östliche Welt erschüttert hat«.

Die arme kleine Hedwig konnte sich nicht lange verweigern, und so versprachen Polens führende Adelsfraktion und Mutter Elisabeth die Mädchenkönigin endgültig in einem Vertrag vom August 1385 mit dem Großfürsten aus Wilna: Würde Hedwig, so suggerierte man wohl dem frommen Kind, der Christenheit nicht einen unermeßlichen

Dienst leisten, wenn sie mit ihrem Jawort der Bekehrung Jagiellos und seiner Völkerschaften den Weg bereitete?

Der um 1353 als Sohn des Großfürsten Olgierd geborene Jagiello war 1377 an die Spitze des Gediminiden-Reiches gelangt, das sich so erstaunlich lange nicht nur allen militanten wie zivilen Missionsbemühungen entzogen, sondern kriegerisch selbst erfolgreich weit ausgedehnt hatte; besonders nach Osten: Das Erbe des alten Kiewer Reichs der »Rus«, zwischen Litauern und Russen beharrlich umkämpft, war auf das siegreiche Litauen gekommen. Und dem entsprach dann auch, daß Wilna bei der endlichen Entscheidung für die christliche Taufe nicht nach Moskau, sondern nach Krakau blickte. Jagiello sagte dem Moskauer Großfürsten Dimitrij Donskoj ab, der ihm für den Übertritt zum orthodoxen Christentum die Heirat mit seiner Tochter bot – und den Krakauer Sendboten zu, die ihm mit Hedwig die Krone Polens offerierten: eine historisch weitreichende Eheentscheidung für das lateinische Christentum.

Bevor Jagiello vom alten Naturkult der litauischen Bauern zum Christentum konvertierte und zur Beichte seiner Untaten verpflichtet wurde, ließ er eben noch seinen ihm feindlichen Onkel Kynstute umbringen und setzte sich fürs erste gegen seinen Vetter Witowt durch (der indessen später als Statthalter des litauischen Teilreichs unter nomineller Oberhoheit Jagiellos noch eine beträchtliche Rolle spielen sollte).

Anfang des Jahres 1386 traf der litauische Großfürst in Krakau ein. Jagiello wurde feierlich getauft und dabei Wladyslaw benannt, und am 18. Februar 1386 fand die historische Hochzeit Jagiello-Wladyslaws mit Hedwig-Jadwiga auf dem Wawel statt. Die Polen hatten sich mit Jagiello als *tutor et gubernator Regni Poloniae* einen starken Herrscher ins Land geholt, Litauen christianisiert und ihrem Königreich angeschlossen; Litauen aber hatte seine dynastische Herrschaft de facto auf Polen ausgedehnt. Gewonnen hat-

Jagiello-Wladyslaw: Großfürst von Litauen, durch Heirat mit Hedwig König von Polen und Ahnherr einer Dynastie; Porträt von seinem Grabmal in Krakau.

ten beide Seiten, entstanden war die Großmacht Polen-Litauen. Sie hat über vier Jahrhunderte Bestand gehabt.

Venus ist Jagiello vermutlich kein Begriff gewesen, vielmehr hatte er sich ja nun den ganzen christlichen Heiligenkanon einzuprägen; im Sinne des habsburgischen Heiratsdistichons aber hatte die Liebesgöttin wieder einmal große Geschichte gemacht. A propos Habsburg: Hedwigs schnöde geprellter Freier Wilhelm von Habsburg hat für seinen erzwungenen Verzicht von den Polen wenigstens eine stattliche Abfindung erhalten.

Hedwig-Jadwiga, die in Polens Tradition als selbstlose, fromme und umsichtige Königin (und übrigens als Neugründerin der Universität Krakau) eingegangen ist, hat, erst 26 Jahre alt, 1399 ein schwieriges Kindbett nicht überlebt.

Bezeichnenderweise ein polnischer Papst, Johannes Paul II., hat sie 1997 heiliggesprochen. Nach Hedwigs Tod ist Jagiellos Alleinherrschaft auf dem Krakauer Thron fast unbestritten geblieben. Er schrieb sich in Polens historisch-patriotisches Gedächtnis vor allem als Sieger über den Deutschen Orden in der gewaltigen Ritterschlacht von Tannenberg-Grunwald im Juli 1410 ein.

Das Jagiellonen-Erbe

Aber würde von Jagiello auch eine Jagiellonen-Dynastie ausgehen? Das blieb lange zweifelhaft, da Hedwig kinderlos gestorben war und spätere Ehen des Königs mit männlichem Nachwuchs nicht gesegnet waren. Schon schien es, als könne diese schmerzliche Lücke zur Chance des aufstrebenden Hauses Hohenzollern werden, das 1415 von Kaiser Sigismund die Mark Brandenburg mit der Kurfürstenwürde empfangen hatte und, ganz in der Tradition der böhmischen Luxemburger, natürlich stets auf das Nachbarreich im Osten blickte. Im Jahre 1421 schaffte es Friedrich I. von Brandenburg, dem König Jagiello im Rahmen eines Bündnisvertrags seinen Sohn Friedrich als künftigen Schwiegersohn und potentiellen Nachfolger ans Herz zu legen: Der achtjährige Hohenzoller wurde an den polnischen Hof geschickt und dort mit Jagiellos einziger Tochter Hedwig verlobt.

Dann aber erlebte auch Krakau sein Nachwuchsmirakel: Im Jahre 1424 wurde dem über siebzigjährigen Polenkönig aus einer neuen, seiner vierten, Ehe mit der jungen Litauerin Sophie von Kiew ein Sohn Wladyslaw geboren; drei Jahre darauf noch ein weiterer namens Kasimir. Der junge Friedrich hatte zwar, tyrannisiert von Hedwigs neuer Stiefmutter, zunächst noch in Krakau auszuharren, doch als die geliebte Verlobte 1431 starb, womöglich von Sophie vergiftet, ging die polnische Mission des Hohenzollernprinzen traurig zu Ende. »Er widmete Hedwig über das Grab hinaus eine schwärmerische Neigung«, so der Hohenzollern-Historiker Otto Hintze, »und wie Dantes Beatrice hat die Gestalt der Frühvollendeten noch in viel späteren Jahren als ein verklärter Schutzgeist ihm vor Augen gestanden.«

König von Polen wurde Friedrich also nicht, jedoch ein tüchtiger Markgraf und Kurfürst von Brandenburg, später ganz unschwärmerisch »der Eiserne« oder »Eisenzahn« zubenannt. Jagiellos Jagiellonen aber, beginnend mit dem zehnjährigen Wladyslaw III., der dem Alten 1434 auf dem Thron folgte, herrschten bis 1572 in Polen, in einer zweiten Linie von 1471 bis 1516 auch in Böhmen und von 1490 bis 1526 in Ungarn: Als die Dynastie 1526 im Mannesstamm erlosch und Österreich die Früchte der habsburgisch-jagiellonischen Doppelhochzeit von Wien 1515 erntete – wir haben's erzählt –, trug Anna Jagiello ihre Jagiellonengene als kinderreiche Gemahlin Kaiser Ferdinands I. ins römisch-deutsche Kaiserhaus.

Christliche Ehen für die Kiewer Rus

Byzanz ist Rußlands Schicksal gewesen. Nicht vom ersten, sondern vom »Zweiten Rom«, von Konstantinopel-Byzanz, ist seine Christianisierung ausgegangen, und ihr orthodoxer Charakter hat später wesentlich dazu beigetragen, Europas östlichstes Reich für lange Zeit von europäischen Fortentwicklungen abzuschneiden. Wie verhängnisvoll (oder auch weniger) sich das ausgewirkt hat – das ist ein genauso weites Feld wie Rußland selber. Und natürlich nicht unser Thema. Indessen verbindet sich schon der Beginn der russischen Bekehrung mit einer politischen Heirat: Als im späten 10. Jahrhundert das bedrängte byzantinische Kaiserreich der Makedonier-Dynastie einmal die militärische Hilfe des starken Fürsten Wladimir von Kiew in Anspruch nahm, verhieß der Kaiser Basileios II. dem Herrn der Kiewer Rus als Belohnung seine Schwester Anna als Gemahlin, eine sehr prestigeträchtige Verbindung.

Kiews Hilfe war erfolgreich, des Kaisers Heiratszusage aber blieb unerfüllt: Einem moralisch so verruchten Heiden, der, wie es hieß, mehrere Harems mit Hunderten von Konkubinen unterhielt, könne man eine Kaiserschwester leider doch nicht zur Frau geben. Wladimir, so erzählt die teils legendäre Nestor-Chronik, mußte nun energisch mobilmachen und nach Angriffen auf die byzantinische Krim mit einem Heereszug nach Konstantinopel selbst drohen, um den Kaiser zur Erfüllung des Kontrakts zu bewegen: Und tatsächlich, unter der Bedingung, daß Wladimir sich vom vielweiberischen Heidentum abwende und christlich bekehren lasse, wurde die arme Anna herausgerückt und im Jahre 989 zur Gemahlin des zuvor getauften Fürsten. Aus Wladimir dem Wüstling wurde so der Schwager des Imperators und für Rußlands Geschichte der wundersam geläuterte Wladimir der Heilige. Massentaufen an den Gestaden des Dnjepr begleiteten diesen Wandel.

Die erste eheliche Verbindung der Kiewer Rus mit Byzanz stellt einen programmatischen Auftakt dar. Das missionierte Dnjepr-Rußland im Herzen der Handelsachse von Nowgorod zum Schwarzen Meer blühte unter byzantinischem Einfluß im 11. Jahrhundert wirtschaftlich und kulturell auf und war, noch vor der endgültigen Kirchenspaltung zwischen Rom und Konstantinopel, phasenweise auch ein angesehener Partner des Westens. Die erstaunlich umfängliche internationale Heiratspolitik Jaroslaws des Weisen von Kiew (978–1054) belegt es: Der Großfürst war selbst mit der schwedischen Königstochter Ingigerda vermählt und verheiratete seinen Sohn Wsewolod wiederum mit einer byzantinischen Prinzessin, während weitere Söhne deutsche und polnische Aristokratentöchter ehelichten.

Drei Töchter Jaroslaws, Elisabeth, Anastasia und Anna, gelangten sogar auf europäische Königsthrone: in Norwe-

Byzanz-Konstantinopel, das »Zweite Rom«, wurde zum griechisch-orthodoxen Paten der Rus und Moskaus. Ansicht aus dem 15. Jahrhundert.

gen, Ungarn und in Frankreich, wo Anna 1051 die Gemahlin König Heinrichs I. wurde. Die römisch-katholisch konvertierte Russin nannte ihren ältesten Sohn Philipp und führte so diesen byzantinischen Namen für viele Generationen in die Kapetinger-Dynastie ein. Schließlich schaffte es Jaroslaw von Kiew beinamengerecht, sich einen rivalisierenden Nachbarn, den Polenkönig Kasimir I., freundschaftlich zu verpflichten, indem er ihm seine Schwester Dobronega Maria zur Frau (und überdies militärische Unterstützung) gab. Ach, wäre doch die russische Geschichte im Geiste dieser Heiratspolitik weitergegangen.

Leider setzten schon im 12. Jahrhundert Zersplitterung und Niedergang ein, und als dann, seit 1223, die gewaltigen Invasionen der asiatischen Tataren, der Erben des fürchterlichen Dschingis Khan, zur Niederbrennung Kiews (1240) und zur Überwältigung fast des gesamten europäischen Ostens führten, schied die Rus für Jahrhunderte aus der europäischen Gemeinschaft aus. Von den Mongolen-Khanen im Osten und Süden immer wieder besiegt, bedrückt und ausgesaugt, wurde Rußland überdies im Westen während des 14. Jahrhunderts vom aggressiven Großfürstentum Litauen weit zurückgedrängt. Und wer sich nicht gerade für Verschwägerungen unter den russischen Fürsten von Twer und Rjasan, von Pskow und Moskau (das erstmals 1147 chronikalisch genannt wird) interessiert, findet heiratspolitisch im wilden Osten nun jahrhundertelang kaum etwas zu erzählen.

Wie das »Dritte Rom« über die Ostsee nach Moskau kam

Noch als tributpflichtige Vasallen des Tatarenreichs der »Goldenen Horde« haben die Herren des langsam erstarkenden Großfürstentums Moskau mit dem sprichwörtlichen »Sammeln der russischen Erde« begonnen, einer sukzessiven Ausweitung und Arrondierung ihrer Territorien mit dem Ziel, die traditionelle Rus wiederherzustellen. Freilich nicht im sanften Sinn des Kiewer Heiratspolitikers Jaroslaw selig, sondern in der Regel mit Tücke und Brutalität und Martern aller Arten; Blendungen bevorzugt. Macht nichts, fanden die moskowitisch patriotischen Geschichtsschreiber, wenn so nur Moskau, Rußlands neues Herzstück, aufblühte und dann, peu à peu, endlich auch die Vorherrschaft der heidnischen Khane gebrochen werden konnte. Dieses Moskau selbst galt ja als »heilig«, da mußten nicht auch noch seine Herrscher fromm und friedlich sein.

Es war der Großfürst Iwan III. Wassiljewitsch von Moskau aus der alten Rurikiden-Dynastie, 1440 geboren und Herrscher von 1462 bis 1505, der beiden Desideraten, dem Sammeln und der Selbständigkeit, sehr weitgehend gerecht wurde – und dann einen grandiosen Heiratsplan faßte. Er unterwarf den wichtigen Handelsstaat Groß-Nowgorod, vollendete die Vereinigung Nord- und Ostrußlands und streifte schließlich das Tatarenjoch ab: Moskau-Rußland schickte sich an, eine Großmachtrolle zu übernehmen und gemäß jener überkommenen, vagen und lange verschütteten, von Iwan aber nun aufgefrischten Idee in das byzantinische Kaisererbe einzutreten.

Rußlands Pate Konstantinopel-Byzanz war ja eben, im Epochenjahr 1453, nach langem Siechtum ein Opfer des Türkensturms geworden; das »Zweite Rom« war endgültig untergegangen, seine letzte Dynastie, die Palaiologen, entmachtet und in Resten nach Italien exiliert. War es da nicht zwingend, daß der einzig verbleibende mächtige Staat der Orthodoxie, daß Rußland jetzt die politische und religiöse Nachfolge Konstantinopels übernahm? Moskau schien für die Weltordnung prädestiniert, das »Dritte Rom« zu werden: Was als definitive Formel erst von dem russischen Mönch Filofej 1510 geprägt wurde – »zwei Rome sind gefallen, aber das dritte besteht, und ein viertes wird es nicht geben« –, das wirkte bereits in der Reichsidee Iwans III. Und in seiner Heiratspolitik, denn was hätte Moskaus byzantinische Kaisernachfolge besser legitimieren können als eine byzantinische Ehe?

Thomas, ein Bruder des letzten byzantinischen Palaiologen-Kaisers, war Konstantinopels Desaster 1453 entkommen und nach Rom geflohen, mit ihm seine Tochter Zoë. Es traf sich apart (und gehört zu den Kuriosa der Geschichte),

Der Kreml, befestigter Stadtkern Moskaus und Residenz der Herrscher des »Dritten Rom«. Ansicht im 18. Jahrhundert (vor dem großen Brand).

daß im päpstlichen Rom damals das Projekt gesponnen wurde, durch eine russische Verheiratung der Prinzessin Zoë das orthodoxe Moskowiterreich endlich in die ja immer wieder angestrebte Kirchenunion mit dem katholischen Rom zurückzuführen. Andererseits und zur selben Zeit machte ein gut informierter italienischer Münzmeister in Iwans Diensten, Giovanni Volpe, genannt Iwan »Frjasin« (der Abendländer), seinen Herrn in Moskau auf die byzantinische Prinzessin aufmerksam; als Witwer wandelte der Großfürst damals ohnehin auf Freiersfüßen.

»Iwan begriff sofort«, so Valentin Gitermann in seiner großen »Geschichte Rußlands«, »daß er durch eine Ehe mit der Nichte des letzten byzantinischen Kaisers gleichsam einen Erbanspruch auf die Krone von Konstantinopel erwerben würde oder doch zum mindesten die Ebenbürtigkeit seines Hauses im Vergleich zu den angesehensten Dynastien

Zar Iwan III. Wassiljewitsch legitimierte durch seine Heirat mit Zoë von Byzanz 1472 Moskaus Anspruch auf die Rom-Nachfolge. Zeitgenössischer Holzschnitt.

der christlichen Welt manifestieren könnte.« Nachdem Giovanni Volpes diplomatische Recherchen ergeben hatten, daß die zwanzigjährige Zoë eine nicht nur politisch, sondern auch persönlich attraktive Person sei, wurde der gewandte Italiener 1472 als Brautwerber an der Spitze einer aufwendigen Delegation nach Rom zu Thomas Paleiologos gesandt.

Iwans Werbung fand Gehör, und ein Ehevertrag kam zustande, obwohl es um den Ruf des Großfürsten in Rom nicht zum besten stand und ihm allerlei Barbareien, ja sogar sodomitische Neigungen nachgesagt wurden. Doch als der Papst (mit seiner Kirchenunion im Hinterkopf) alle Bedenken zurückstellte, zögerten auch Thomas und Zoë nicht: Glanzloses Exil oder Großfürstin? Zoë rüstete zur russischen Reise. Ähnlich geschichtsmächtig wie viereinhalb Jahrhunderte später Lenin im »plombierten« Waggon durch Deutschland und dann über die Ostsee nach Rußland gelangte, um hier seine Revolutionsideen zu realisieren, so reiste nun 1472, viele Wochen lang, die Prinzessin als Trägerin einer historischen Mission über die Alpen und über Lübeck sowie zu Schiff nach Reval und über Nowgorod nach Moskau.

Die päpstlichen Pläne hat ein römischer Legat in Zoës Begleitung im Kreml vergeblich zu propagieren versucht: Mehr als für die römische Kirchenunion interessierte man sich hier für die mitgereisten römischen Baumeister und Techniker. Nein, völlig im Gegensatz zu den lateinischen Intentionen hat Iwan III. mit Zoë, die nun in Sophia umbenannt und prunkvoll mit dem Großfürsten vermählt wurde, leibhaftig die alte byzantinische Reichsidee nach Rußland importiert. 1917 ist die Revolution, 1472 ist Rom über die Ostsee nach Rußland gekommen. Rom zum dritten: Im Jahre 1473 hat sich Iwan folgerichtig zum erstenmal Großfürst »und Zar« genannt, Kaiser in der Nachfolge Konstantinopels, das bei den Russen ja »Zargrad« hieß.

Iwans Heirat mit Zoë-Sophia legitimierte die *Translatio imperii*, die Reichsüberführung, die der Metropolit von Moskau zwanzig Jahre später, 1492, zu Beginn des 8. Jahrtausends griechischer Zeitrechnung auf die bündige Formel brachte: Konstantin der Große hat in Konstantinopel das »neue, das Zweite Rom« begründet, Wladimir der Heilige hat in Kiew die Russen getauft, und nun ist Iwan III. der »neue Kaiser Konstantin im neuen Konstantinopel-Moskau«. »Dies war«, schreibt Lothar Rühl, »die erste Fassung der ›historischen Doktrin über das christliche Reich‹ für Rußland und der Reichsidee von Moskau als dem ›Dritten Rom‹.« Kaum jemals sonst hat eine dynastische Heirat so ideologisch nachgewirkt: Zaristisches und panslawistisches Sendungsbewußtsein ist 1472 für Jahrhunderte gestiftet worden.

Wie Iwans III. und Sophias Enkel Iwan IV. der Schreckliche (1530–1584), der die zaristische Autokratie nach innen gnadenlos festigte und das Großfürstentum Moskau auch territorial weiter auszubauen suchte, sein Regime des Terrors und des Massenmords mit der christlichen Mission des »Dritten Rom« auf einen begrifflichen Nenner brachte, das hat noch kein Historiker und im orthodoxen Jenseits allenfalls der heilige Wladimir verstanden. Eine abendländische Brautwerbung des zum siebtenmal verwitweten oder »geschiedenen« Zaren freilich stieß auf keine Gegenliebe: Mary Hastings, eine Nichte der englischen Königin Elisabeth, weigerte sich 1582 entschieden, die achte Ehefrau dieses Blaubarts zu werden.

In Dresden keine Doppelhochzeit: die Chancen des Hauses Wettin

»Herrlich, sprach der Fürst von Sachsen…«

Wenn denn Erwerbseifer, Einfallsreichtum und Verschlagenheit mit ein bißchen Recht für »Stammeseigenschaften« der Sachsen gehalten werden, dann müßte eigentlich ihr erstes und ältestes Geschlecht, das Haus Wettin, in unserem historischen Heiratsfeld besonders tiefe Furchen gezogen haben. Denn hätte nicht gerade von den wettinischen Landen an Mittelelbe und Saale eine schlaue Ehe-Erwerbspolitik gewinnreich in die labilen und wechselhaft beherrschten Anrainerregionen ausgreifen können? So wie es spätestens der große Nachbar im böhmischen Süden, Kaiser Karl IV., der Erheirater, im 14. Jahrhundert vorexerzierte? »Darom ist es forwahr ein hoher genediger Segen Gottes«, der sächsische Kanzler Melchior von Osse (1555) wußte es wohl, »nicht allein über Her und Gemahel, sondern auch Land und Leut, wan solche hohe Hairaten wol geraten.«

Aber ach, ausgerechnet einige der besten Wettinerköpfe, Konrad der Große, Markgraf Friedrich der Freidige und Herzog Moritz zum Beispiel, heirateten eher unstrategisch, während die Kurfürsten Wilhelm der Reiche und Friedrich der Weise sogar Junggesellen blieben; unverantwortlicherweise. In den Gefilden der historischen Beinamen lassen sich die Wettinerfürsten zwar nicht so leicht übertreffen: »Der Bedrängte«, »der Erlauchte«, »der Entartete«, »der

Fette«, »der Gebissene«, »der Streitbare«, »der Friedfertige«, »der Sanftmütige«, »der Beherzte«, »der Großmütige« und »Tuta«, der Stotterer, stehen, unter vielen anderen, ehern in den Regentenlisten.

Seltener aber finden wir in den Annalen entsprechend griffige Eheeinträge und »wol geratene Hairaten«. Wo blieb beim fürstlichen »Ehebereden« die berühmte sächsische »Vigilanz«? Und hätte sich nicht gerade Wettins Prominentester, Kurfürst August der Starke, um König zu werden, eine spitzendynastische Zweitheirat ausbaldowern können, anstatt stets nur so viele Mätressen auszuhalten und zu schwängern? Wer so reichliche Bestechungsmillionen in seine Wahl zum *Rex Poloniae* investieren konnte, hätte es doch irgendwie auch zur Scheidung von seiner Gemahlin – übrigens einer Hohenzollerin aus Bayreuth – bringen können, die nicht mit nach Polen und zum Katholizismus konvertieren wollte. Um dann, attraktives Mannsbild, das er war, neu und lukrativ unter den großen Erbinnen Europas zu wählen ...

Zurück, zurück zur Beinamentugend Friedrichs des Ernsthaften: Natürlich hat in der Jahrtausendhistorie eines so bedeutenden und weitverzweigten Fürstengeschlechts die Heiratspolitik eine gewichtige Rolle gespielt. Protagonisten dieses Sektors wie Max von Habsburg und Karl von Luxemburg sind aus dem Haus Wettin freilich nicht hervorgegangen, und so etwas wie eine »Dresdner Doppelhochzeit« mit den eminenten Zugewinn-Folgen der »Wiener Doppelhochzeit« von 1515 ist leider nie in Sicht gewesen.

Leider? Wie man's nimmt und aus welcher Perspektive: Da sich die Interessen Sachsens und Brandenburgs schon im Mittelalter und dann immer intensiver gekreuzt haben, hätte das wirtschaftlich weit überlegene Sachsen durch einen gezielteren Ausbau (und Zusammenhalt) des wettinischen Familienbesitzes den am Ende erdrückenden Aufstieg des rivalisierenden Hohenzollernstaates längst stoppen können, bevor an einen Fridericus Rex überhaupt zu denken war. Eine Preußen-Prophylaxe besaß beste Chancen und hätte nicht zuletzt heiratspolitische Züge tragen können. Doch nein, eher beleuchtet die Harm- und Folgenlosigkleit vieler Wettiner-Heiraten im Kontrast die Fortüne anderer Häuser auf diesem Feld.

Dabei waren sie historisch viel früher angetreten als die Hohenzollern: Die Herren von der namengebenden Saale-Burg Wettin bei Halle sind schon im 11. Jahrhundert stattlich belehnt worden und haben in staufischer Zeit die als östlicher Vorposten des Reiches bedeutende Markgrafschaft Meißen gewonnen, wo sich, besonders in der Region Freiberg, ein lukrativer Erz- und Silberbergbau entfaltete: »›Herrlich‹, sprach der Fürst von Sachsen, / ›Ist mein Land und seine Macht, / Silber hegen seine Berge / Wohl in manchem tiefen Schacht‹« – so ließ Justinus Kerner (1818) wettinisches Selbstverständnis im Mittelalter artikulieren.

Landgrafen- und Kaisertöchter

Es ist ausgerechnet ein respektlos zubenannter Wettiner, Markgraf Dietrich der Bedrängte (ca. 1162–1221), dem eine historisch ertragreich nachwirkende Brautwerbung gelang: Er, der jüngere Sohn des Silber-Markgrafen Otto des Reichen, wurde im Erbstreit von seinem Bruder Albrecht dem Stolzen zunächst außer Landes »gedrängt« und exilierte ins benachbarte Thüringen. Hier verbündete er sich mit Landgraf Hermann I., um nun, seinen Beinamen ins Aktive wendend, seinerseits den Bruder zu bedrängen. In der vom Minnesang beflügelten Atmosphäre der Wartburg, Thüringens Residenz, warb Dietrich erfolg- und folgenreich um des Landgrafen Töchterlein Jutta. Und mit Hintergedanken schon, denn Jutta war wahrlich keine Schönheit, um dieses herrliche Land rund um die Wartburg.

Nachdem er sich auf einem Kreuzzug für die christliche

Idealisierte zeitgenössische Darstellung des Landgrafen Hermann I. von Thüringen (und zeitweiligen Pfalzgrafen von Sachsen; gestorben 1217) mit seiner Gemahlin Sophia.

Sache engagiert hatte, brachte er auch die sächsische zu einem guten Ende: Als Nachfolger seines verschiedenen Bruders Albrecht bedrängte Dietrich der Bedrängte König Philipp von Schwaben, bis der ihm den Besitz der väterlichen Mark Meißen bestätigte. Später erwarb Dietrich auch die wichtige Niederlausitz hinzu und baute das wettinische Territorium systematisch aus. Kein Geringerer als Walther von der Vogelweide wirkte zeitweilig an seinem Hof, nicht ohne Dietrich in Versen zu bedrängen, auch den Lohn für die Lieder nicht zu vergessen.

Den historischen Erbanspruch der Wettiner auf Thüringen aber hatte nun Dietrichs und Juttas Sohn Heinrich mit dem erlesenen Beinamen »der Erlauchte« (ca. 1215–1288) zu realisieren. Als Enkel Landgraf Hermanns ließ er sich von Kaiser Friedrich II. schon mal vorsorglich mit der Landgrafschaft belehnen, und als 1247, wie erhofft, die thüringi-

Die Wartburg, landgräfliche Residenz und Zentrum des Minnesangs (hier ein Bild des frühen 19. Jahrhunderts), fiel als Heiratserbe mit Thüringen 1255 an das Haus Wettin.

schen Ludowinger ausstarben, reifte endgültig die Frucht der Wartburg-Hochzeit Dietrichs des Bedrängten. Erbitterte Kämpfe freilich waren noch zu bestreiten, bis sie für Wettin auch gepflückt werden konnte.

Heinrich der Erlauchte pflegte den Minnesang so intensiv wie die militärische Seite des markgräflichen Amtes zur Mehrung seines Besitzes. »Vier Reichsfürstentümer waren schließlich unter dem Wettiner Heinrich dem Erlauchten vereint: die Markgrafschaft Meißen, die Ostmark (Niederlausitz), die Landgrafschaft Thüringen und die Pfalz Sachsen nördlich der unteren Unstrut, in der die Kaiserburg mit dem Kyffhäuser lag«, resümiert Ingo Zimmermann, und »der erreichten Machtstellung entsprachen die Eheschließungen ...«

Während Heinrich der Erlauchte selbst erlauchtigst und politisch prestigeträchtig heiratete, zuerst die Babenbergerin Konstanze, eine Tochter Herzog Leopolds VII. von Österreich, und später die böhmische Königstochter Agnes, gewann er für seinen ätesten Sohn Albrecht sogar eine veritable Kaisertochter. Der designierte Land- und Markgraf Albrecht (ca. 1240–1315) durfte 1255 die Stauferprinzessin Margarete ehelichen, eine Tochter des großen Friedrich II. und der Isabella aus dem englischen Königshaus: Feiner ging's wahrlich nicht; Wettin reihte sich mit dieser Verbindung in den Zirkel der ersten Fürstenhäuser Deutschlands ein und sah übrigens sein Territorium durch Margaretes reiche Mitgift, das Reichsland Pleißen, weiter arrondiert.

Doch »vom Erhabenen zum Lächerlichen ist nur ein Schritt«, fand Napoleon, und vom Erlauchten zum Entarteten nur eine Generation, so künden wiederum die Beinamen: Albrecht war entschieden aus der »erlauchten« Art des Vaters geschlagen und erwarb sich das wunderlich diskriminierende Cognomen »der Entartete« (auch »der Unartige«). Auf der Wartburg, wo fünfzig Jahre zuvor noch die heilige Elisabeth wohltätig gewandelt war, begaben sich ums Jahr 1270 ruchlose Taten: Landgraf Albrecht entweihte Säle und Kemenaten durch prasserische Gelage, finstere Ränke und ungenierten Ehebruch mit seiner »Buhle«, dem Hoffräulein Kunigunde von Eisenberg, ja er hat, wie freilich nur die Legende sicher weiß, selbst einen Mordanschlag auf seine Gemahlin, die *Imperatrix* Margarete, im Schilde geführt.

Kaiser Friedrichs Tochter sah sich jedenfalls gezwungen, die Wartburg fluchtartig zu verlassen, und sie soll beim schmerzlichen Abschied von ihren drei kleinen Söhnen den Prinzen Friedrich versehentlich so erregt in die Wange gebissen haben, daß dieser später laienhistorisch mit dem kuriosen Beinamen »der Gebissene« oder »mit der gebissenen Wange« versehen worden ist. Albrecht der Entartete aber benahm sich nicht nur familiär, sondern auch landesherrlich »unartig«, indem er einen Ausverkauf wettinischer Ländereien zur Deckung seiner Finanzkalamitäten betrieb. Klar, daß seine Söhne dann heftig und sogar militärisch gegen ihn Front machten.

Albrechts hochkarätige, freilich so katastrophal endende Ehe mit Margarete von Hohenstaufen hat historisch ganz ungewöhnlich nachgewirkt; weniger politisch als gleichsam ideologisch. Beider Sohn Friedrich nämlich (1257–1323) blieb keineswegs nur »der Gebissene«, sondern prägte sich den Annalen seiner Zeit stärker noch als »der Freidige«, das heißt der Mutige, der Verwegene, ein. Vor allem aber als Hoffnungsträger der Stauferpartei im Reich und der lombardischen Ghibellinen. Nach dem trüb-tragischen Ende des letzten Staufers Konradin 1268 ließ man den thüringischen Wettiner, der ja zugleich ein Enkel Kaiser Friedrichs II. war, tendenziös zu einem Staufer mutieren und erhob Friedrich bereits im Knabenalter zum Prätendenten auf die Kaiserkrone. Schon 1269, etwa zwölfjährig und noch ungebissen, suggeriert man ihm, sich staufisch ambitioniert »Friedrich III., König von Jerusalem und Sizilien« zu nennen; fraglos sehr zum Mißfallen seines Vaters Albrecht.

Friedrich der Freidige hat die erträumte Staufer-Renaissance nicht herbeiführen können. Zwar hat sich die Vision von der künftigen Wiederkehr staufischer Cäsarenmacht in der Kyffhäuser-Mär zuerst an seiner Person entzündet (bevor dann Barbarossas roter Bart den Kyffhäuser illuminierte) – doch hat das realpolitische Lebenswerk Friedrichs des Freidigen am Ende doch der väterlichen Dynastie gegolten: Nach den langen Familienwirren der »entarteten« Ära sind Haus und Herrschaft Wettin von ihm sehr erfolgreich wiederaufgerichtet worden.

Friedrichs des Freidigen Sohn Friedrich der Ernsthafte ist, ebenso nobel wie politisch, 1329 mit Kaiser Ludwigs des Bayern Tochter Mathilde vermählt worden und hat in geschickter Anlehnung an den wittelsbachischen Schwiegervater die wettinischen Territorien weiter ausgebaut. Der Markgraf stand, nicht zuletzt durch diese Heirat, 1347 sogar als Kaiserkandidat der wittelsbachischen Partei im Reich zur Debatte. Sein Sohn Friedrich der Strenge aber erwarb als Mitgift seiner Gemahlin Katharina von Henneberg 1353 das nachmalige Herzogtum Coburg: einen hochkarätigen Namen zugleich, mit dem sich ein halbes Jahrtausend später europaweit die ehelichen Thronbesetzungen des Hauses Wettin verbinden werden.

Die Leipziger Scheidung

Wettin stieg auf, so wie der Name des früher askanischen Herzogtums Sachsen, das Friedrich der Streitbare 1423 von König Sigismund zum Dank für militärische Hilfe gegen die Hussiten empfing, aus dem Wittenberger Raum gen Meißen die Elbe aufwärts wanderte. Er ist dann auf die gesamten wettinischen Territorien ausgedehnt worden: Wettin schuf erst das neuzeitliche Sachsen, so wie Hohenzollern dann Preußen schuf.

Die Spree noch weiter abwärts aber, was denkbar gewesen wäre, wanderte der Name Sachsen nicht. (Das holte dann erst Walter Ulbricht nach.) Immerhin kam für Wettin 1425 die hohe Würde des Kurfürsten- und Erzmarschallamts hinzu: nicht »vigilant« erheiratet (oder gar erschwindelt wie Habsburgs »Erz«eigenschaften), sondern ehr- und streitbar im Kampf für das Heilige Römische Reich verdient.

Friedrich der Sanftmütige (1412–1464), der zweite wettinische Kurfürst, heiratete 1431 die Erzherzogin Margarete von Österreich aus dem Hause Habsburg, eine Verbindung, die gleichsam leitmotivisch für die künftige historische Nähe beider Dynastien geworden ist. Und nicht fern schien auch die Habsburger Höhe: Die Historiker sind sich einig, daß die wettinischen Kurfürsten in dieser Zeit durch die imposante Ausdehnung ihrer Besitzungen – zwischen Main und Werra sowie Oberelbe und Spree – und durch

Herzog Albrecht der Beherzte von Sachsen (1443–1500), Stammvater der wettinischen »Albertiner«, heiratet in Eger Zedena, die Tochter König Georg Podiebrads von Böhmen: eine wichtige Verbindung, die den Wettinern freilich nicht die erstrebte böhmische Krone eintrug. Fresko des 19. Jahrhunderts in der Albrechtsburg von Meißen.

Sachsens wirtschaftliche Kraft nächst, ja neben den Habsburgern die mächtigsten Potentaten im Reich hätten werden können.

Doch ach, wieder nur der Konjunktiv; denn eben jetzt, 1485, kam es zu der unheilvollen »Leipziger Teilung«, der Linientrennung zwischen den wettinischen »Albertinern« und »Ernestinern«. So wie öfter schon Erbteilungen und

Familienfehden die historische Rolle der Dynastie geschmälert hatten, so nun massiv und dauerhaft die Aufteilung des Wettiner-Besitzes zwischen den beiden verzankten Söhnen Friedrichs des Sanftmütigen, Ernst und Albrecht dem Beherzten. Der ältere Ernst, Begründer der »ernestinischen« Linie, erhielt das wittenbergische Herzogtum Sachsen mit der Kurwürde sowie Thüringen und den größten Teil des Vogtlandes, während der »albertinische« Part das meißnische Kerngebiet der Wettiner, das Land um Leipzig und Dresden, sowie Gebiete im nördlichen Thüringen umfaßte.

Man male sich, zum Vergleich, »kontrafaktisch« einmal aus, was wohl aus der aufstrebenden Hohenzollernmacht geworden wäre, wenn man sie, sagen wir Mitte des 17. Jahrhundert an Havel und Spree in zwei politisch selbständige Hälften aufgeteilt hätte. Und was das Schlimmste war: Die beiden wettinischen Linien beerbten einander nicht mehr, sie verzichteten, ganz anders als die unermüdlich hin und her heiratenden österreichischen und spanischen Habsburger, auch weitgehend auf eine innerwettinische Heiratspolitik.

Im Zeitalter der Reformation freilich machten die Wettiner unendlich mehr als Heiratspolitik, nämlich Weltgeschichte, indem sie, voran Friedrich der Weise, Johann der Beständige und Johann Friedrich der Großmütige, Luthers umwälzender Sache als Schirmherren dienten. Sachsen wurde zum Mutterland der Reformation und die »Sechsische cantzley« durch Luthers Bibel zur Patin der deutschen Hochsprache. Wer mag da noch nach strategischen Heiraten fragen? (Zumal die dynastische Partnerwahl der Wettiner nun für länger wesentlich durch die Notwendigkeit evangelischer Verbindungen beschränkt wurde.)

Es war der Mitte des 16. Jahrhunderts langfristig konturierte und von der albertinischen Linie Wettins getragene Kurstaat mit der Residenz Dresden, der neuzeitlich zum »eigentlichen« Sachsen geworden ist. Seine Herrscher ver-

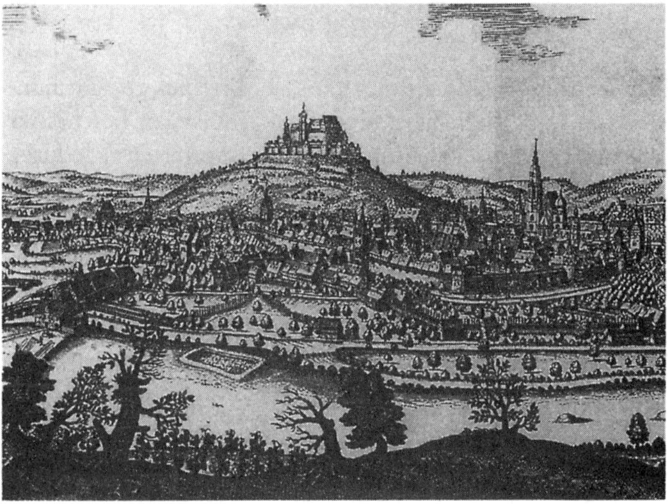

Von der schönen provinziellen Residenz Coburg (hier Stadt und Veste im 17. Jahrhundert) sind die erstaunlichen dynastischen Heiratserfolge des wettinischen Hauses Sachsen-Coburg-Gotha ausgegangen.

mählten sich mecklenburgisch, hessisch, clevisch, württembergisch, dänisch und ein paarmal auch brandenburgisch; unter anderem und mehr oder weniger vorteilhaft. Aber sie erheirateten – anders als die Hohenzollern noch 1594 – an lutherischen Altären keine nennenswerte Ländermitgift mehr. In Dresden keine Doppelhochzeit.

Nachdem dann August der Starke 1697 opportunistisch zum Katholizismus übergetreten war, um König von Polen werden zu können, ist in der Folge der albertinische Teil der Wettiner dauerhaft zur alten Konfession zurückgekehrt: Nun konnte man zwar wieder prestigevoll katholische Kaisertöchter aus den Häusern Habsburg und Wittelsbach als Kurfürstinnen in die prächtige Dresdner Residenz holen, mußte aber den reformierten Hohenzollern die Führungsrolle des politischen Protestantismus im Reich überlassen.

Ein Gestüt Europas

Die wettinischen Ernestiner gar, die Mitte des 16. Jahrhunderts auf das südliche und östliche Thüringen beschränkt wurden und die Kurwürde einbüßten, splitterten sich durch Erbteilungen in diverse Teil- und Nebenlinien auf: Sachsen-Coburg, Sachsen-Eisenach, Sachsen-Weimar, Sachsen-Gotha, Sachsen-Altenburg, Sachsen-Saalfeld und Sachsen-Meiningen, mal so oder anders diversifiziert und kombiniert. Politisch provinziell, brachten sie doch viele standesgemäße Prinzessinnen für Regenten anderer Häuser hervor, so die Weimarerin Augusta (1811–1890), die als Gemahlin des preußischen Prinzen und Königs Wilhelm 1871 unversehens zur Deutschen Kaiserin aufstieg; als Prinzeßchen hatte sie noch den alten Goethe erlebt und verehrt, als Monarchin haßte sie den jungen wie den alten Bismarck.

Prinzessinnen und Prinzgemahle, unerschöpflich! Im vorigen Jahrhundert sind zahlreiche Wettiner des Hauses Sachsen-Coburg-Gotha kontinentweit ausgeschwärmt, um sich deutsche und europäische Kronen aufsetzen zu lassen. Coburger saßen, natürlich besonders durch Eheverbindungen, auf den Thronen Belgiens, Griechenlands, Bulgariens, Rumäniens, Norwegens und Spaniens; beispielsweise. Bismarck nannte die Dynastie spöttisch das »Gestüt Europas«. »Das ›Coburger Modell‹«, schreibt Renate Schostack, »winziges Herzogtum, hochadlige Familie, evangelisch – griff erst in einer Epoche, als die nationalen Emotionen zu steigen begannen. Wer eine Coburgerin, einen Coburger heiratete, hatte keine andere Großmacht mit widerstreitenden Interessen am Hals.« Heiratspolitische Motive ganz neuer Art.

Ein Coburger gelangte zu weltweiter Reputation, ja er avancierte insgeheim zum Herrscher eines Weltreichs. Albert von Sachsen-Coburg-Gotha (1819–1861) heiratete 1840 seine gleichaltrige Cousine Victoria von England, die

Der Wettiner Albert von Sachsen-Coburg-Gotha ist 1840 Prinzgemahl der englischen Königin Victoria geworden und hat als heimlicher Souverän eine wichtige Rolle in der britischen Geschichte gespielt. Foto des Paars um 1860.

langlebige Queen der »viktorianischen« Ära, und hat als »Prince Consort« in London nicht nur neun Kinder, britische Wettiner, gezeugt, sondern eine eigentlich verfassungswidrige Hauptrolle gespielt. »Mit Prinz Albert haben wir unseren Souverän begraben«, sagte nach seinem Tod der große britische Staatsmann Benjamin Disraeli. »Dieser deutsche Prinz hat einundzwanzig Jahre lang England mit soviel Weisheit und Energie regiert, wie sie keiner unserer Könige je gezeigt hat.«

Das war ein bißchen übertrieben, traf aber auf die meist trostlosen Hannoveraner der Neuzeit zu, die man als Monarchen für den Thron importiert hatte. Immerhin kam, besser spät als nie, das Haus Wettin mit Albert noch zu einem historischen Heiratstriumph. Und hätte es den Ersten Weltkrieg nicht gegeben, so hieße wohl noch heute das britische Königshaus nicht Windsor, sondern Sachsen-Coburg-Gotha. Ja, ja, auch Elisabeth II. ist eigentlich eine Wettinerin.

Romanow und Romanowscher Heiratsverschnitt

Der große Peter und seine kleinen Töchter

Nachdem wir den Nordosten zur Zeit des furchtbarsten aller Zaren fluchtartig verlassen haben, ziehen wir uns erneut warm an und kehren noch einmal ins russische Reich zurück. Die erste Gemahlin Iwans des Schrecklichen ist in dessen jungen, noch vor-schrecklichen Jahren die liebreizende Anastasja Romanowa gewesen, deren sanfter und ausgleichender Einfluß auf die brodelnde Seele des Zaren nach ihrem frühen Tod 1560 schmerzlich vermißt wurde. Mit dieser Zariza begegnet uns die erste prominente Gestalt jenes Adelshauses – Romanow –, das dann, seit 1613, für drei Jahrhunderte Rußlands Geschicke, im Guten wie im Verhängnis, maßgeblich mitprägen sollte. Die Romanows waren psychisch und physisch keine stabile Familie und haben sich bei ihren überwiegend deutschen Heiraten leider nicht immer das beste Blut ins Haus geholt. Keine Dynastie Europas indessen, deren Schicksal und deren Ende – im schaurigen Massaker vom Juli 1918 zu Jekaterinburg – die Welt bis in die neueste Zeit hinein stärker bewegt hätte.

Nach einer »Zeit der Wirren«, Jahrzehnten verheerender Bürgerkriege und diverser Usurpatoren auf dem Zarenthron – der Boris-Godunow-Stoff für Mussorgskys große Oper ist das einzig Erinnernswerte an das Moskauer Dauerchaos – wurde 1613 der sechzehnjährige Michail Fjodorowitsch Romanow, ein Kompromißkandidat aus eigentlich nur mittelrangiger Familie, von einem Nationalrat zum Zaren ausgerufen. Unter seinen Romanow-Nachfolgern ragt einsam Zar Peter I. der Große (1672–1725) hervor, der seinem in dumpfer Introvertiertheit erstarrten Reich einen Salto mortale in die europäische Modernität verordnete und Rußlands Großmachtrolle antizipierte.

Leider versäumte es der aktionistische Zar, sich in den von ihm bereisten westlichen Ländern außer unter Architekten und Schiffbauern auch unter den Töchtern der Höfe werblich umzusehen. Seine westlichen Reformen hat er heiratspolitisch nicht westlich flankiert, was man sich kultur- und mentalitätspolitisch als durchaus hilfreich ausmalen könnte.

Nein, nachdem man ihn schon früh mit einer ihm gleichgültigen vornehmen Russin, Eudoxia Lopuchina, verheiratet hatte, wählte er für seine zweite Ehe 1712 eine gewisse Martha Skawronskaja, eine litauische Magd, die mehreren Offizieren und dann Peters Faktotum und Minister Alexander Menschikow als Feldzugkumpanin und Geliebte gedient hatte, bevor sie Peters Mätresse wurde; viel später erst seine Frau. Es war dann übrigens ein eindeutiger Fall von Bigamie, weil die in ein Kloster verbannte, von Peter aber nicht geschiedene Eudoxia noch bis 1731 lebte.

Als russisch-orthodox umgetaufte Katharina hat die analphabetische, doch patente, die üppige und trinkfeste Magd Martha Peter dem Großen zehn Kinder geschenkt. Leider nur zwei überlebende, die Töchter Anna sowie die 1709 geborene spätere Zarin Elisabeth, die der Zar bündnispolitisch gern mit dem jungen Ludwig XV. von Frankreich verheiratet hätte. Doch Versailles rümpfte die Nase. Immerhin wird hier wie auch mit den »westlichen« Ehen zweier Zarennichten ein heiratspolitischer Zug in Peters Außenpolitik erkennbar.

»La serva padrona«, die Magd als Herrin: Dieser Operntitel wurde russische Realität, als sich Martha nach Peters Tod 1725 zur selbstherrscherlichen Zarin Katharina I. aufschwang. Da der gewalttätige Zar seinen Sohn aus erster Ehe, den Zarewitsch Alexej, 1718 zu Tode hatte prügeln lassen und sein Enkel Peter II. schon fünfzehnjährig starb, begann nun eine sieben Jahrzehnte währende Ära der Frauenherrschaft in Peters St. Petersburg.

Der ersten Katharina blieb wenig Zeit auf dem Thron. Ein Rohr im Wind dann die Zarin Anna Iwanowna, eine Nichte Peters, und kaum anders anschließend Anna Leopoldowna als Regentin; beide Romanow-Damen hier nur zu nennen. Dann aber eine im physischen wie im übertragenen Sinn pralle Gestalt: 1741 kam für zwei Dezennien Elisabeth Petrowna auf den Thron, die voreheliche Tochter Peters des Großen und seiner Martha-Katharina. Diese populäre, hübsche, kirchenfromme und sinnenfrohe Zarin, die sich aus deutscher Perspektive als erbitterte Gegnerin Friedrichs des Großen im Siebenjährigen Krieg eingeprägt hat – nicht zuletzt weil der spitzzüngige Preußenkönig sie in undichter Gesprächsrunde als Hure und Alkoholikerin verhöhnt hatte –, leistete sich die gängige Günstlingswirtschaft und zahlreiche Liebhaber, blieb aber unverheiratet und kinderlos; mehrere politische Eheprojekte des Vaters für sie hatten sich zerschlagen. Gleichwohl ist ihr heiratspolitisch eine entscheidende Weichenstellung zu verdanken.

Im Mannesstamm war das Haus Romanow mit dem Tod von Peters des Großen Enkel Peter II. 1730 ausgestorben und Elisabeth nun die letzte eigentliche Romanowa auf dem Zarenthron (vergleichbar ihrer Zeitgenossin und Bündnispartnerin Maria Theresia, die ihr männlich erloschenes Haus Österreich ehelich in die Dynastie Lothringen-Habsburg hinüberrettete). Die Zarin ist frühzeitig darum bemüht gewesen, die Erbfolge für den Zarenthron in eigener Wahl »petrinisch« zu regeln, sie einem Nachkommen des großen Peter zu sichern: Ihre ältere, bereits 1728 verstorbene

Karl Peter Ulrich von Holstein-Gottorp mutierte in Rußland zum Romanow-Zaren Peter III. und wurde 1745 mit Sophie von Anhalt-Zerbst alias Katharina vermählt. Sein höfisch-höfliches Porträt von 1760 läßt gleichwohl den Schwächling ahnen.

Schwester Anna Petrowna – auch sie vorehelich und daher eigentlich illegitim – hatte aus ihrer Ehe mit Herzog Karl Friedrich von Holstein-Gottorp einen Sohn Karl Peter Ulrich, und dieser Enkel Peters des Großen sollte nach dem Willen der Zarin die Dynastie Romanow fortsetzen.

Tatsächlich ist mit dem 1728 kurz vor dem Tod seiner Mutter in Kiel geborenen Neffen der Zarin das Haus Holstein-Gottorp auf Rußlands Thron gelangt, und es bedurfte, so wie im Falle Habsburg, viel genealogischen Wohlwollens, das Geschlecht Romanow in weiblicher Linie zu prolongieren und überleben zu lassen. Die Herren von Holstein-Gottorp, benannt nach dem Schloß Gottorp (auch Gottorf) bei Schleswig, besaßen nach russischen Maßstäben zwar nur ein paar Äcker und Weiden, stellten aber die herzogliche Hauptlinie in Holstein, pflegten eine glanzvoll barocke Hofkultur, waren eng mit dem schwedischen Königshaus verwandt und dann habsburgisch und oldenburgisch sowie europaweit aufs Feinste verschwägert; nichts Provinzielles also, was sich nun dem Zarenhaus als Dynastie Holstein-Gottorp-Romanow verband.

Romanow-Importe so und so

Der individuelle Import freilich, der diesmal über die Ostsee für den russischen Thron bezogen wurde, hätte kaum unqualifizierter ausfallen können: Karl Peter Ulrich von Holstein-Gottorp, der 1742 vierzehnjährig als designierter Nachfolger nach St. Petersburg kam, war ein geistig wenig begabter, körperlich kümmerlicher und charakterlich von einem rohen Erzieher völlig verbogener Waisenknabe. Die Zarin versuchte halbherzig und eher erfolglos, all seinen Defiziten abzuhelfen, sie ließ ihn als Pjotr Fjodorowitsch orthodoxieren und erhob ihn nolens volens zum Großfürsten.

Obwohl der Jüngling Peter am Hof durch allerlei Tücken, Trinkgelage, arrogante Verachtung alles Russischen und infantile Neigungen auffiel – eine Ratte, die zwei seiner aus Stärkemehl gefertigten Spielzeugsoldaten fraß, wurde »kriegsgerichtlich« verurteilt und von Peter persönlich gehängt –, beschloß die Zarin, ihn bereits siebzehnjährig zu verheiraten und damit womöglich etwas zu vermännlichen.

»Er ist eine Mißgeburt«, klagte sie, »der Teufel soll ihn holen!« Doch dies war nun mal Peters des Großen Enkel, ihr Neffe und ihre eigene Sukzessionsentscheidung. Die Ehe freilich, die Elisabeth für ihn arrangierte, sollte höchst apart und überraschend zu Rußlands Wohl ausschlagen, wenn man denn den endgültigen Durchbruch zur Groß- und Vormacht für ein Wohl zu halten geneigt ist.

Wer war die glückliche Braut? Welche erlesene Prinzessin aus welchem königlichen Haus würde dereinst neben dem designierten Zaren Peter III. die russische Kaiserkrone tragen? Ach, die 10000 Rubel Reisekosten, die Elisabeth per Kurier vorstreckte, mobilisierten 1744 ein fünfzehnjähriges Mädchen namens Sophie Auguste Friederike von Anhalt-Zerbst. Sie war die Prinzessin eines deutschen Duodezfürstentums, das eine Kutsche mit einer Pferdestärke in wenigen Stunden durchqueren und das seine fürstliche Familie nicht angemessen ernähren konnte. Fürst Christian August, Sophies Vater, tat deshalb Dienst als General der preußischen Armee Friedrichs des Großen – und eben der Preußenkönig hat als Spiritus rector die Wahl der ihm damals noch gewogenen Zarin auf die muntere, helle und wohlunterrichtete Zerbsterin gelenkt. Heiratsvermittler, ein aparter und doch nicht ganz vereinzelter Zug im Bild des Königs: Immerhin konnte eine preußische Offizierstochter auf dem Zarenthron irgendwann nützlich sein.

Das Zerbster Prinzeßchen als große Zarin

Ganz unstandesgemäß war die Kleine übrigens nicht, da ihre Mutter aus dem Hause Holstein-Gottorp kam und Sophie und Peter mithin Vetter und Base zweiten Grades waren. Die als Jekaterina Alexejewna konvertierte Sophie, Katharina also, paßte sich im Unterschied zu ihrem Verlobten geschickt den russischen Verhältnissen an und sicherte sich mit Berechnung die Sympathien der Hofgesellschaft.

Friedrich der Große, hier in einer Zeichnung von Daniel Chodowiecki, hatte gute Gründe, stets auf den russischen Koloß zu blicken und dem Zarenhof eigennützig heiratspolitische Nachhilfe anzubieten.

Am 25. August 1745 fand die Hochzeit mit dem abscheulichen Peter statt: eine richtig typische dynastische Vermählung auf der Grundlage gegenseitiger Abneigung. Aber was für eine Weichenstellung!

Obwohl die Ehe von Peters Rüpeleien überschattet und natürlich unglücklich war und Katharina sich 1752 mit dem Kammerherrn Sergej Saltykow ihren ersten von dann, wie akribische Historiker gezählt haben, insgesamt 21 Geliebten leistete, gebar sie im September 1754 offiziell einen Sohn, den späteren Zaren Paul. Daß ihn auch Peter dynastieamtlich als seinen Sproß akzeptierte, dient als Hauptargument für seine Legitimität, doch ist es sehr gut möglich, wenn nicht wahrscheinlich, daß der von der Zarin Elisabeth glücklich begrüßte Enkel und übernächste Thronfolger kein Holstein-Romanow, sondern ein zerbstischer Saltykow gewesen ist.

Als die Zarin Elisabeth im Dezember 1761 starb, empfing der Neffe plangemäß als Peter III. die Zarenkrone. Der Schwächling, man höre, traf sogleich eine wahrlich weltgeschichtliche Entscheidung: Als ein preußisch gesinnter leidenschaftlicher Verehrer Friedrichs des Großen zog er das russische Heer eiligst aus dem Siebenjährigen Krieg gegen Preußen zurück, gab alle möglichen Erwerbungen aus der Hand, schloß Frieden, ja sogar eine Allianz mit Friedrich und rettete so – es war das berühmte »Mirakel des Hauses Brandenburg« – das militärisch-logistisch fast schon erledigte Preußen des großen Königs. Friedrich schickte seiner Feindin Elisabeth aufatmend einen hämischen Vers ins Grab hinterher: »O Wanderer; hier ruht Messalina, / Sie war des Russen und des Kosaken Konkubine, / Jetzt hat sie alle erschöpft und verläßt diese Gestade, / Um sich im Reiche der Toten neue Buhler zu suchen.«

Den neuen Zaren aber, seinen Fan, begrüßte der König triumphierend als einen »göttlichen Mann«, »dem ich Altäre errichten muß« – während sich die Zariza mehr an Elisabeths Fluch hielt, daß diese »Mißgeburt« »der Teufel holen« möge: Die gewinnende und ehrgeizige, ja herrschsüchtige Katharina inszenierte mit Hilfe ihres inzwischen dritten Geliebten Grigorij Orlow gegen den in der russischen Armee, auch beim orthodoxen Klerus mehr und mehr verhaßten Gemahl eine Palastrevolution: Bevor Peter III. selbst dazu kam, Katharina als Gattin zu verstoßen, ließ sie ihn im Juni 1762 von Gardesoldaten absetzen und verhaften – und sich selber zur Kaiserin ausrufen. Peter ließ sich stürzen, so der Kommentar des Preußenkönigs zum Staatsstreich gegen den eben noch »göttlichen« Zaren, »wie ein Kind, das man ins Bett schickt«. Mit Wissen, wenn nicht auf direkten Befehl der skrupellosen Zarin ist Peter am 7. Juli 1762 in Ropscha bei Petersburg von den Gardisten erschlagen worden, Pardon, traurigerweise »einer hämorrhoidalen Kolik« erlegen. Unklar blieb, weshalb der Schädel des darmkrank verschie-

Die Zariza läßt sich nach dem Sturz ihres Gemahls Peter III. 1762 in St. Petersburg durch eine Palastrevolution von der Ismailow-Garde zur souveränen Zarin Katharina II. proklamieren. Stich aus dem 19. Jahrhundert.

Die Zarin Katharina II., die Große, zeitgenössisch porträtiert in russischem Ornat: Aus der dynastisch importierten deutschen Provinzprinzessin ist die erfolgreiche Herrscherin des Riesenreichs geworden.

denen Kaisers auf dem Totenbett in Bandagen gehüllt werden mußte. Nein, man fragte lieber nicht zuviel nach dem Ende dieser Ehe, sondern jubelte der Usurpatorin zu: Das Zerbster Zwergstaatprinzeßchen Sophie hatte es zur selbstherrscherlichen Zarin Katharina II. von Rußland gebracht.

Endlich ein Romanow-Heiratsimport mit Fortüne: Elisabeths 10000 Rubel Reisespesen für die anhaltinische Generalstochter und die Heirat vom August 1745 haben sich für Rußland glänzend ausgezahlt. Katharina ist, alles in allem, eine bedeutende Herrscherin im Zeichen des »aufgeklärten Absolutismus« geworden, philosophisch in der Korrespondenz mit Voltaire, konstruktiv und kompromißlos im Innern, verständnislos für das Aufbegehren der geknuteten Leibeigenen Rußlands und entschieden beutelustig nach außen.

Eine nachträgliche Mitgift

Arm sei sie ins Land gekommen, resümierte Katharina II. später selbst, doch die unter ihrer Herrschaft erreichten Territorialgewinne seien ihre nachträgliche Mitgift für Rußland gewesen. In der Tat hat die deutsche Zwergstaatprinzessin dem Zarenreich Erwerbungen in wahren Königreichdimensionen beschert: Das Ausmaß der russischen Annexionen nach erfolgreichen Kriegen gegen das Osmanische Reich, die den langerstrebten Zugang zum Schwarzen Meer brachten, sowie durch die ruchlosen Polnischen Teilungen der neunziger Jahre war für das 18. Jahrhundert beispiellos: Rußlands Grenzen reichten nun so weit nach Westen – Sophie von Anhalt schaute heimwärts –, daß sein Status als europäische Großmacht endgültig gesichert wurde. Peters des Großen Werk ist von Katharina der Großen vollendet worden.

Preußen hat den bedrohlichen Koloß, den die preußische Offizierstochter schließlich bis an Preußens polnische Grenzen vorschob, immer wieder bei guter, friedlicher Laune zu halten versucht, nicht zuletzt heiratspolitisch. Friedrich der Große war auch für Katharinas Sohn und Erben, den finsteren Romanow-Zarewitsch und späteren Zaren Paul, um eine mehr oder weniger borussische Eheverbindung bemüht: zuerst mit Wilhelmine von Hessen-Darmstadt, einer Schwägerin seines Neffen und Nachfolgers Friedrich Wilhelm (II.), sodann, nach deren frühem Tod, mit seiner Nichte Sophie Dorothea von Württemberg. Direkt verschwägert mit dem Zarenhaus Holstein-Gottorp-Romanow waren später dann die preußischen Königsbrüder Friedrich Wilhelm IV. und Wilhelm I., nachdem beider Schwester Charlotte als russifizierte Alexandra Fjodorowna 1817 den künftigen Zaren Nikolaus I. geheiratet hatte. Eine stabile hohenzollerisch-romanowsche Eheallianz, so konnte man meinen.

Indessen, es ist geläufig, hat der so dominante genealogische Anteil deutscher Ehepartner auf dem Zarenthron den Frieden zwischen den beiden Reichen keineswegs garantieren können. Mit Napoleon I. marschierten 1812 preußische und württembergische Truppen gen Moskau wie ein Jahrhundert später, 1914, im Ersten Weltkrieg hessische Soldaten zur kaiserlich-deutschen Armee gehörten, die bei Tannenberg das russische Heer des mit Alice von Hessen verheirateten Zaren Nikolaus II. zerschlug.

Im Zeitalter der ideologisch aufwallenden, der ausgreifenden Nationalstaaten und imperialistischen Reiche stifteten dynastische Verbindungen nun nur noch glanzvolle Hof- und Hochzeitsbälle. Unsere gute alte Ehediplomatie, die raffinierte und naive, die absurde und wirkungsreiche, die skrupellose und kuriose Heiratspolitik hatte ausgedient. »Manich Streit und Feindschaft« hat sie längst nicht mehr »hinterlegen und stillen« können; »Venus mehrte« niemandem mehr das Land. In seinem Grab im Prager St.-Veits-Dom rotierte Kaiser Karl IV.

Anhang

Literaturverzeichnis

Die benutzte und zitierte sowie empfohlene weiterführende Literatur; den einzelnen Kapiteln zugeordnet.

1. Einführungskapitel (und zum Thema allgemein)

Armborst, Georg: Genealogische Streifzüge durch die Weltgeschichte. Bern, München 1957
Aronson, Theo/ Baker, Timothy u.a.: Die großen Dynastien. Dt. Übers. München 1978
Beyreuther, Gerald/ Pätzold, Barbara/ Uitz, Erika (Hg.): Fürstinnen und Städterinnen. Frauen im Mittelalter. Freiburg, Basel, Wien 1993
Bosl, Karl: Europa im Mittelalter. 3.A. Bayreuth 1978
Bücher, K.: Die Frauenfrage im Mittelalter. 2.A. 1910
Bumke, Joachim: Höfische Kultur. Literatur und Gesellschaft im hohen Mittelalter. 2 Bde. München 1986
Duby, Georges: Ritter, Frau und Priester. Die Ehe im feudalen Frankreich. Dt. Übers. Frankfurt a.M. 1985
Duby, Georges: Europa im Mittelalter. Dt. Übers. Stuttgart 1986
Duby, Georges: Die Frau ohne Stimme. Liebe und Ehe im Mittelalter. Dt. Übers. Berlin 1989
Ennen, Edith: Frauen im Mittelalter. München 1984
Eyb, Albrecht v.: Ehebüchlein. 1472. In: Herrmann, Max (Hg.): Deutsche Schriften des Albrecht von Eyb. Berlin 1890
Falk, Franz: Die Ehe am Ausgang des Mittelalters. Freiburg 1908
Fichtenau, Heinrich: Lebensordnungen des 10. Jahrhunderts. 2.A. München 1992
Finke, H.: Die Frau im Mittelalter. München 1913
Fuhrmann, Horst: Einladung ins Mittelalter. 3.A. München 1988
Goetz, Hans-Werner: Leben im Mittelalter vom 7. bis zum 13. Jahrhundert. 6.A. München 1996
Grote, H. (Hg.): Stammtafeln. Leipzig 1877. Neuausgabe 1981
Hanken, Caroline: Vom König geküßt. Das Leben der großen Mätressen. Dt. Übers. Berlin 1997
Hausen, Karin / Wunder, Heide (Hg.): Frauengeschichte – Geschlechtergeschichte. Frankfurt a.M. 1992

Heupel, Aloys/ Hoffmann, Friedrich/ Homann, Hans D./ Hubatsch, Walther (Hg.): Karten und Stammtafeln zur deutschen Geschichte. Frankfurt a.M., Berlin, Wien 1972
Isenburg, W. K. Prinz v.: Stammtafeln zur Geschichte der europäischen Staaten. 2 Bde. 1953. Neudruck Marburg 1965
King, Margaret L.: Frauen in der Renaissance. Dt.Übers. München 1993
Krabs, Otto: Wir, von Gottes Gnaden. Glanz und Elend der höfischen Welt. München 1996
Kühn, Joachim: Ehen zur linken Hand in der europäischen Geschichte. Stuttgart 1968
Le Goff, Jacques (Hg.): Das Hochmittelalter. Fischer Weltgeschichte 11.Bd. Dt. Übers. Frankfurt a.M. 1965
Midelfort, H.C. Erik: Verrückte Hoheit. Wahn und Kummer in deutschen Herrscherhäusern. Dt. Übers. Stuttgart 1996
Mühlberger, Josef: Berühmte und berüchtigte Frauen. Esslingen 1979
Nipperdey, Thomas: Die Aktualität des Mittelalters. In: Nachdenken über die deutsche Geschichte. München 1986
Reitzenstein, F. v.: Liebe und Ehe im Mittelalter. 1912
Ritter, Gerhard: Die Neugestaltung Deutschlands und Europas im 16. Jahrhundert. Berlin 1950
Rodeck, F.: Beiträge zur Geschichte des Eherechts deutscher Fürsten bis zur Durchführung des Tridentinums. 1910
Schmidt-Wiegand, Ruth: Hochzeit, Vertragsehe und Ehevertrag in Mitteleuropa. In: Völger, Gisela/ Welck, Karin v. (Hg.): Die Braut. 1.Bd. Köln 1985
Schröter, Michael: »Wo zwei zusammenkommen in rechter Ehe...« Sozio- und psychogenetische Studien über Eheschließungsvorgänge vom 12. bis 15. Jahrhundert. Frankfurt a.M. 1985
Schulze, Hermann: Das Erb- und Familienrecht der deutschen Dynastien des Mittelalters. Halle 1871
Seibt, Ferdinand: Staatsheiraten im Spätmittelalter. In: Völger, Gisela/ Welck, Karin v. (Hg.): Die Braut. 1.Bd. Köln 1985
Seibt, Ferdinand: Glanz und Elend des Mittelalters. Berlin 1987
Shahar, Shulamit: Die Frau im Mittelalter. 2.A. Frankfurt a.M. 1983
Spieß, Karl-Heinz: Unterwegs zu einem fremden Ehemann. Brautfahrt und Ehe in europäischen Fürstenhäusern des Spätmittelalters. In: Erfen, Irene/ Spieß,Karl-Heinz (Hg.): Fremdheit und Reisen im Mittelalter. Stuttgart 1997
Stolleis, Michael: Staatsheiraten im Zeitalter der europäischen Monarchien. In: Völger, Gisela/ Welck, Karin v. (Hg.): Die Braut. 1.Bd. Köln 1985
Vogelsang, Thilo: Die Frau als Herrscherin im hohen Mittelalter. Göttingen, Frankfurt a.M., Berlin 1954
Weinhold, Karl: Die deutschen Frauen in dem Mittelalter. 2 Bde. 3.A. Wien 1897
Welzig, W. (Hg.): Erasmus von Rotterdam. Ausgewählte Schriften, Bd.5. 1968

2. *Kapitel*

Benrath, Henry: Der Kaiser Otto III. Historischer Roman. Neuausgabe Stuttgart 1982
Benrath, Henry: Die Kaiserin Theophano. Historischer Roman. Neuausgabe Stuttgart 1991
Braunfels, Wolfgang: Karl der Große in Selbstzeugnissen und Bilddokumenten. Reinbek 1972
Dhondt, Jan: Das frühe Mittelalter. Fischer Weltgeschichte 10.Bd. Dt.Übers. Frankfurt a.M. 1968
Ehlers, Joachim.: Geschichte Frankreichs im Mittelalter. Stuttgart 1987
Fichtenau, Heinrich: Das karolingische Imperium. Zürich 1949
Hellmann, S.: Die Heiraten der Karolinger. In: Festgabe für Karl Theodor v.Heigel. München 1903
Hiller, Helmut: Otto der Große. München 1980
Holtzmann, Robert: Geschichte der sächsischen Kaiserzeit. Berlin, München 1943 und 1961
Konecny, Silvia: Die Frauen des karolingischen Königshauses. Die politische Bedeutung der Ehe und der Stellung der Frau in der fränkischen Herrscherfamilie vom 7. bis zum 10. Jahrhundert. Wien 1976
Plischke, J.: Die Heiratspolitik der Liudolfinger. 1909
Riché, Pierre: Die Karolinger. Eine Familie formt Europa. Dt. Übers. Stutgart 1987
Schramm, Percy Ernst: Kaiser, Rom und Renovatio. 2 Bde. Leipzig 1929
Werner, Karl Ferdinand: Die Ursprünge Frankreichs bis zum Jahr 1000. – Geschichte Frankreichs, 1.Bd. Dt. Übers. Stuttgart 1989

3. *Kapitel*

Benrath, Henry: Die Kaiserin Konstanze. Historischer Roman. Neuausgabe Stuttgart 1986
Beumann, Helmut (Hg.): Kaisergestalten des Mittelalters. 3.A. München 1991
Borst, Otto: Reden über die Staufer. Frankfurt a.M., Berlin, Wien 1981
Büttner,H.: Friedrich Barbarossa und Burgund. In: Probleme des 12. Jahrhunderts. 1968
Decker-Hauff, Hansmartin: Das Staufische Haus. In: Die Zeit der Staufer. Katalog der Ausstellung, 3.Bd. Stuttgart 1977
Fuhrmann, Horst: Deutsche Geschichte im hohen Mittelalter. Göttingen 1978
Hampe, Karl: Deutsche Kaisergeschichte in der Zeit der Salier und Staufer. 10.A. Heidelberg 1949
Haverkamp, Alfred: Italien im hohen und späten Mittelalter. In: Theodor Schieder (Hg.): Handbuch der europäischen Geschichte. 2.Bd. Stuttgart 1987
Heinisch, Klaus J. (Hg.): Kaiser Friedrich II. Sein Leben in zeitgenössischen Berichten. 4.A. München 1994
Heuermann, H.: Die Hausmachtpolitik der Staufer von Herzog Friedrich I. bis König Konrad III. Diss. Berlin 1939
Hiller, Helmut: Friedrich Barbarossa und seine Zeit. 2.A. München 1977

Horst, Eberhard: Friedrich der Staufer. Düsseldorf 1975
Jordan, Karl: Friedrich Barbarossa. 2.A. München 1967
Kantorowicz, Ernst: Kaiser Friedrich II. 2 Bde. Berlin 1927 und 1931
Mardus, A.: Die Eheschließungen in den deutschen Königsfamilien von Lothar III. bis Friedrich II. hinsichtlich ihrer politischen Bedeutung. Diss. Greifswald 1909
Masson, Giorgina: Das Staunen der Welt. Friedrich II. von Hohenstaufen. Dt. Übers. 11.A. Stuttgart 1985
Mühlberger, Josef: Lebensweg und Schicksale der staufischen Frauen. Esslingen 1977
Nette, Herbert: Friedrich II. von Hohenstaufen. 10.A. Reinbek 1995
Runciman, Steven: Geschichte der Kreuzzüge. 3 Bde. München 1957-1960
Schreiner, Klaus: Die Staufer als Herzöge von Schwaben / Die Staufer in Sage, Legende und Prophetie. In: Die Zeit der Staufer. Katalog der Ausstellung, 3.Bd. Stuttgart 1977
Seidlmayer, Michael: Geschichte Italiens. Stuttgart 1962
Spieß, Karl-Heinz: A.a.O. Lit. 1. Kap.
Tellenbach, Gerd: Die Entstehung des Deutschen Reiches. 3.A. 1947

4. Kapitel

Barz, Paul: Heinrich der Löwe. München 1980
Bertier de Sauvigny, Guillaume-André de: Die Geschichte der Franzosen. Dt. Übers. 2.A. München 1986
Brown, R. Allen: Die Normannen. Dt. Übers. 2.A. München 1991
Ehlers, Joachim/ Müller, Heribert/ Schneidmüller, Bernd (Hg.): Die französischen Könige des Mittelalters. München 1996
Favier, Jean: Frankreich im Zeitalter der Lehnsherrschaft 1000 – 1515. Geschichte Frankreichs, 2.Bd. Dt. Übers. Stuttgart 1989
Fowler, K.A.: The Age of Plantagenets and Valois. The Struggle for Supremacy 1328-1498. London 1967
Harvey, J.: The Plantagenets. London 1959
Jacob, E.F.: Henry V. and the Invasion of France. London 1947
Jordan Karl: Heinrich der Löwe. München 1979
Kelly, Amy: Eleanor of Aquitaine and the four Kings. Harvard 1950
Pernoud, Régine: Königin der Troubadoure. Eleonore von Aquitanien. Dt. Übers. München 1979
Schnith, Karl: England von der normannischen Eroberung bis zum Ende des Hundertjährigen Krieges 1066-1453. In: Theodor Schieder (Hg.): Handbuch der europäischen Geschichte. 2. Bd. Stuttgart 1987
Trevelyan, George Macauley: Geschichte Englands. Dt. Übers., 2 Bde. 4.A. München 1949

5. Kapitel

Bogyay, Thomas v.: Grundzüge der Geschichte Ungarns. Darmstadt 1967
Diwald, Hellmut: Karl IV., Vater Böhmens, Erzvater des Reiches. In: Süddeutsche Zeitung 13./14. Mai 1978

Friedjung, Heinrich: Kaiser Karl IV. und sein Anteil am geistigen Leben seiner Zeit. Wien 1876
Gerlich, A.: Habsburg-Luxemburg-Wittelsbach im Kampf um die deutsche Königskrone. Wiesbaden 1960
Heigel, Karl Theodor: Die Wittelsbacher. München 1880
Hoensch, Jörg K.: Geschichte Böhmens. 2.A. München 1992
Hoensch, Jörg K.: Kaiser Sigismund. Herrscher an der Schwelle zur Neuzeit 1368–1437. München 1996
Kavka, Frantisek: Am Hofe Karls IV. Stuttgart 1990
Klages, E.: Johann von Luxemburg und seine auf Böhmen gerichtete Heiratspolitik. In: Mitteilungen des Vereins für Geschichte Böhmens 50. 1912
Moraw, Peter: Kaiser Karl IV. im deutschen Spätmittelalter. In: Historische Zeitschrift 229. München 1978
Pfitzner, Josef: Kaiser Karl IV. Potsdam 1938
Schultze, Johannes: Die Mark Brandenburg. II: Die Mark unter der Herrschaft der Wittelsbacher und Luxemburger (1319–1415). Berlin 1961
Seibt, Ferdinand: Böhmische Geschichte im europäischen Vergleich. In: Bohemia-Jahrbuch 15. 1974
Seibt, Ferdinand: Deutschland und die Tschechen. München 1974
Seibt, Ferdinand: Karl IV. Ein Kaiser in Europa 1346 bis 1378. 4.A. München 1979
Seibt, Ferdinand: Staatsheiraten im Spätmittelalter. A.a.O. Lit. Kap.1
Straub, Eberhard: Die Wittelsbacher. Berlin 1996
Thomas, Heinz: Deutsche Geschichte des Spätmittelalters 1250–1500. Stuttgart 1983

6. Kapitel

Andics, Hellmut: Die Frauen der Habsburger. 3.A. Wien 1991
Atkinson, William C.: Geschichte Spaniens und Portugals. Dt. Übers. München 1962
Baum, Wilhelm: Margarete Maultasch. Erbin zwischen den Mächten. Graz, Wien, Köln 1994
Brouwer, Johan: Johanna die Wahnsinnige. München 1978
Crankshaw, Edward: Die Habsburger. Wien, München, Zürich 1971
Daniek, E.: Österreich unter den Babenbergern. Wien 1947
Davies, R.Trevor: Spaniens goldene Zeit 1501-1621. Dt. Übers. München 1939
Dienst, Heide: Ostarrichi – die Babenberger in »Österreich«. In: DAMALS 9. Stuttgart 1996
Gaxotte, Pierre: Ludwig XIV. Frankreichs Aufstieg in Europa. Dt. Übers. München 1951
Gies McGuigan, Dorothy: Familie Habsburg 1273-1918. Dt. Übers. 3.A. Wien, München 1977
Haller, Brigitte: Kaiser Friedrich III. im Urteil der Zeitgenossen. Wien 1965
Herm, Gerhard: Der Aufstieg des Hauses Habsburg. Düsseldorf 1988
Herm, Gerhard: Glanz und Niedergang des Hauses Habsburg. Düsseldorf 1989

Hoensch, Jörg K.: Premysl Otakar II. von Böhmen. Der goldene König. Graz, Wien, Köln 1989
Jacquet, Jean-Louis: Die spanischen Bourbonen. Dt. Übers. Lausanne 1969
Kohler, A.: »Tu felix Austria nube...« Vom Klischee zur Neubewertung dynastischer Politik in der neueren Geschichte Europas. In: ZHistForsch. 21. 1994
Kossok, Manfred: Am Hofe Ludwigs XIV. Stuttgart 1990
Krieger, Karl-Friedrich: Die Habsburger im Mittelalter. Von Rudolf I. bis Friedrich III. Stuttgart 1994
Leitner, Thea: Habsburgs verkaufte Töchter. Wien 1987
Lhotsky, Alphons: Geschichte Österreichs seit der Mitte des 13. Jahrhunderts. Wien 1968
Lhotsky, Alphons: Das Haus Habsburg. Wien 1971
Mettra, Claude: Die Bourbonen. 2 Bde. Dt. Übers. Lausanne 1969
Meyer, Jean: Frankreich im Zeitalter des Absolutismus 1515-1789. Geschichte Frankreichs, 3.Bd. Dt. Übers. Stuttgart 1990
Musulin, Janko v.: Die Habsburger. In: Aronson, Theo/ Baker, Timothy u.a.: Die großen Dynastien. Dt. Übers. München 1978
Nette, Herbert: Karl V. in Selbstzeugnissen und Bilddokumenten. Reinbek 1979
Pfandl, Ludwig: Johanna die Wahnsinige. München 1930
Pfandl, Ludwig: Philipp II. München 1938
Ritter, Gerhard: A.a.O. Lit. Kap. 1
Scherr, Johannes: Deutsche Kultur- und Sittengeschichte. 2.A. Berlin 1927
Tamussino, Ursula: Margarete von Österreich. Diplomatin der Renaissance. Graz, Wien, Köln 1995
Thoma, Helga: »Madame, meine teure Geliebte«. Die Mätressen der französischen Könige. Wien 1996
Vocelka, Karl: Habsburgische Hochzeiten 1550-1600. Wien, Köln, Graz 1976
Wandruszka, Adam: Das Haus Habsburg. Die Geschichte einer europäischen Dynastie. Wien, Freiburg, Basel 1956
Wiesflecker, Hermann: Kaiser Maximilian I. 5 Bde. München 1971–1986.
Zierl, Antonia: Kaiserin Eleonore, Gemahlin Friedrichs III. In: Katalog der Wiener Ausstellung »Friedrich III.« Wien 1966

7. Kapitel

Carsten, Francis L.: Die Entstehung Preußens. Dt. Übers. 2.A. Frankfurt a M., Berlin, Wien 1981
Dietrich, Richard: Kleine Geschichte Preußens. Berlin 1966
Heinrich, Gerd: Die isolierte Provinz. Brandenburg-Preußen und Kleve seit dem 17. Jahrhundert. In: K. Fink (Hg.): Kleve im 17. Jahrhundert. Kleve 1980
Heinrich, Gerd: Geschichte Preußens. Staat und Dynastie. Frankfurt a.M., Berlin, Wien 1981 (TB-Ausgabe 1984)
Hintze, Otto: Die Hohenzollern und ihr Werk. 9.A. Berlin 1916
Hubatsch, Walther: Kreuzritterstaat und Hohenzollernmonarchie. In: Festschrift für Hans Rothfels. Düsseldorf 1951

Hubatsch, Walther: Das Zeitalter des Absolutismus 1600–1789. 3.A. Braunschweig 1970
Hubatsch, Walther: Hohenzollern in der deutschen Geschichte. 2.A. Frankfurt a.M. 1971
Immekeppel, H.: Das Herzogtum Preußen 1603–1618. Köln, Berlin 1975
Koser, Reinhold: Geschichte der brandenburgischen Politik bis zum Westfälischen Frieden von 1648. 2.A. Stuttgart, Berlin 1913
Midelfort, Erik H.C.: A.a.O. Lit. 1.Kap.
Petri, Franz / Schöffer, Ivo / Woltjer, Jan Juliaan: Geschichte der Niederlande. Einzelausgabe aus Schieders Handbuch der europäischen Geschichte. München 1991
Ranke, Leopold v.: Preußische Geschichte. Hg. v. Willy Andreas. München o.J.
Scheller, Rita: Die Frau am preußischen Königshof (1550–1625). Köln, Berlin 1966
Schultze, Johannes: Die Mark Brandenburg. Bd.4 (1535–1648). Wiesbaden 1965
Schumacher, B.: Geschichte Ost- und Westpreußens. 6.A. Würzburg 1977
Vollmer, Bernhard: Die Reise Herzog Wilhelms des Reichen mit seiner Tochter Marie Eleonore zur Hochzeit nach Preußen. In: Düsseldorfer Jahrbuch 43. Düsseldorf 1940

8. Kapitel

Altenbockum, Jasper v.: Noch heute findet man in Skandinavien die Spuren des Bündnisses. Zur Gründung der Kalmarer Union vor 600 Jahren. In: Frankfurter Allgemeine Zeitung 16. Juni 1997
Andersson, I.: Schwedische Geschichte. Dt. Übers. 1950
Beck, Hans-Georg: Das byzantinische Jahrtausend. 2.A. München 1982
Bogyay, Thomas von: A.a.O. Lit. 6.Kap.
Brandt, Ahasver v./ Hoffmann, Erich: Die nordischen Länder von der Mitte des 11. Jahrhunderts bis 1448. In: Theodor Schieder (Hg.): Handbuch der europäischen Geschichte, 2.Bd. Stuttgart 1987
Brandt, Otto: Geschichte Schleswig-Holsteins. 6.A. Kiel 1966
Gerhardt, Martin/ Hubatsch, Walther: Norwegische Geschichte. 2.A. Bonn 1963
Gitermann, Valentin: Geschichte Rußlands. 3 Bde. 1944-1949. Neudruck Frankfurt a.M. 1987
Hellmann, Manfred: Grundzüge der Geschichte Litauens und des litauischen Volkes. 2.A. Darmstadt 1966
Hellmann, Manfred: Daten der polnischen Geschichte. München 1985
Herberstein, Sigmund v.: Das alte Rußland. Wien 1557. Neuausgabe Zürich 1984
Hintze, Otto: A.a.O. Lit. Kap.7
Hoensch, Jörg K.: Geschichte Polens. Stuttgart 1983
Hösch, Edgar: Geschichte der Balkanländer. 3.A. München 1996
Jena, Detlev: Die russischen Zaren in Lebensbildern. Graz, Wien, Köln 1996
Lauring, Palle: Geschichte Dänemarks. Neumünster 1964
Maier, Franz Georg (Hg.): Byzanz. Fischer Weltgeschichte 13.Bd. Frankfurt a.M. 1973

Rhode, Gotthold: Kleine Geschichte Polens. Darmstadt 1965
Rühl, Lothar: Aufstieg und Niedergang des Russischen Reiches. Der Weg eines tausendjährigen Staates. Stuttgart 1992
Scheck, Werner: Geschichte Rußlands. 2.A. München 1977

9. Kapitel

Blaschke, Karlheinz: Geschichte Sachsens im Mittelalter. Berlin 1990
Czok, Karl: Am Hofe Augusts des Starken. Stuttgart 1990
Gauland, Alexander: Das Haus Windsor. Berlin 1996
Haake, Paul: Christiane Eberhardine und August der Starke. Eine Ehetragödie. Dresden 1930
Haake, Paul: Kursachsen oder Brandenburg-Preußen? Geschichte eines Wettstreits. Berlin 1939
Heinze, E.: Der Übergang der sächsischen Kür auf die Wettiner. Diss. Halle 1906
Hirschfeld, Gustav: Die Errichtung des Herzogtums Sachsen-Coburg und Gotha im Jahre 1826. Coburg 1927
Jonscher, Reinhard: Kleine thüringische Geschichte. Jena 1993
Kötzschke, Rudolf / Kretzschmar, Hellmut: Sächsische Geschichte. 1935. Neuausgabe Frankfurt a.M. 1965
Krauß, Jutta (Hg.): Wartburg – Porträt einer Tausendjährigen. Edition der Wartburg-Stiftung Eisenach 1993
Netzer, Hans-Joachim: Ein deutscher Prinz in England. Albert von Sachsen-Coburg und Gotha, Gemahl der Königin Victoria. 2.A. München 1992
Patze, Hans / Schlesinger, Walter (Hg.): Geschichte Thüringens (6 Bde.). 2.Bd. Hohes und Spätes Mittelalter. Köln 1967–1984
Sachsen, Herzog Albert zu: Die Wettiner in Lebensbildern. Graz, Wien, Köln 1995
Schostack, Renate: Ungehobeltes Waldungeheuer. Coburgs Löwe und seine Herren – Ansichten einer Familie, die als Gestüt Europas galt. In: Frankfurter Allgemeine Zeitung 18. Juli 1997
Schreiber, Hermann: August der Starke: Leben und Lieben im deutschen Barock. München 1981
Vehse, Eduard: Geschichte der Höfe des Hauses Sachsen. 2 Bde. Hamburg 1854
Zimmermann, Ingo: Sachsen. Markgrafen, Kurfürsten und Könige. Berlin 1990

10. Kapitel

Bilbassoff, B.v.: Geschichte Katharinas II. Dt. Übers. 2 Bde. 1891–1893
Donnert, Erich: Rußland im Zeitalter der Aufklärung. Leipzig 1983
Fussenegger, Gertrud: Herrscherinnen. Frauen, die Geschichte machten. Stuttgart 1991
Gitermann, Valentin: A.a.O. Lit.8.Kap.
Gooch, George Peabody: Friedrich der Große. Dt. Übers. 2. A. Frankfurt a.M. 1964

Hübner, Eckhard: Despotin für die einen, Glücksbringerin für die anderen. Katharina II. ...In: Frankfurter Allgemeine Zeitung 15. November 1996

Jessen, Hans (Hg.): Katharina II. von Rußland in Augenzeugenberichten. München 1978

Katharina die Große / Voltaire: Monsieur – Madame. Der Briefwechsel zwischen der Zarin und dem Philosophen. Übers. u. hg. v. Hans Schumann. Zürich 1991

Miquel, Pierre: Europas letzte Könige. Die Monarchien im 20. Jahrhundert. Dt. Übers. Stuttgart 1994

Rühl, Lothar: A.a.O. Lit.8.Kap.

Wittram, Reinhard: Peter I. Czar und Kaiser. 2 Bde. Göttingen 1964

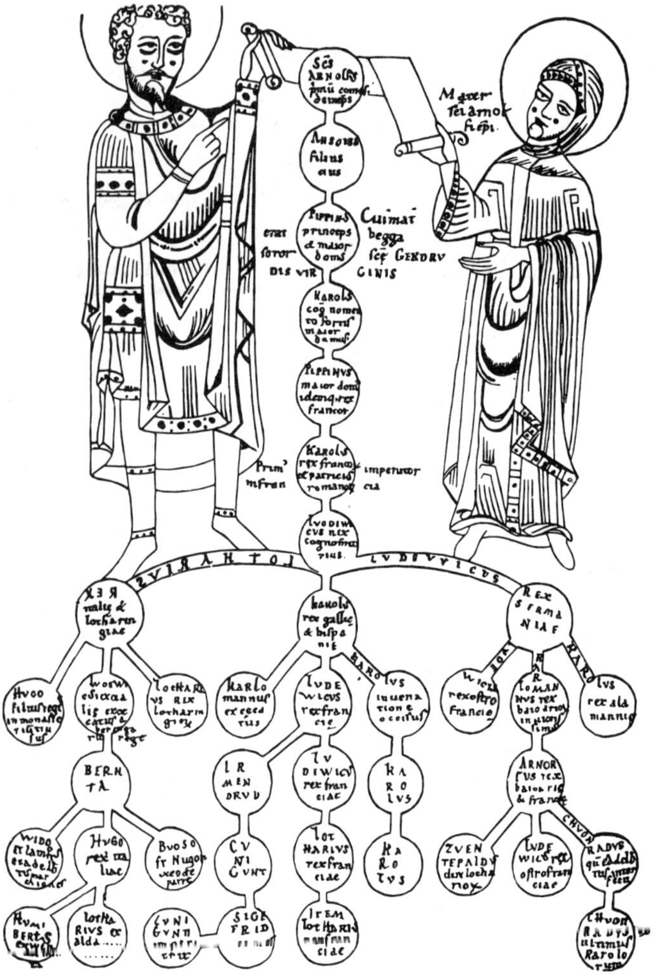

Zur Einstimmung auf die Stammtafeln:
Wiederholung des Karolinger-Stammbaums (von Seite 36).

Stammtafeln

Die folgenden 16 dynastischen Stamm- und Verwandtschaftstafeln sind dem Werk »Karten und Stammtafeln zur deutschen Geschichte« von Aloys Heupel, Friedrich Hoffman, Hans D. Homann und Walther Hubatsch (Frankfurt a.M., Berlin, Wien 1972; Ullstein Buch Nr. 3858) mit freundlicher Erlaubnis des Ullstein Verlags in Berlin entnommen.

Sie bieten – von den Karolingern bis ins 19. Jahrhundert – natürlich nur eine Auswahl von Konstellationen und Namen, führen jedoch teilweise den an genealogischer Vertiefung interessierten Leserinnen und Lesern eine größere Zahl von europäischen Verbindungen und Zusammenhängen vor, als die Kapitel unseres Buches behandeln konnten. An den dynastischen Hintergründen des »Jülich-Klever Erbfolgestreits« z.B. muß mithin niemand verzweifeln.

»Ohne überhaupt mehr zu wollen«, kommentiert Hans D. Homann, »kann eine Verwandtschaftstafel nur Schlaglichter setzen, die auf dynastische Heiratspolitik und politische wie rechtliche Bedeutung verwandtschaftlicher Beziehungen gerichtet sind.« Das Augenmerk gilt also nicht zuletzt »wichtigen Eheverbindungen«, die in den Tafeln mit dem kleinen Symbol ⁙⁙ gekennzeichnet sind.

(Vereinzelt divergieren in den übernommenen Tafeln, in deren Anlage nur geringfügig eingegriffen werden konnte, Namenschreibungen – z.B. »Blanka« statt »Bianca« – gegenüber dem Textteil des vorliegenden Buches.)

Tafel 1: Die Spätkarolinger und ihre Beziehungen zur sächsischen Herrscherdynastie

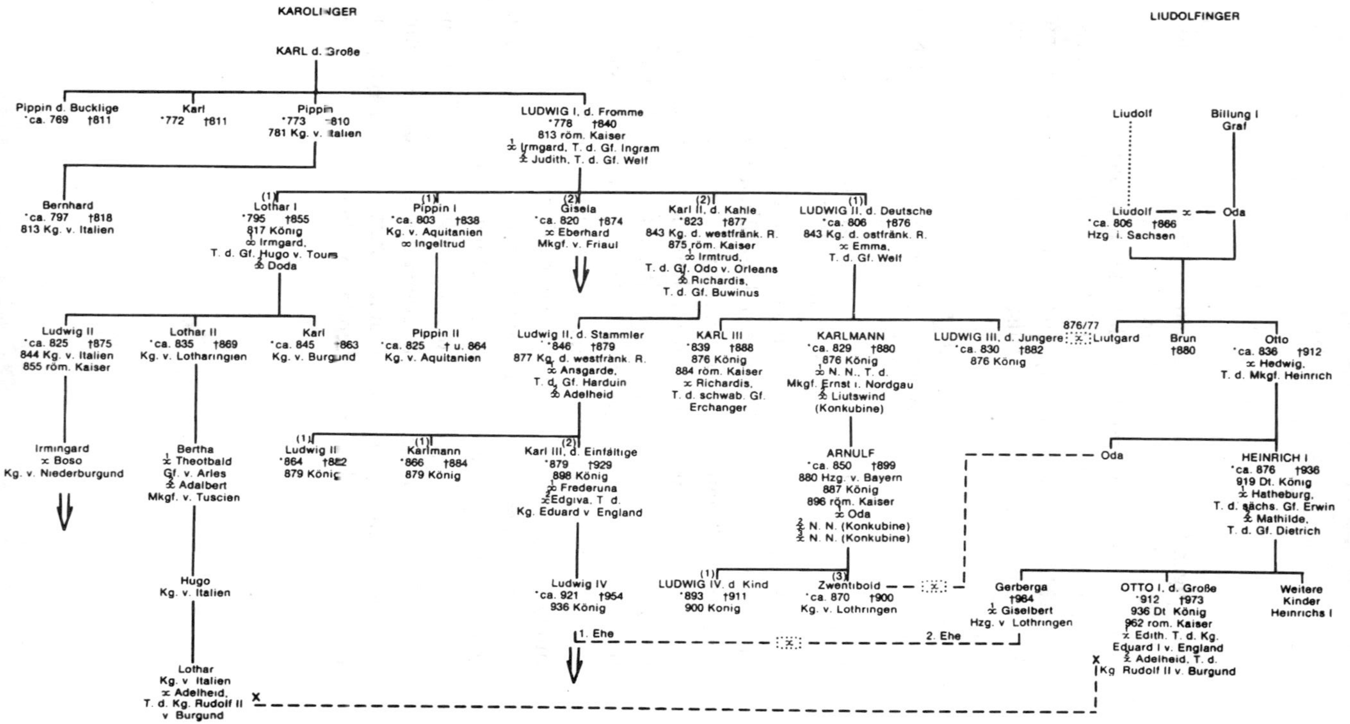

Tafel 2: Die Ottonen und ihre Beziehungen zu den deutschen Stammesherzogtümern sowie zu Frankreich und Burgund

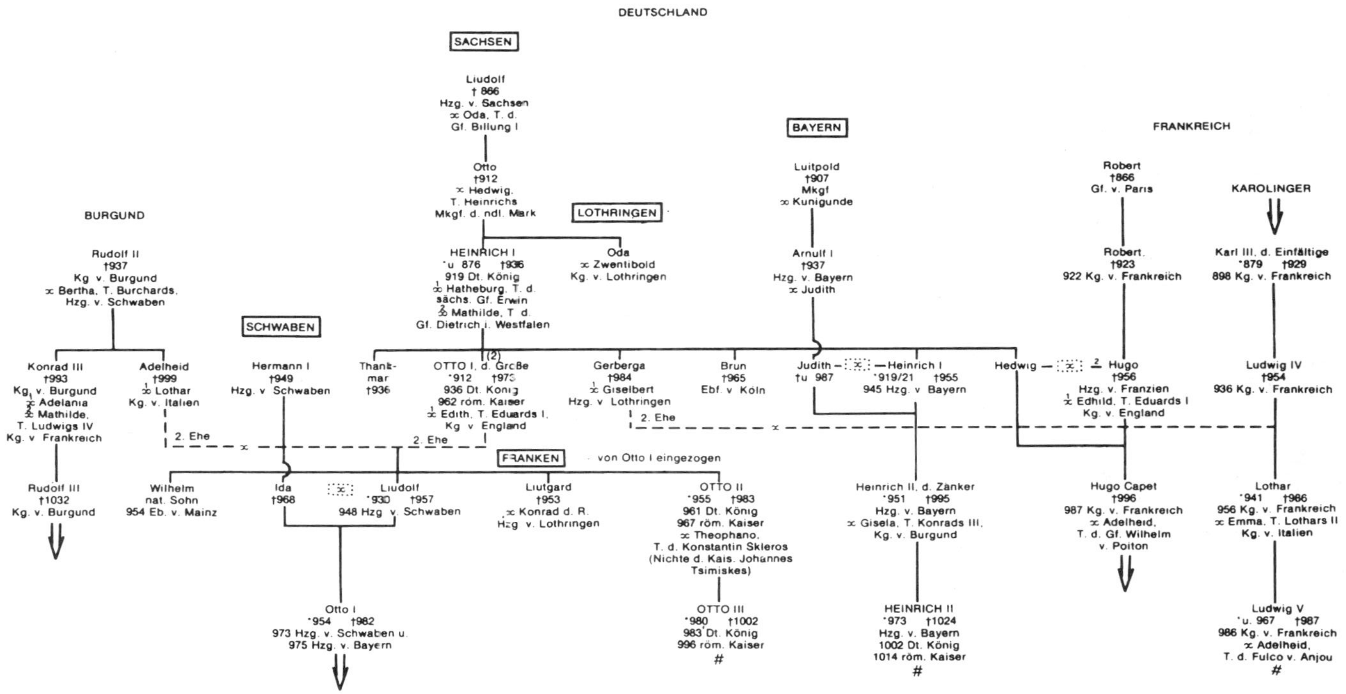

Tafel 3: Staufer und Welfen im 12. und 13. Jahrhundert

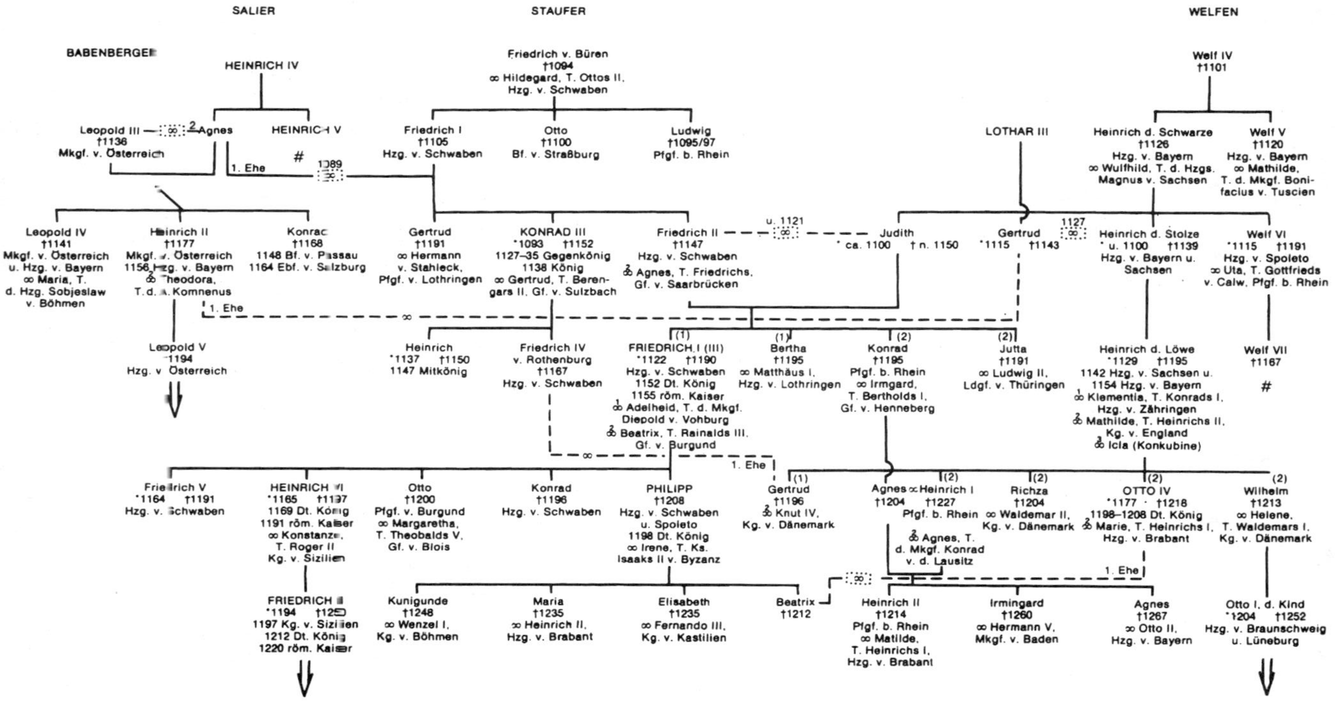

Tafel 4: Die Gegenkönige von 1257 (Plantagenet und Kastilien) als Verwandte der Staufer und Welfen

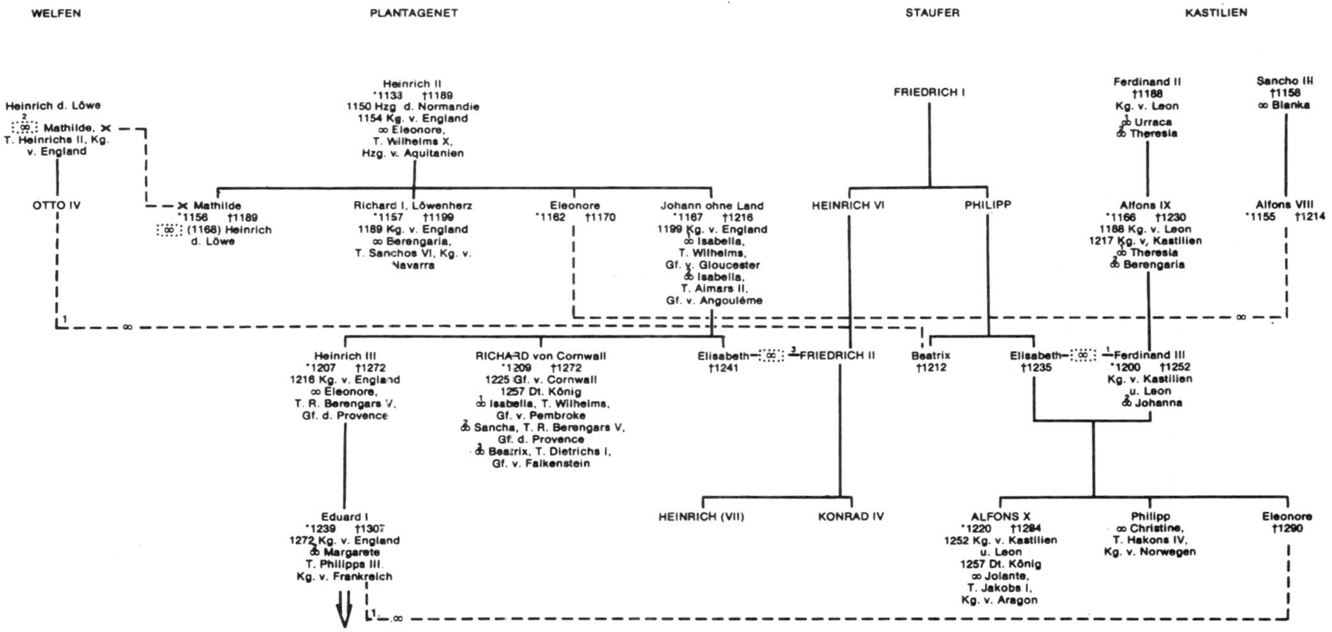

Tafel 5: Die frühen Habsburger und die Heiratspolitik König Rudolfs I

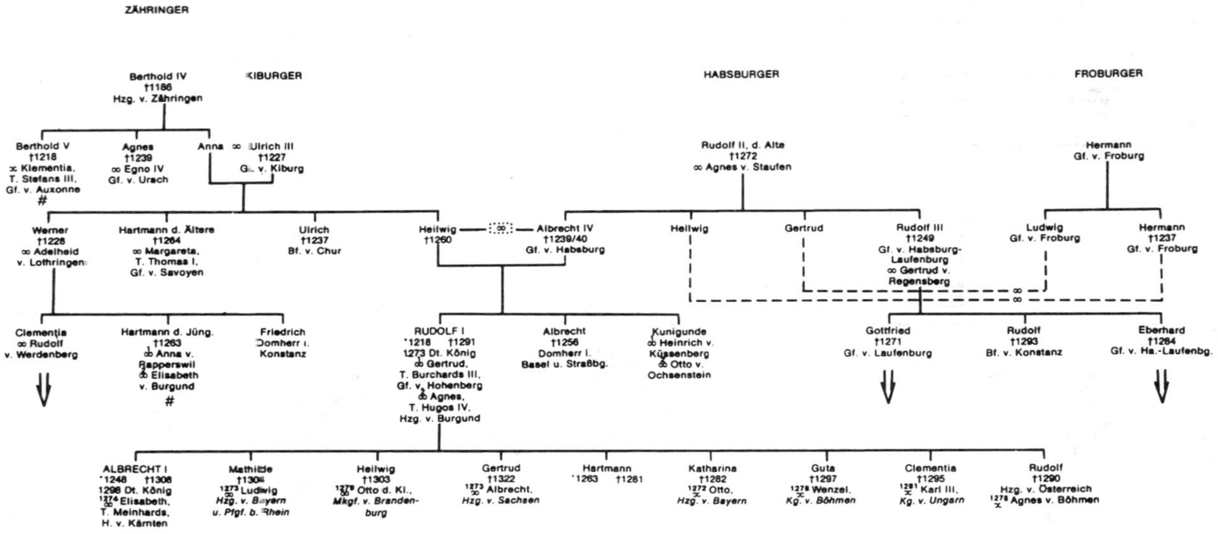

Tafel 6: Europäische Dynastien im Kampf um die Nachfolge der Arpaden in Ungarn

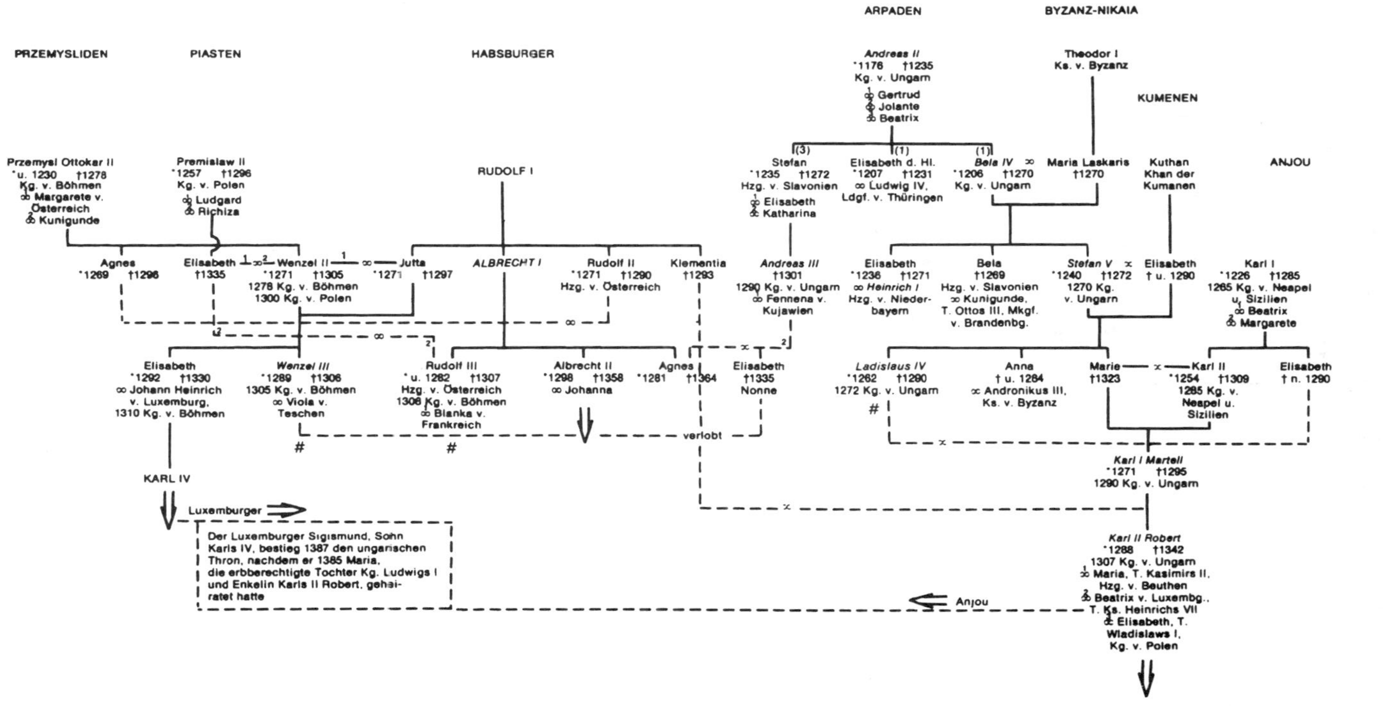

Tafel 7: Böhmen im Übergang von Przemysliden zu Luxemburgern

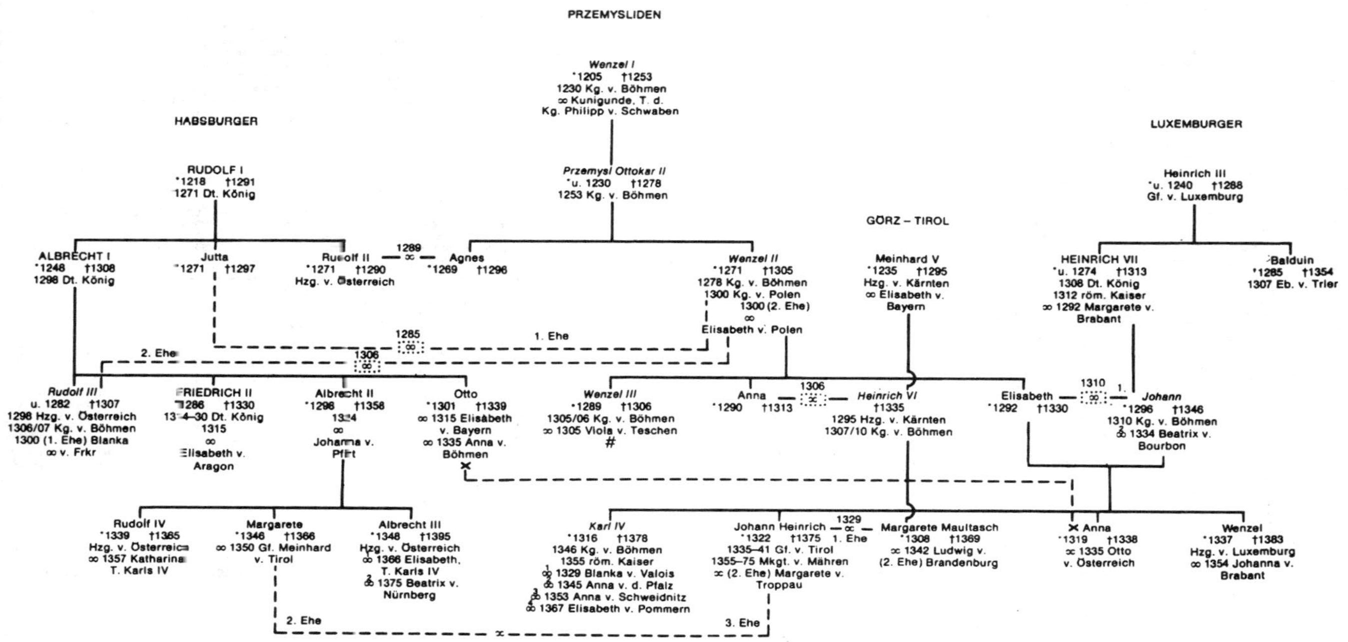

Tafel 8: Die dynastische Verflechtung der Habsburger, Luxemburger und Wittelsbacher im 14. Jahrhundert

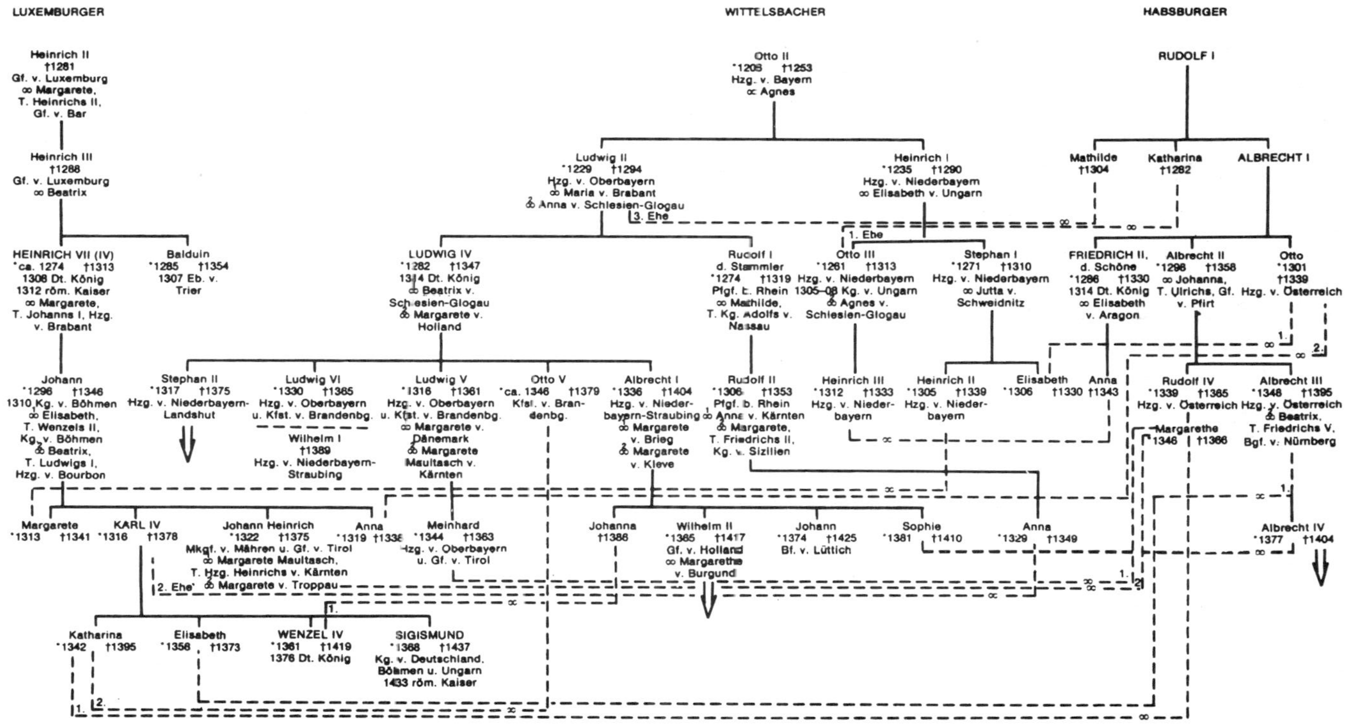

Tafel 9: Die Zergliederung des habsburgischen Hauses im 15. Jahrhundert und seine Machtübernahme im Reich

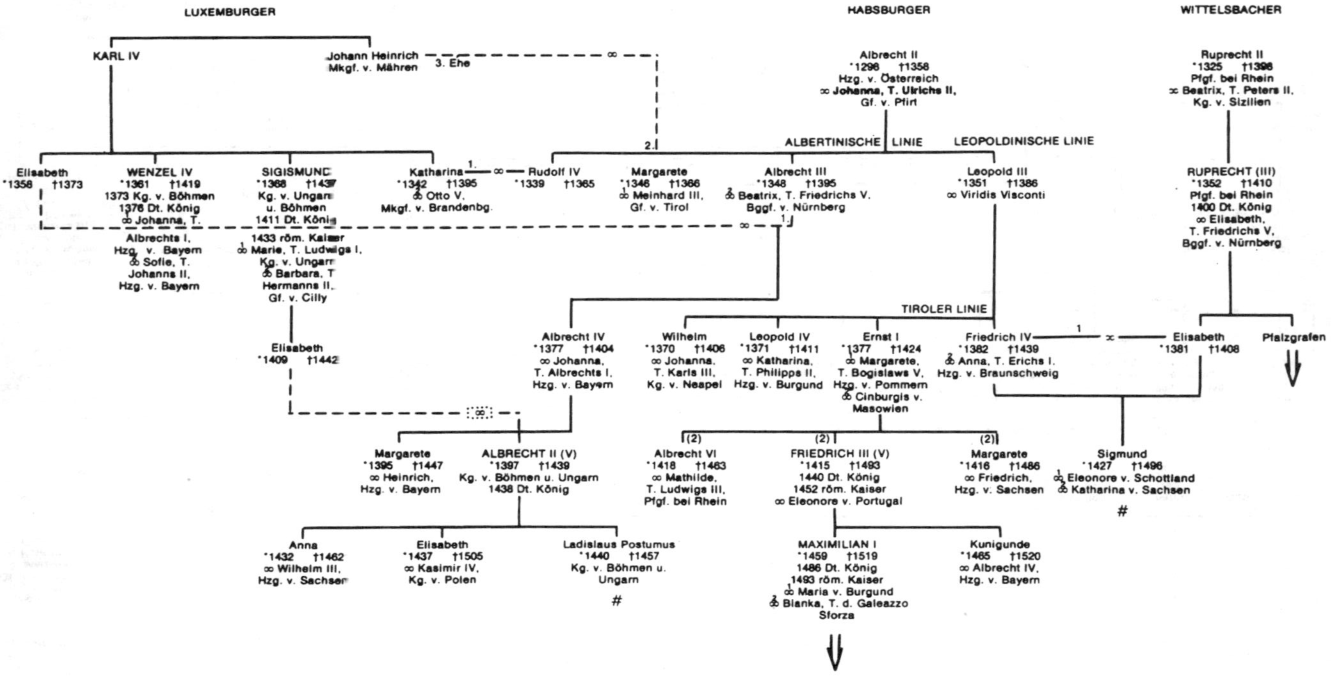

Tafel 10: Politische Ehen als Grundlage habsburgischer Weltmacht

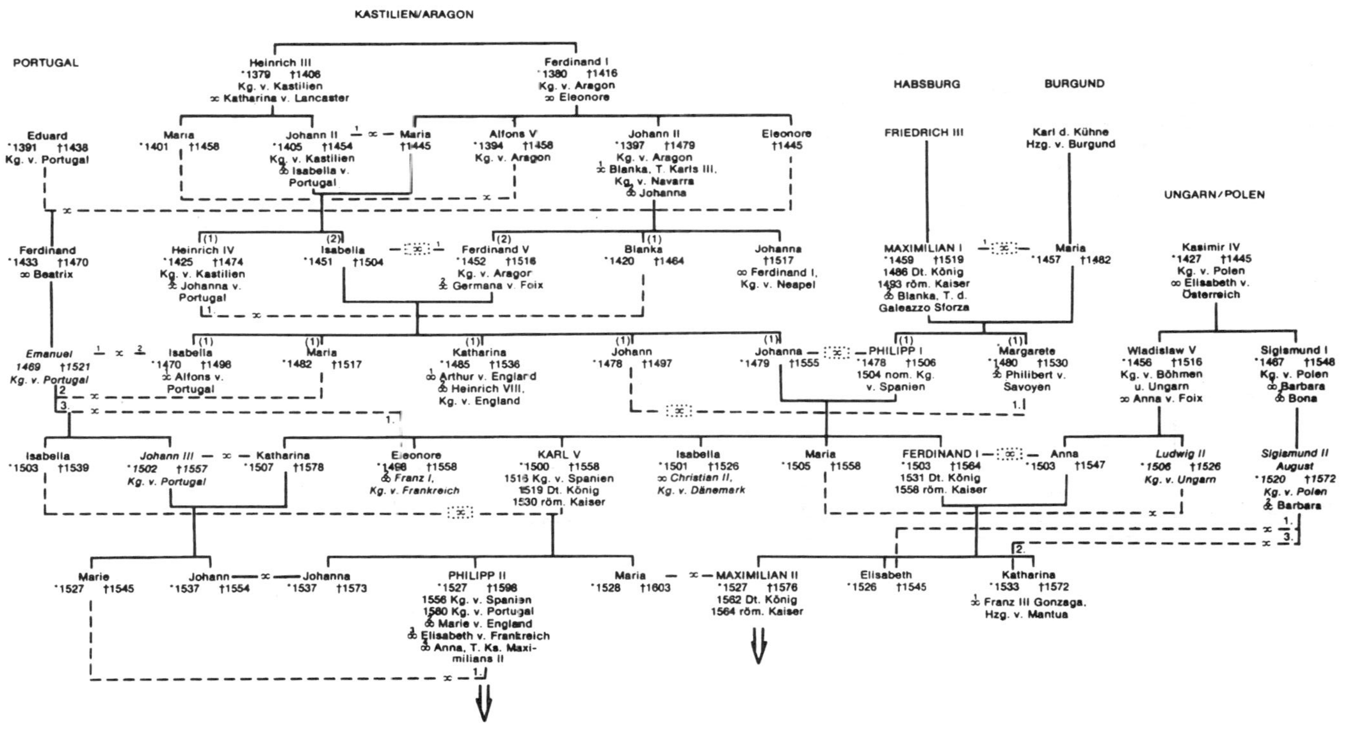

Tafel 11: Die Habsburger im 16. und 17. Jahrhundert

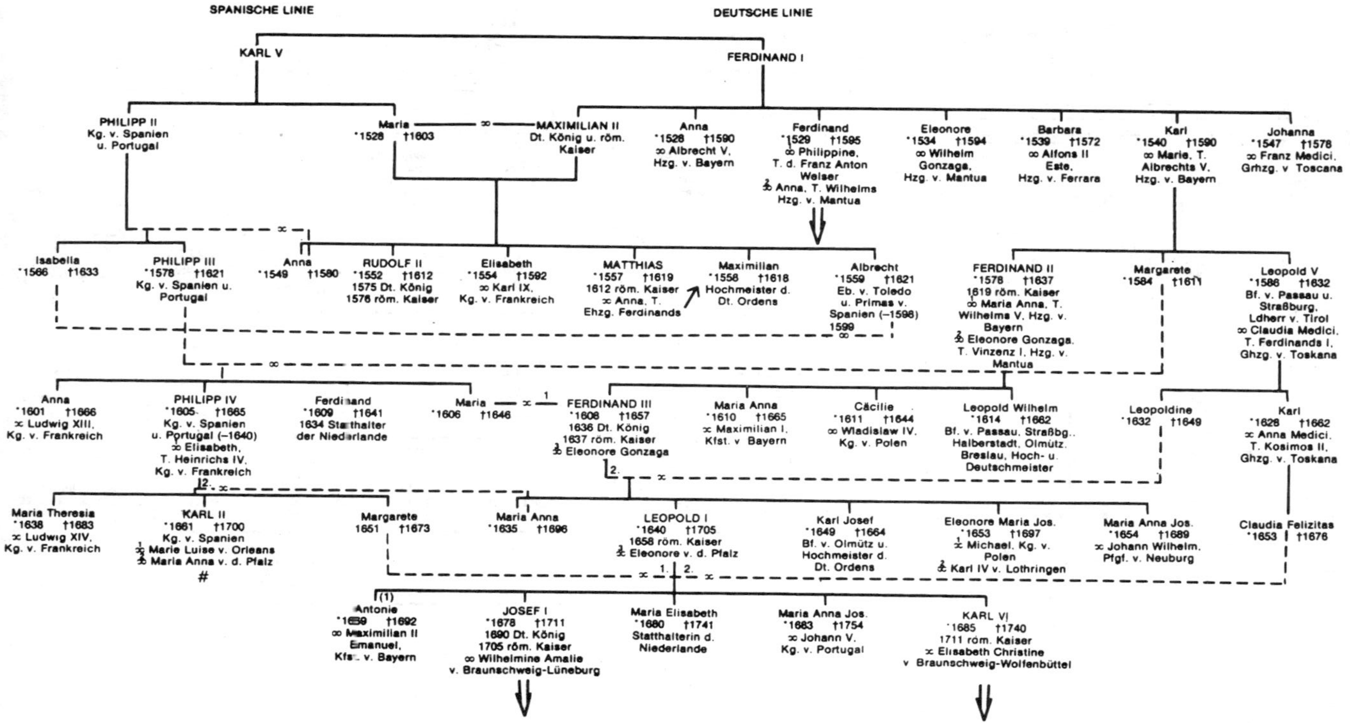

Tafel 12: Die niederrheinischen Territorien bis zum Jülich-Klever Erbfolgestreit

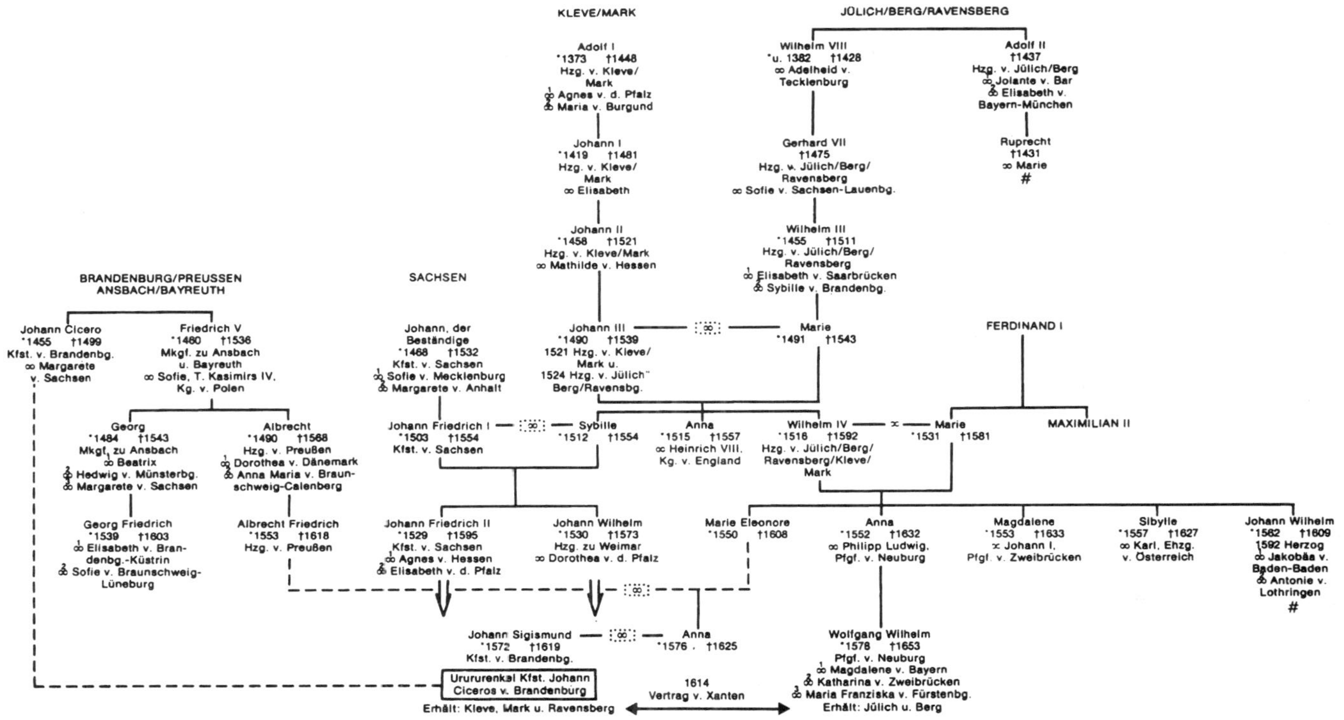

Tafel 13: Bourbon, Habsburg und Wittelsbach im spanischen Erbfolgestreit

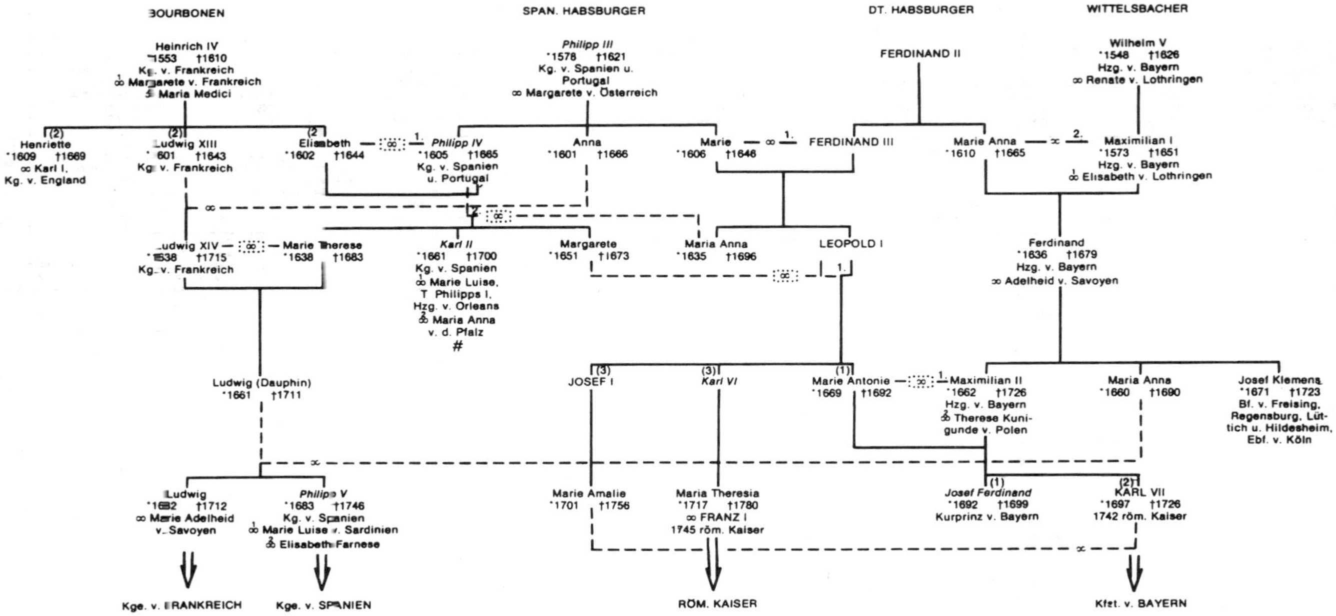

Tafel 14: Der Aufstieg des Hauses Hohenzollern in Brandenburg-Preußen im 16. und 17. Jahrhundert

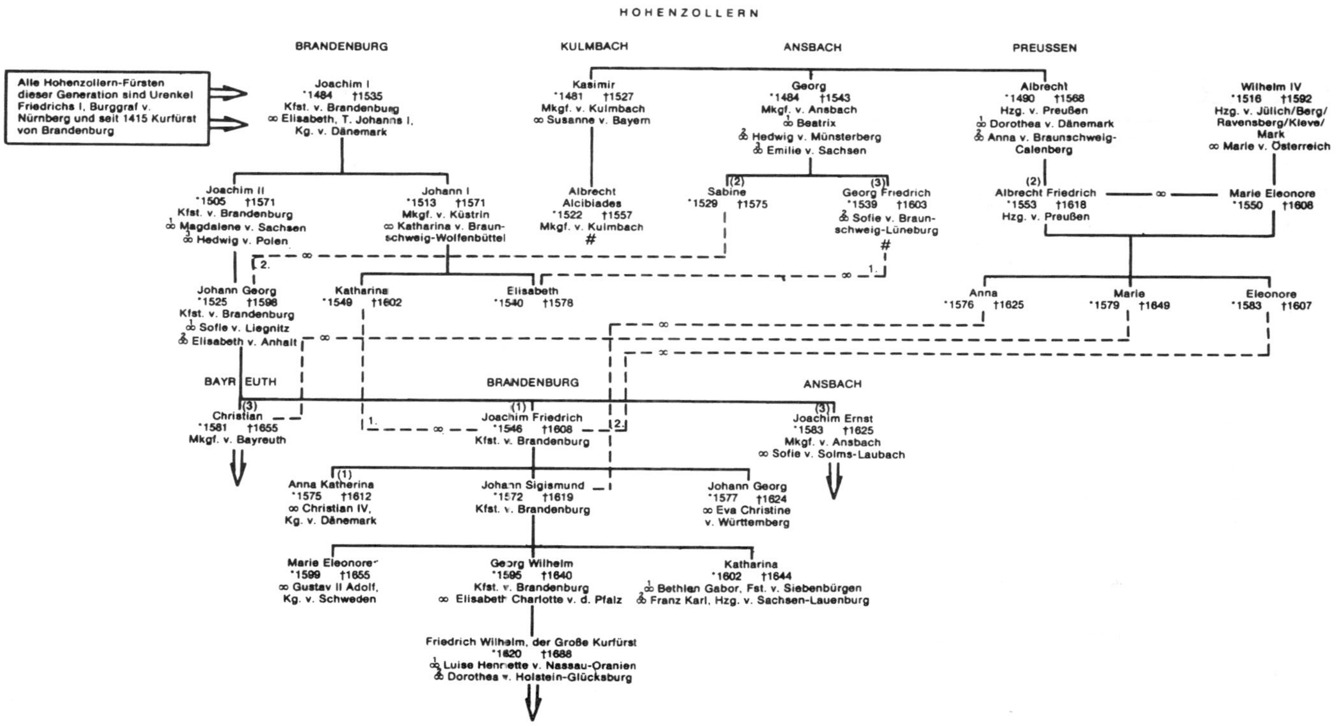

Tafel 15: Die Wettiner und Bourbonen und das Problem der Thronfolge in Polen um 1700

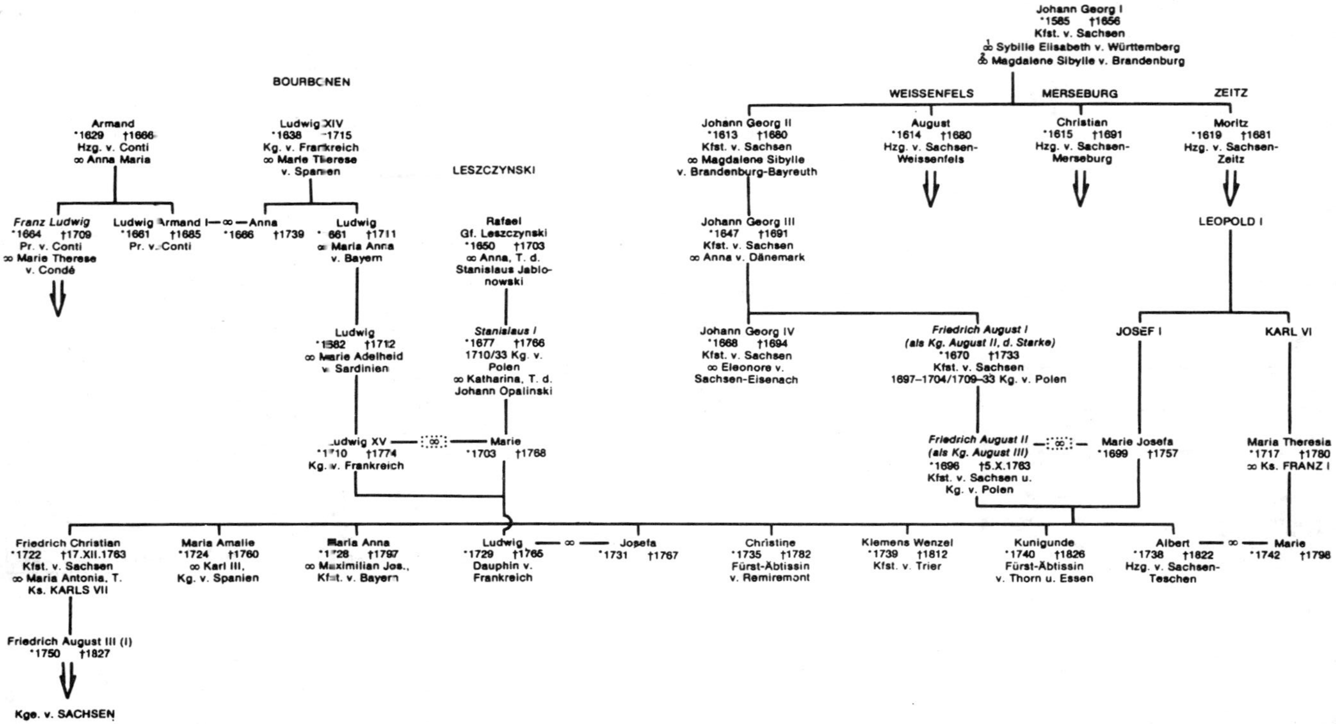

Tafel 16: Verwandtschaften europäischer Königshäuser im 18. und 19. Jahrhundert

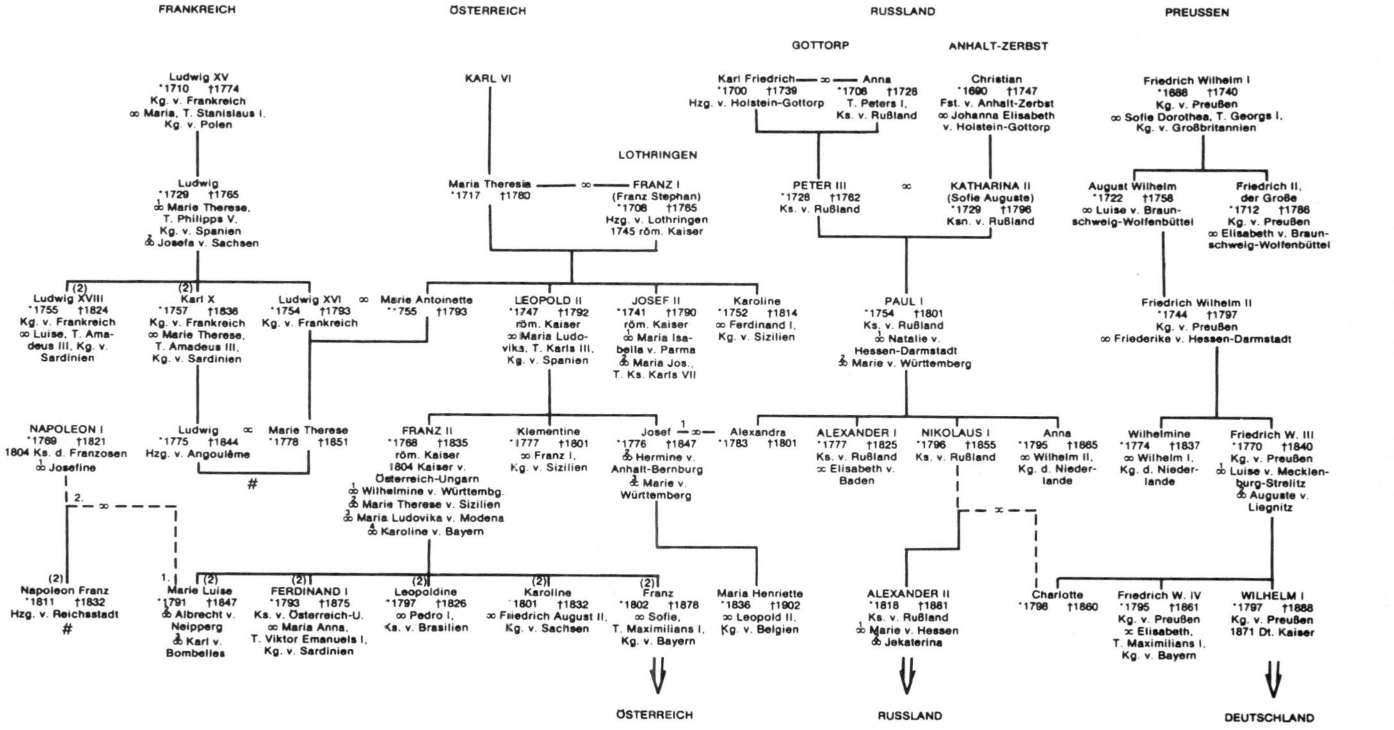

Personenregister

Bildquellennachweis

Archiv des Verlages: S. 48, 69, 86
Archiv für Kunst und Geschichte: S. 12, 27, 41, 43, 59, 72, 74, 77, 82, 88, 99, 135, 143, 176, 185, 217, 219, 231
Bildarchiv Preußischer Kulturbesitz: 11, 17, 46, 102, 107, 115, 127, 157, 161, 170, 175, 190, 205, 206, 221, 226, 232
Goetz, Hans-Werner: Leben im Mittelalter. Verlag C.H. Beck, München 1996: S. 15 (rechts), 22
Maurer, Hans-Martin: Der Hohenstaufen. Konrad Theiss Verlag, Stuttgart 1977: S. 54, 55
Österreichische Nationalbibliothek, Bildarchiv: S. 118, 130, 136 (unten), 145, 147, 149, 158, 194
Pleticha, Heinrich (Hrsg.): Deutsche Geschichte in 12 Bänden, Bd.4. Bertelsmann Lexikothek Verlag, Gütersloh 1982: S. 109 (Karte)
»Polen im Zeitalter der Jagiellonen 1386–1572«, Katalog der Ausstellung, Wien 1986: S. 198
Sammlung des Verfassers: S. 15 (links), 30, 163, 168, 188, 202, 213
Scheller, Rita: Die Frau am preußischen Herzogshof. Grote'sche Verlagsbuchhandlung, Köln /Berlin 1966: S. 168 (rechts), 179
Stacke, L.: Deutsche Geschichte. 2 Bde., Bielefeld /Leipzig 1896: S. 24, 33, 36, 39, 65, 95, 113, 121, 136 (oben), 166, 212, 229